Mannen komen van Mars, vrouwen van Venus

John Gray

Mannen komen van Mars, vrouwen van Venus

Het Spectrum / Scala

Uitgeverij het Spectrum
Postbus 2073
3500 GB Utrecht

Oorspronkelijke titel: *Men are from Mars, women are from Venus*
Uitgegeven door: Harper Collins Publishers, New York
Vertaald door: Monique de Vré
Omslagontwerp: Meijster Design, Vijfhuizen

Zetwerk: Uitgeverij Het Spectrum B.V., Utrecht
Druk: Wilco, Amersfoort

Eerste druk: 1992
Tweede druk: 1993
Derde en vierde druk: 1994
Vijfde t/m tiende druk: 1995
Elfde t/m achttiende druk: 1996
Negentiende t/m tweeëntwintigste druk: 1997
Drieëntwintigste t/m zesentwintigste druk: 1998
Zevenentwintigste t/m negenentwintigste druk: 1999
Dertigste t/m vierendertigste druk: 2000
Vijfendertigste t/m zevenendertigste druk: 2001
Achtendertigste en negendertigste druk: 2002
Veertigste en eenenveertigste druk: 2003
Tweeënveertigste t/m vierenveertigste druk: 2004
Vijfenveertigste druk: februari 2005
Zesenveertigste druk: maart 2005

ISBN 90 274 6778 1 NUR 770

www.spectrum.nl

Ik draag dit boek met een innig gevoel van liefde en genegenheid op aan mijn vrouw, Bonnie Gray. Haar liefde, kwetsbaarheid, wijsheid en kracht hebben het beste in mij naar boven gehaald en mij geïnspireerd tot het uitdragen van datgene wat wij samen hebben geleerd.

Inhoud

Dankwoord

Ik bedank mijn vrouw, Bonnie, omdat ze met mij het avontuur van het schrijven van dit boek is aangegaan. Ik ben haar dankbaar voor het feit dat ik over onszelf kon schrijven, maar ik ben haar vooral dankbaar omdat zij me meer begrip en respect voor het gezichtspunt van de vrouw heeft bijgebracht.

Ik bedank onze drie dochters, Shannon, Julie en Lauren, voor hun niet-aflatende liefde en waardering. Door de uitdaging van het ouderschap ben ik gaan begrijpen hoe mijn ouders zich ingespannen hebben en ben ik nog meer van hen gaan houden.

Ik ben mijn ouders dankbaar voor de liefde waarmee ze hun zeven kinderen hebben opgevoed. Ik ben mijn oudste broer, David, dankbaar omdat hij begrijpt wat ik voel en om zijn bewondering voor wat ik zeg. Ik bedank mijn broer William omdat hij me tot nog betere prestaties heeft aangezet. Ik bedank mijn broer Robert voor alle lange en boeiende gesprekken die we nachtenlang gehad hebben en voor zijn briljante ideeën, waar ik altijd veel aan heb. Ik ben mijn broer Tom dankbaar voor zijn bemoedigende en positieve instelling. Ik ben mijn zus Virginia dankbaar omdat ze in me gelooft en mijn cursussen waardeert. Ik ben mijn overleden jongere broer Jimmy dankbaar voor zijn liefde en bewondering, waar ik in moeilijke tijden nog steeds steun aan heb.

Ik bedank mijn agente Patti Breitman, die met haar hulp, briljante creativiteit en enthousiasme dit boek van het begin tot het eind begeleid heeft. Ik bedank Carole Brodnick voor haar geïnspireerde steun bij de opzet van dit project. Ik bedank Susan Moldow en Nancy Peske voor hun deskundige respons en advies. Ik bedank het personeel van HarperCollins voor hun niet-aflatende attentheid.

Ik bedank al die duizenden mensen die aan mijn cursussen over relaties hebben meegedaan, hun verhaal hebben verteld en me hebben aangemoedigd dit boek te schrijven. Hun positieve en liefdevolle respons is een steun voor me geweest bij mijn pogingen eenvoud te brengen in deze ingewikkelde materie.

Ik bedank de cliënten die me vertrouwd hebben gemaakt met hun innerlijke strijd en zich daarbij door mij hebben laten helpen.

Ik bedank Steve Martineau voor zijn deskundige wijsheid en invloed, waarvan de sporen overal in dit boek terug te vinden zijn.

Ik bedank degenen die mijn belangen behartigd hebben, die zich met hart en ziel aan de totstandkoming van de John Gray Relationship Seminars hebben gewijd, waarin deze stof werd uitgeprobeerd, getest en ontwikkeld: Elley en Ian Coren in Santa Cruz; Debra Mud, Gary en Helen Francel in Honolulu; Bill en Judy Elbring in San Francisco; David Obstfeld en Fred Kliner in Washington, D.C.; Elizabeth Kling in Baltimore; Clark en Dottie Bartell in Seattle; Michael Najarian in Phoenix; Gloria Manchester in Los Angeles; Sandee Mac in Houston; Earlene Carrillo in Las Vegas; David Farlow in San Diego; Bart en Merril Jacobs in Dallas en Ove Johhansson en Ewa Martensson in Stockholm.

Ik dank Richard Cohen en Cindy Black van Beyond Words Publishing voor hun liefdevolle en welgemeende steun bij de totstandkoming van mijn vorige boek, *Men, women and relationships*, waarin de ideeën ontstonden die in dit boek zijn uitgewerkt.

Ik dank John Vestman van Trianon Studios voor zijn uitstekende geluidsopnamen van mijn hele cursus en Dave Morenson en het personeel van Cassette Express, die het materiaal voortdurend hebben beoordeeld en de kwaliteit ervan hebben bewaakt.

Ik dank de leden van mijn mannengroep voor het vertellen van hun verhaal, en dan met name Lenney Eiger, Charles Wood, Jacques Early, David Placek en Chris Johns; hun reacties waren van onschatbare waarde bij het redigeren van het manuscript.

Ik bedank mijn secretaresse, Ariana, die het kantoor zo efficiënt en verantwoord gerund heeft gedurende de tijd dat ik met dit boek bezig was.

Ik bedank mijn advocaat (en pleegopa voor mijn kinderen), Jerry Refold, omdat ik altijd een beroep op hem kon doen.

Ik dank Clifford Mcguire voor het feit dat hij mij nu al twintig jaar zijn vriendschap schenkt. Ik zou me geen beter klankbord of betere vriend kunnen wensen.

Inleiding

Een week na de geboorte van onze dochter Lauren waren mijn vrouw Bonnie en ik helemaal uitgeput. Lauren maakte ons iedere nacht wakker. Bonnie was ingescheurd bij de bevalling en slikte pijnstillende middelen. Ze kon nauwelijks lopen. Nadat ik vijf dagen thuis was gebleven om te helpen ging ik weer aan het werk. Ze leek aan de beterende hand.

Tijdens mijn afwezigheid raakten de pijnstillers op. In plaats van mij te bellen op kantoor vroeg ze aan een van mijn broers, die op bezoek was, of hij nieuwe wilde halen. Mijn broer kwam echter niet meer terug met de pillen. Daardoor had ze de hele dag pijn terwijl ze onze nieuwgeborene verzorgde.

Ik wist niet dat ze zo'n afschuwelijke dag had gehad. Toen ik thuiskwam was ze erg van streek. Ik beoordeelde de reden van haar ellende verkeerd en dacht dat ze mij de schuld gaf.

Ze zei: 'Ik heb de hele dag al pijn. Ik heb geen tabletten meer. Nu lig ik in bed en het kan niemand wat schelen!'

Ik zei verdedigend: 'Waarom heb je me niet gebeld?'

Ze zei: 'Ik heb je broer gevraagd of hij ze wou halen, maar hij is het vergeten. Ik dacht de hele dag dat hij zo wel terug zou komen. Wat had ik dan moeten doen? Ik kan haast niet lopen! Ik voel me zo in de steek gelaten!'

Hierop barstte ik in woede uit. Daar was die dag toch al niet zo veel voor nodig. Ik was kwaad dat ze mij niet had gebeld. Ik was woedend dat ze mij verwijten maakte terwijl ik niet eens wist dat ze pijn had. Nadat er wat harde woorden waren gevallen, wilde ik de kamer uitlopen. Ik was moe, prikkelbaar, en wist genoeg. We zaten allebei aan onze taks.

Toen zette er een ontwikkeling in die mijn leven zou veranderen.

Bonnie zei: 'Wacht heel even. Ik heb je nu juist nodig. Ik heb pijn. Ik heb nachten niet geslapen. Wil je alsjeblieft even naar me luisteren?'

Ik bleef even staan om te luisteren.
Ze zei: 'John Gray, ik heb alleen maar iets aan jou als alles meezit! Zolang ik de schattige, liefdevolle Bonnie ben, sta je voor me klaar, maar als ik dat niet ben, loop je meteen de deur uit!'
Ze zweeg even en haar ogen vulden zich met tranen. Met een andere klank in haar stem zei ze: 'Ik heb nu pijn. Ik kan niets geven en ik heb je nu het meest nodig. Kom alsjeblieft hierheen en hou me vast. Je hoeft niets te zeggen. Ik wil alleen maar je armen om me heen voelen. Ga alsjeblieft niet weg!'
Ik liep naar haar toe en hield haar vast. Ze huilde in mijn armen. Na een poosje bedankte ze me dat ik niet weg was gegaan. Ze zei dat ze alleen maar mijn armen om zich heen had willen voelen.
Op dat moment begon het tot me door te dringen wat echte liefde was, onvoorwaardelijke liefde. Ik had mezelf altijd als liefdevol beschouwd, maar ze had gelijk: ik was er alleen maar geweest als alles meezat. Zolang ze vrolijk was en aardig, gaf ik haar liefde. Maar was ze niet vrolijk of van streek, dan voelde ik me aangesproken en maakte ruzie of trok me terug.
Die dag liet ik haar voor het eerst niet in de steek. Ik bleef en dat gaf me een fantastisch gevoel. Het lukte me haar iets te geven toen ze me echt nodig had. Het gaf me een gevoel van ware liefde. Voor iemand zorgen, op onze liefde vertrouwen, er voor haar zijn als ze me hard nodig had. Het verbaasde me dat het me helemaal niet moeilijk viel haar tot steun te zijn toen ik eenmaal wist hoe.
Waarom had ik zoiets simpels nooit geweten? Ik hoefde alleen maar naar haar toe te gaan en haar vast te houden. Een andere vrouw zou intuïtief geweten hebben waar Bonnie behoefte aan had. Maar ik, als man, wist niet dat aanraken, vasthouden en luisteren zo belangrijk voor haar waren. Toen ik deze verschillen tussen ons begon in te zien, begon ik te leren op een nieuwe manier met mijn vrouw om te gaan. Ik had nooit geloofd dat we zo snel uit een conflictsituatie konden komen.
In mijn vorige relaties was ik als er moeilijkheden waren onverschillig en liefdeloos geworden, enkel en alleen omdat ik niet wist wat ik anders zou kunnen doen. Mijn eerste huwelijk was hierdoor moeizaam en pijnlijk geweest. Dit voorval met Bonnie liet me zien hoe ik dat patroon kon doorbreken.
Het inspireerde me tot de zeven jaar van onderzoek waarin de inzichten over mannen en vrouwen zoals ze in dit boek zijn terug te vinden, werden ontwikkeld en verfijnd. Door heel praktisch en precies te leren waarin man en vrouw verschillen, begon ik plotseling

te begrijpen dat mijn huwelijk helemaal niet zo'n strijd hoefde te zijn. Met deze nieuwe kennis over de verschillen tussen ons kwam er een enorme verbetering in de communicatie tussen Bonnie en mij en konden we meer van elkaar genieten.

Door de verschillen tussen ons te blijven her- en verkennen hebben we nieuwe manieren ontdekt om al onze relaties te verbeteren. We hebben dingen geleerd die onze ouders nooit geweten hebben en ons dus niet hadden kunnen leren. Toen ik met deze inzichten aan de slag ging in mijn praktijk betekende dat ook een verrijking van de relaties van mijn cliënten. Letterlijk duizenden mensen die mijn weekendcursussen volgden zagen hun relatie in één klap met grote sprongen verbeteren.

Nu, zeven jaar later, berichten alleenstaanden en paren mij nog steeds dat ze er baat bij hebben (gehad). Ik krijg foto's van gelukkige echtparen met hun kinderen met brieven erbij waarin ze me bedanken dat ik hun huwelijk gered heb. Hoewel hun liefde hun huwelijk gered heeft, zouden ze gescheiden zijn als ze de andere sekse niet beter waren gaan begrijpen.

Susan en Jim waren negen jaar getrouwd. Zoals de meeste stellen hielden ze in het begin van elkaar, maar was na jaren van steeds groter wordende frustratie en teleurstelling hun hartstocht verdwenen en ze hadden besloten ermee te kappen. Voor ze gingen scheiden volgden ze echter nog mijn weekendcursus over relaties. Susan zei: 'We hebben van alles geprobeerd om iets van onze relatie te maken, maar we zijn gewoon te verschillend.'

Ze waren verbaasd op de cursus te horen dat de verschillen tussen hen niet alleen normaal waren, maar zelfs te verwachten. Het troostte hen te horen dat andere stellen dezelfde relatieproblemen hadden. In twee dagen tijds kregen Susan en Jim een totaal nieuw beeld van mannen en vrouwen.

Ze werden weer verliefd. Hun relatie veranderde op wonderbaarlijke wijze. Ze wilden niet meer scheiden, maar juist graag de rest van hen leven met elkaar delen. Jim zei: 'Door deze informatie over onze onderlinge verschillen heb ik mijn vrouw terug. Ik had geen mooier cadeau kunnen krijgen. We houden weer van elkaar.'

Toen ze me zes jaar later uitnodigden bij hun nieuwe gezin in hun nieuwe huis, hielden ze nog steeds van elkaar. Ze waren me nog steeds dankbaar dat ik hen had geholpen elkaar te begrijpen en bij elkaar te blijven.

Hoewel bijna iedereen het erover eens zal zijn dat man en vrouw van elkaar verschillen, is het voor de meeste mensen nog steeds onduidelijk waarin. De afgelopen tien jaar is in menig boek een poging gedaan deze verschillen te definiëren. Hoewel er veel vooruitgang is geboekt, zijn veel boeken eenzijdig en versterken helaas het wantrouwen en de wrok jegens de andere sekse. Men schildert over het algemeen de ene sekse af als het slachtoffer van de andere. Er was duidelijk behoefte aan een boekwerk dat opheldering verschafte over hoe gezónde mannen en vrouwen van elkaar verschillen.

Om de verstandhouding tussen de twee seksen te verbeteren, moet men tot een dusdanig begrip van de onderlinge verschillen komen dat het gevoel van eigenwaarde wordt vergroot, en tegelijkertijd het wederzijds vertrouwen, het individuele verantwoordelijkheidsbesef, de samenwerking en de liefde. Door meer dan vijfentwintigduizend deelnemers aan mijn relatiecursussen te ondervragen, is het mij gelukt de verschillen tussen man en vrouw in positieve zin te definiëren. Naarmate u zich meer in deze verschillen verdiept zult u merken dat muren van wrok en wantrouwen verdwijnen als sneeuw voor de zon.

Wanneer men zijn hart openstelt wordt men vergevensgezinder en steeds gemotiveerder om liefde en steun te geven en te ontvangen. Ik hoop dat u, wanneer u zich hier eenmaal van bewust bent, verder zult gaan dan de suggesties die ik geef en wegen zult blijven zoeken om liefdevol met de ander om te gaan.

Alle uitgangspunten die u in dit boek terugvindt zijn grondig doorgelicht. Ten minste negentig procent van de meer dan vijfentwintigduizend ondervraagden beweerden enthousiast dat ze zichzelf in deze beschrijvingen herkenden. Als u tijdens het lezen van dit boek steeds knikt en denkt: 'Ja, ja, zo ben ik ook,' dan bent u beslist niet de enige. En evenals anderen kunt u er baat bij hebben als u de hier beschreven inzichten in de praktijk brengt.

In *Mannen komen van Mars, vrouwen van Venus* leert u hoe u de spanningen in uw relatie kunt verminderen en er meer liefde in kunt brengen, doordat het boek u allereerst een grondig inzicht verschaft in de verschillen tussen man en vrouw. Daarna krijgt u praktische wenken over hoe u frustratie en teleurstelling kunt verminderen en meer geluk en intimiteit tot stand kunt brengen. Relaties hoeven niet zo'n strijd te zijn. Er is pas spanning, wrok en conflict als we elkaar niet begrijpen.

Heel veel mensen hebben frustraties op het gebied van hun relatie. Ze houden wel van hun partner, maar als er spanningen zijn weten ze niet wat ze eraan moeten doen. Door te gaan begrijpen hoe verschillend de twee seksen zijn, zult u nieuwe manieren vinden om met uw partner om te gaan, naar hem/haar te luisteren en hem/haar te steunen. U zult leren de liefde op te wekken waar u recht op heeft. Naarmate u in dit boek vordert zult u zich gaan afvragen hoe je eigenlijk van een geslaagde relatie kunt spreken zonder die liefde.

Mannen komen van Mars, vrouwen van Venus is een handleiding voor de liefdevolle relatie van de jaren negentig. Het laat zien hoe mannen en vrouwen op alle levensterreinen van elkaar verschillen. Mannen en vrouwen verschillen niet alleen in hun wijze van communiceren, maar ook in die van denken, voelen, waarnemen, reageren en liefhebben; hun behoeften liggen anders en hun voorkeuren verschillen. Het lijkt wel of ze van verschillende planeten komen, verschillende talen spreken en verschillende voeding nodig hebben.

Wanneer we meer inzicht in de verschillen hebben, kunnen we veel frustratie die ontstaat bij de omgang met de andere sekse en onze pogingen deze frustratie te begrijpen, wegwerken. Misverstanden kunnen dan snel uit de weg geruimd of voorkomen worden. Wanneer u goed onthoudt dat uw partner net zo anders is als iemand van een andere planeet, kunt u zich ontspannen en de natuur (lees: de verschillen) zijn loop laten hebben, in plaats van u te verzetten of te proberen er verandering in te brengen.

Maar bovenal krijgt u in dit boek praktische technieken aangeboden waarmee u de problemen kunt oplossen die ontstaan door die verschillen tussen man en vrouw. Dit boek is niet alleen een theoretische analyse van psychologische verschillen, maar ook een praktische handleiding voor het tot stand brengen van liefdevolle relaties.

De uitgangspunten van dit boek spreken voor zich; hoe waar ze zijn zult u door eigen ervaring en met gezond verstand kunnen vaststellen. Veel voorbeelden zullen op eenvoudige en beknopte wijze verwoorden wat u altijd intuïtief geweten hebt. Deze bevestiging zal u helpen uzelf te zijn in uw relatie in plaats van uzelf te verliezen.

Als reactie op deze inzichten zeggen mannen vaak: 'Zo zit ik ook in elkaar. Heeft u me soms gevolgd? Ik heb nu niet meer het gevoel dat er iets aan me mankeert.'

Vrouwen zeggen vaak: 'Eindelijk luistert mijn man naar me. Ik hoef niet meer te vechten voor bevestiging. Wanneer u de verschillen tussen ons uitlegt, begrijpt mijn man het. Dank u wel!'

Dit is slechts een greep uit de duizenden spontane reacties die

mensen gaven nadat ze geleerd hadden dat mannen van Mars komen en vrouwen van Venus. Dit programma brengt een ommekeer in ons begrip voor de andere sekse teweeg die niet alleen diepgaand en snel, maar ook blijvend is.
Het opbouwen van een liefdevolle relatie verloopt natuurlijk wel eens moeizaam. Problemen zijn niet te mijden. Problemen kunnen echter een bron van wrok en afwijzing zijn, óf kunnen worden aangegrepen om de intimiteit te verhogen en de liefde, de zorgzaamheid en het vertrouwen te vergroten. De hier vermelde inzichten zijn geen instant-oplossingen voor al uw problemen, maar bieden een nieuwe benadering om uit uw relatie voldoende steun te putten voor het oplossen van de problemen des levens. Met deze nieuwe kennis kunt u ervoor zorgen dat u de liefde krijgt waar ú recht op heeft en uw partner de liefde en steun geven waar híj of zíj recht op heeft.
In dit boek maak ik veel generalisaties over mannen en vrouwen. Sommige opmerkingen zullen voor u meer waarheid bevatten dan andere — we zijn tenslotte unieke individuen met unieke ervaringen. Soms wordt mij tijdens een cursus door een echtpaar of alleenstaande verteld dat de voorbeelden van mannen en vrouwen op hen slaan, maar dan omgekeerd. De man vindt zichzelf in de beschrijving van vrouwen en de vrouw in die van mannen. Dat noem ik rolomkering.
Als u tot de ontdekking komt dat u in een omgekeerde rol zit, is er echt niets aan de hand. Ik raad u aan om wanneer u iets in het boek tegenkomt dat niet van toepassing lijkt, er geen acht op te slaan (ga maar gewoon door tot u iets tegenkomt dat wel op u van toepassing is), of een diepergaand zelfonderzoek te doen. Veel mannen hebben een aantal mannelijke trekjes onderdrukt teneinde een meer liefdevolle of verzorgende rol te kunnen spelen. Zo hebben ook veel vrouwen een aantal vrouwelijke trekjes onderdrukt om hun brood te kunnen verdienen in een omgeving die mannelijke eigenschappen hoog aanslaat. Als dat het geval is zult u, wanneer u de tips, methoden en technieken uit dit boek toepast, niet alleen meer hartstocht in uw relatie brengen, maar ook uw mannelijke en vrouwelijke eigenschappen steeds meer in balans brengen.
In dit boek ga ik niet rechtstreeks in op de vraag waaróm mannen en vrouwen van elkaar verschillen. Dat is een ingewikkelde vraag waar vele antwoorden op mogelijk zijn: men kan kijken naar biologische verschillen, ouderlijke invloed, opvoeding, plaats in het gezin, of culturele conditionering door de samenleving, de media en

de geschiedenis. (Deze kwesties worden uitvoerig behandeld in mijn boek *Men, women and relationships*: Vrede sluiten met de andere sekse.)

Hoewel men direct baat heeft bij het toepassen van de inzichten uit dit boek, kan het boek niet de plaats innemen van therapie en deskundige begeleiding bij relatiestoornissen of gezinsmoeilijkheden. Zelfs gezonde mensen kunnen in moeilijke tijden therapie of begeleiding nodig hebben. Ik geloof heilig in de krachtige en geleidelijke verandering die tot stand wordt gebracht door algemene therapie, relatietherapie en groepstherapie.

En toch heb ik mensen herhaaldelijk horen zeggen dat ze meer hebben gehad aan deze nieuwe inzichten op relatiegebied dan aan jaren therapie. Ik ben echter van mening dat de jaren van therapie of begeleiding de basis hebben gelegd voor het succes waarmee ze deze inzichten in hun leven en relaties hebben weten toe te passen.

Is er sprake van stoornissen in het verleden, dan is er na jaren van therapie of groepsgesprekken wel degelijk behoefte aan een positief beeld van een gezonde relatie. Zo'n beeld kan men in dit boek terugvinden. Maar ook al heeft men een verleden vol koesterende liefde achter zich, dan nog zijn de tijden veranderd, en is een nieuwe benadering van de relatie tussen man en vrouw geen overbodige luxe. Het is van wezenlijk belang dat men nieuwe en gezonde manieren van met elkaar omgaan en communiceren vindt.

Ik denk dat iedereen iets heeft aan de inzichten uit dit boek. De enige negatieve reactie die ik tijdens cursussen hoor en in brieven lees is: 'Ik wou dat ik dit eerder had geweten.'

Het is nooit te laat om meer liefde in je leven te brengen. Je hoeft alleen maar een nieuwe manier te leren waarop dat kan. Of u nu in therapie bent of niet, als u meer bevrediging wilt halen uit uw relaties met de andere sekse, is dit het aangewezen boek.

Het is mij een genoegen u *Mannen komen van Mars, vrouwen van Venus* aan te bieden. Mogen uw wijsheid en liefde blijven toenemen. Moge het aantal echtscheidingen dalen en het aantal gelukkige huwelijken toenemen. Onze kinderen hebben recht op een betere wereld.

John Gray
15 november 1991
Mill Valley, Californië

1. *Mannen komen van Mars, vrouwen van Venus*

Stel u voor dat mannen van Mars komen en vrouwen van Venus. Op een keer, heel lang geleden, keken de bewoners van Mars door hun telescoop en ontdekten de bewoners van Venus. Die ene glimp die ze van de Venusbewoners opvingen was genoeg om gevoelens bij hen op te wekken die ze nooit gekend hadden. Ze werden verliefd en vonden al gauw het ruimtereizen uit en vlogen naar Venus.

De bewoners van Venus verwelkomden de bewoners van Mars met open armen. Ze hadden intuïtief geweten dat deze dag ooit zou komen. Ze stelden hun hart helemaal open voor een liefde die ze nog nooit gevoeld hadden.

De liefde tussen de bewoners van Mars en Venus was wonderschoon. Ze genoten van elkaars gezelschap, vonden het heerlijk van alles samen te doen en mee te maken. Hoewel ze niet uit dezelfde wereld kwamen, hadden ze plezier in hun verschillen. Maandenlang waren ze bezig elkaar te leren kennen, te verkennen en het verschil in behoeften, voorkeuren en gedragspatronen te bekijken. Jarenlang leefden ze samen in liefde en harmonie.

Toen besloten ze naar de aarde te vliegen. In het begin was alles prachtig mooi, maar op een kwade dag kreeg de invloed van de aarde vat op hen en werden ze wakker met een speciaal soort geheugenverlies: selectief geheugenverlies!

Zowel de bewoners van Mars als die van Venus vergaten dat ze van verschillende planeten afkomstig waren en eigenlijk van elkaar verschilden. Alles wat ze over hun verschillen hadden geleerd was in één klap uit hun geheugen weggevaagd. En van die dag af was er strijd tussen man en vrouw.

Verlies de verschillen nooit uit het oog

Wanneer man en vrouw vergeten dat ze in wezen verschillend

zijn, ontstaat er onmin. Onze woede en frustratie jegens de andere sekse vinden meestal hun oorsprong in het feit dat we deze belangrijke waarheid vergeten zijn. We verwachten van de ander dat die meer op onszelf lijkt. We verlangen van hen dat ze 'willen wat wij willen' en 'voelen wat wij voelen'.

We gaan er ten onrechte van uit dat als onze partners van ons houden ze op een bepaalde manier zullen reageren of zich gedragen, namelijk op de manier waarop wíj reageren en ons gedragen wanneer wij van iemand houden. Dit is een houding die om teleurstellingen vraagt en ertoe leidt dat we niet genoeg tijd uittrekken om op liefdevolle wijze over onze verschillen te praten.

> *Wij verwachten van onze partners ten onrechte een bepaalde manier van reageren en gedragen, en wel de manier waarop we dat zelf doen wanneer we van iemand houden*

Mannen verwachten ten onrechte van vrouwen dat ze net zo denken, communiceren en reageren als mannen; vrouwen verwachten ten onrechte dat mannen op dezelfde wijze voelen, communiceren en reageren als vrouwen. We zijn vergeten dat er eigenlijk verschil bestaat tussen man en vrouw. Daardoor zijn onze relaties een en al wrevel en conflict.

Wanneer we de verschillen duidelijk onder ogen zien en er rekening mee houden, wordt de verwarring in de omgang met de andere sekse veel kleiner. Wanneer je maar onthoudt dat mannen van Mars komen en vrouwen van Venus, valt alles te verklaren.

Een overzicht

Ik ga in het boek uitvoerig op de verschillen tussen man en vrouw in. In alle hoofdstukken worden u nieuwe en uiterst belangrijke inzichten aangereikt, maar in grote lijnen zullen we op de volgende zaken ingaan:

In hoofdstuk 2 kijken we naar het wezenlijke verschil tussen de waarden van de man en de vrouw, en proberen we inzicht te krijgen in de twee grootste fouten in onze omgang met de andere sekse, namelijk dat een man met oplossingen komt aandragen en gevoelens ontkent, en dat een vrouw ongevraagd advies en aanwijzingen geeft. Bedenken wij dat we van verschillende plane-

ten komen, dan wordt het duidelijk waarom mannen en vrouwen zich er niet van bewust zijn dat ze fouten maken. Door goed aan die verschillen te denken kunnen we onze fouten verbeteren en meteen op produktievere wijze met elkaar omgaan.
In hoofdstuk 3 zullen we zien hoe anders man en vrouw met stress omgaan. Terwijl de Marsbewoner zich meestal afzondert en stilletjes nadenkt over wat hem dwarszit, heeft de Venusbewoner instinctief behoefte aan praten. U krijgt nieuwe methoden aangereikt om in zo'n conflictsituatie tot een bevredigende oplossing te komen.
In hoofdstuk 4 bekijken we hoe we de andere sekse kunnen motiveren. De man wordt gemotiveerd door het gevoel dat men hem nodig heeft en de vrouw door het gevoel dat zij gekoesterd wordt. We zullen bespreken hoe u in drie stappen uw relatie kunt verbeteren en hoe u met de grootste struikelblokken om kunt gaan: mannen moeten zich niet langer verzetten tegen liefde geven en vrouwen tegen liefde ontvangen.
In hoofdstuk 5 zult u zien hoe mannen en vrouwen elkaar gewoonlijk misverstaan omdat ze niet dezelfde taal spreken. U treft een zakwoordenboek Mars-Venus aan om uitdrukkingen die vaak verkeerd begrepen worden na te kunnen slaan. U zult zien hoe mannen en vrouwen praten of ophouden met praten om totaal verschillende redenen. Vrouwen zullen leren wat zij moeten doen wanneer een man ophoudt met praten en mannen hoe ze beter kunnen luisteren zonder gefrustreerd te raken.
Hoofdstuk 6 laat u zien dat de behoefte aan intimiteit van mannen en vrouwen verschilt. Wordt een man intiem, dan krijgt hij toch altijd weer behoefte aan meer afstand. Vrouwen zullen leren dat proces te ondersteunen, zodat hij als hing hij aan een elastiekje altijd bij hen terugkomt. Vrouwen zullen ook leren het beste tijdstip te kiezen voor een intiem gesprek.
In hoofdstuk 7 zien we dat de liefde van een vrouw een op- en neergaande golfbeweging vertoont. De man zal deze soms plotselinge omslag in de gevoelens van de vrouw juist leren interpreteren. De man zal ook leren inzien wanneer een vrouw hem het hardst nodig heeft en hoe hij haar op vakkundige wijze kan steunen zonder offers te hoeven brengen.
Hoofdstuk 8 maakt duidelijk dat mannen en vrouwen het soort liefde geven dat zij zelf nodig hebben en niet dat waar de ander behoefte aan heeft. Mannen hebben voornamelijk een soort liefde nodig die vertrouwen, acceptatie en waardering uitstraalt. Vrou-

wen hebben voornamelijk een soort liefde nodig waar zorgzaamheid, begrip en respect in opgesloten liggen. U krijgt een overzicht van de zes meest voorkomende manieren waarop u uw partner onbewust kunt afstoten.

In hoofdstuk 9 gaan we in op de manieren waarop u pijnlijke ruzies kunt voorkomen. Mannen zullen leren dat ze de gevoelens van een vrouw kunnen ontkennen door altijd te doen alsof ze gelijk hebben. Vrouwen zullen leren dat ze vaak onbewust afkeuring uitstralen in plaats van 'ik ben het er niet mee eens', waardoor de man in woede ontsteekt. We zullen een woordenwisseling analyseren en puntsgewijs praktische tips geven voor een begrijpender communicatie.

Hoofdstuk 10 gaat over hoe verschillend man en vrouw allerlei dingen waarderen. Mannen leren dat een Venusbewoner met een daad van liefde even blij is als met ieder ander geschenk, hoe groot dat ook is. Ze leren dat kleine uitingen van liefde even belangrijk zijn als een groot cadeau; er worden legio manieren aangedragen waarop u een vrouw blij kunt maken. Vrouwen leren hun energie te stoppen in de dingen waar mánnen blij mee zijn en hun te geven wat zíj graag hebben willen.

Hoofdstuk 11 leert u hoe u in moeilijke tijden met elkaar kunt communiceren. De verschillende manieren waarop mannen en vrouwen hun gevoel wegstoppen komen aan de orde, evenals het belang van het praten over gevoelens. In dit boek wordt het uiten van negatieve gevoelens tegenover de partner in de vorm van 'liefdesbrieven' aanbevolen, wat ruimte schept voor liefde en vergevensgezindheid.

Hoofdstuk 12 zal u laten begrijpen waarom het de bewoners van Venus zwaarder valt om om steun te vragen en waarom de bewoners van Mars zich daar in het algemeen tegen afzetten. U leert dat formuleringen als 'zou je kunnen...' en 'kun je...' mannen gewoonlijk afschrikken en wat u beter kunt zeggen. U ontdekt wat de truc is om mannen ertoe te brengen meer te geven en u krijgt diverse voorbeelden waaruit de kracht van een bondig, direct en juist taalgebruik spreekt.

Hoofdstuk 13 laat u kennismaken met de vier seizoenen der liefde. Dit realistische beeld van hoe liefde verandert en groeit zal u helpen bij het overwinnen van obstakels, die in iedere relatie opduiken. U leert hoe uw verleden of het verleden van uw partner uw relatie in het heden kan beïnvloeden en u krijgt belangrijke ideeën aangereikt om uw liefde levend te houden.

In ieder hoofdstuk van *Mannen komen van Mars, vrouwen van Venus* ontdekt u nieuwe aspecten aan de kunst van het opbouwen van een liefdevolle en blijvende relatie. Iedere ontdekking zal tot meer bevrediging in uw relatie leiden.

Goede voornemens zijn niet voldoende

Verliefd worden is altijd iets wonderbaarlijks. Je hebt het gevoel dat je liefde nooit over zal gaan. We zijn zo naïef te geloven dat wij op de een of andere manier verschoond zullen blijven van de problemen die onze ouders hadden, dat aan ónze liefde geen einde zal komen, dat het goed is zoals het is en dat we hierna nog lang en gelukkig zullen leven.

Maar zodra de betovering voorbij is en het dagelijks leven wordt hervat, blijkt eens te meer dat mannen verwachten dat vrouwen denken en reageren als mannen, en vrouwen dat mannen voelen en zich gedragen als vrouwen. Zijn we ons niet bewust van onze onderlinge verschillen, dan nemen we niet de tijd om tot wederzijds begrip en respect te komen. We worden veeleisend, koesteren wrok, (ver)oordelen en worden intolerant.

Al zijn de bedoelingen nog zo goed en liefdevol, onze liefde sterft een langzame dood. Er blijven problemen in de relatie sluipen. De wrok groeit gestaag. De communicatie bloedt dood. Het wantrouwen neemt toe. Afwijzing en onderdrukking zijn het gevolg. De betovering van de liefde is verbroken.

We vragen ons af:

Hoe komt het toch?

Waarom gebeurt het?

Waarom overkomt het ons?

Om deze vragen te kunnen beantwoorden hebben de knapste koppen briljante en ingewikkelde filosofische en psychologische modellen bedacht. Toch blijven de oude patronen steeds weer terugkomen. De liefde gaat over. Het overkomt bijna iedereen.

Iedere dag zijn miljoenen mensen op zoek naar een partner bij wie ze dat speciale gevoel van liefde kunnen ervaren. Ieder jaar worden miljoenen paren gevormd op basis van liefde en gaan weer met veel pijn uit elkaar omdat ze dat gevoel van liefde kwijt zijn. Van de stellen die hun liefde lang genoeg in stand kunnen houden om te trouwen gaat vijftig procent weer uit elkaar. Van degenen die bij elkaar blijven zal zo'n vijftig procent niet gelukkig zijn in

zijn of haar relatie. Ze blijven bij elkaar uit trouw en plichtsgevoel of uit angst weer helemaal opnieuw te moeten beginnen.
Heel weinig mensen zijn in staat hun liefde te verdiepen, maar ze zijn er wel. Wanneer er wederzijds respect is en aanvaarding van de onderlinge verschillen, kan de liefde tot grotere bloei komen.

Wanneer man en vrouw de verschillen tussen hen kunnen respecteren en accepteren, krijgt liefde een kans

Wanneer we de onderliggende verschillen tussen de twee seksen begrijpen, kunnen we veel beter de liefde schenken en ontvangen die in ons hart leeft. Door de verschillen tussen man en vrouw niet te ontkennen maar te aanvaarden, kunnen we tot creatieve oplossingen komen om ons doel te bereiken. En wat nog veel belangrijker is: we kunnen leren hoe we het beste liefde en steun kunnen geven aan de mensen om wie we geven.
Liefde ís een wonder en kán blijvend zijn, zolang we de verschillen tussen man en vrouw maar niet uit het oog verliezen.

2. De probleemoplossers versus de opvoeders

De meest gehoorde klacht van vrouwen over mannen is dat ze niet luisteren. Of de man let helemaal niet op wanneer ze iets zegt, of hij luistert naar de eerste paar zinnen, inventariseert wat er met haar aan de hand is, trekt vol trots een gezicht van 'dat lossen we eventjes op' en biedt een oplossing om haar uit de brand te helpen. Hij raakt in de war wanneer ze deze daad van liefde niet weet te waarderen. Hoe vaak ze hem ook zegt dat hij niet luistert, hij snapt er niets van en doet steeds weer hetzelfde. Zij wil medeleven, maar hij denkt dat ze oplossingen wil.

De meest gehoorde klacht van mannen over vrouwen is dat vrouwen hen altijd proberen te veranderen. Wanneer een vrouw van een man houdt, voelt ze zich geroepen hem in zijn groei te stimuleren en probeert ze hem te helpen de dingen die hij doet beter te doen. Ze vormt een opvoedingscomité en hij wordt haar belangrijkste doelwit. Hoe hij zich ook tegen haar hulp verzet, ze houdt vol: ze grijpt iedere kans aan om hem te helpen of hem te vertellen wat hij moet doen. Ze denkt dat ze hem geestelijk voedsel schenkt, maar hij voelt zich alleen maar overheerst. Hij wil alleen maar dat zij hem accepteert.

Deze twee problemen kunnen uiteindelijk opgelost worden als we allereerst begrijpen waarom mannen oplossingen aandragen en vrouwen de wereld willen verbeteren. We doen alsof we teruggaan in de tijd en kijken eens naar het leven op Mars en Venus vóór de planeten elkaar ontdekten of naar de aarde gingen, in de hoop wat meer inzicht te krijgen in de belevingswereld van man en vrouw.

Het leven op Mars

De Marsbewoner is gesteld op macht, vakkundigheid, efficiency en prestatie. Hij doet altijd van alles om zich te bewijzen en zijn macht en vaardigheden uit te breiden. Zijn gevoel van eigenwaarde wordt bepaald door zijn vermogen resultaten te behalen. Een gevoel van voldoening bereikt hij voornamelijk door succes en prestaties.

Het gevoel van eigenwaarde van de man wordt bepaald door zijn prestatievermogen

Op Mars is alles hier een afspiegeling van. Zelfs met kleding wil men hier vakbekwaamheid en competentie uitdrukken. Politieagenten, soldaten, zakenlui, wetenschappers, taxichauffeurs, technici en koks dragen allemaal een uniform of ten minste een hoed om uitdrukking te geven aan hun vakbekwaamheid en macht.
Romans en zelfhulpboeken interesseren hen totaal niet. Ze houden zich meer bezig met activiteiten buitenshuis, zoals jagen, vissen en autoracen. Ze zijn geïnteresseerd in het nieuws, het weer en sport.
'Zaken' en 'dingen' boeien hen meer dan mensen en gevoelens.
En ook nu nog, op aarde, fantaseren vrouwen over romantiek, terwijl mannen fantaseren over snelle auto's, snellere computers, technische snufjes, apparaatjes en nieuwe technieken. Mannen gaan op in 'dingen' die hen helpen macht uit te drukken door het behalen van resultaten en het bereiken van een gesteld doel.
Het bereiken van een doel is van groot belang voor de Marsbewoner, want daardoor kan hij zijn bekwaamheid tot uiting brengen, waardoor hij zich tevreden kan voelen over zichzelf. En een gevoel van zelfvoldaanheid krijgt hij alleen als hij die doelen zélf bereikt. Iemand anders kan dat niet voor hem doen. De Marsbewoner gaat er prat op dat hij alles zelf doet. Zelfstandigheid is een symbool van efficiëntie, macht en bekwaamheid.
Wanneer een vrouw dit trekje van de Marsbewoner eenmaal kent, zal zij beter begrijpen waarom een man er zo'n hekel aan heeft wanneer iemand hem verbetert of zegt wat hij moet doen. Als je een man ongevraagd raad geeft ga je ervanuit dat hij niet weet wat hij moet doen of dat hij het niet zelf kan. Dit ligt bij mannen erg gevoelig, omdat het voor hen van groot belang is voor vol te worden aangezien.

Wanneer u een man ongevraagd van advies dient, gaat u er in zijn ogen van uit dat hij niet weet wat hij moet doen of dat hij het niet zelf kan

Omdat hij zijn eigen problemen afhandelt laat de Marsbewoner zich daar zelden over uit, behalve wanneer hij deskundig advies nodig heeft. Hij redeneert als volgt: 'Waarom zal ik iemand anders erbij betrekken als ik het alleen af kan?' Hij houdt zijn moeilijkheden voor zich, behalve wanneer hij hulp van een ander nodig heeft voor het zoeken naar een oplossing. Om hulp vragen wanneer je het zelf kunt wordt gezien als een teken van zwakte.
Maar als je écht hulp nodig hebt is het een teken van wijsheid als je zorgt dat je die hulp krijgt. In zo'n geval zoekt hij iemand op voor wie hij respect heeft en bespreekt zijn probleem. Wanneer je op Mars over een probleem spreekt betekent dat een verzoek om raad. Een andere Marsbewoner voelt zich vereerd door de hem geboden gelegenheid. Hij zet automatisch een gezicht op van 'dat lossen we wel op', luistert even en geeft vervolgens advies van onschatbare waarde.
Deze Marsgewoonte is een van de redenen waarom mannen instinctief met oplossingen komen wanneer vrouwen over een probleem praten. Als een vrouw alleen maar vertelt waarom ze van streek is of hardop de problemen van de dag doorneemt, gaat een man er ten onrechte van uit dat ze deskundig advies wil. Hij trekt een gewichtig gezicht en gaat raad geven: het is zíjn manier van liefde tonen en hulp bieden.
Hij wil door haar problemen op te lossen iets doen waardoor ze zich beter zal voelen. Hij wil iets nuttigs doen. Hij heeft het gevoel dat hij meer waard is en zij dus meer van hem zal houden als zijn talenten worden ingezet om haar problemen op te lossen.
Heeft hij echter een oplossing aangedragen en is ze nog steeds van streek, dan vindt hij het steeds moeilijker om te blijven luisteren, omdat zijn oplossing is afgewezen en hij zich steeds nuttelozer voelt.
Hij heeft er geen idee van dat hij haar zou helpen als hij alleen maar met medeleven en belangstelling naar haar zou luisteren. Hij weet niet dat op Venus over problemen praten niet hetzelfde is als met een oplossing komen.

Het leven op Venus

De bewoners van Venus hebben andere waarden. Ze waarderen liefde, communicatie, schoonheid en contact. Ze zijn veel bezig met elkaar steunen, helpen en koesteren. Zij ontlenen een gevoel van eigenwaarde aan hun gevoelens en de kwaliteit van hun vriendschappen. Samen zijn en contact met anderen schenken hun voldoening.

De vrouw ontleent haar gevoel van eigenwaarde aan haar gevoelens en de kwaliteit van de omgang met anderen

Alles op Venus is een afspiegeling van deze waarden. De Venusbewoners zijn niet zozeer geïnteresseerd in de constructie van wegen of hoge gebouwen, als wel in de noodzaak om in harmonie, gemeenschap en liefdevolle samenwerking met elkaar te leven. Relaties zijn belangrijker dan werk en techniek. Hun wereld is in de meeste opzichten het tegenovergestelde van Mars.

Ze dragen geen uniformen zoals de Marsbewoners (om te laten zien hoe bekwaam ze zijn), integendeel: ze vinden het leuk elke dag iets anders aan te trekken, al naar gelang hun gevoel. Het is voor hen van belang je persoonlijk uit te drukken, vooral waar het de gevoelens betreft. Ze kunnen zich, naarmate hun stemming verandert, zelfs een paar keer per dag verkleden.

Communicatie is van het allergrootste belang. Iets over je gevoelens vertellen is veel belangrijker dan het bereiken van een doel en het hebben van succes. Praten en contact hebben is een immense bron van voldoening.

Dat is voor een man moeilijk te begrijpen. Hij kan een beetje begrijpen hoe een vrouw samen zijn en contact ervaart als hij het vergelijkt met de voldoening die hij voelt wanneer hij een race wint, een doel bereikt of een probleem oplost.

Vrouwen zijn niet zozeer doelgericht als wel contactgericht; ze houden zich meer bezig met uiting geven aan goedheid, liefde en zorgzaamheid. Als twee Marsbewoners gaan lunchen is dat om een plan of zakelijk doel te bespreken: ze hebben iets op te lossen. Bovendien zien Marsbewoners een bezoek aan een restaurant als een efficiënte manier van met eten omgaan: geen boodschappen, niet koken, geen afwas. Voor een Venusbewoner is een lunchafspraak een gelegenheid een vriendschap verder uit te bouwen, om zowel steun te geven als te krijgen. Vrouwen kunnen in een restaurant heel openhartig en intiem praten, bijna als therapeut en patiënt.

Op Venus studeert iedereen psychologie en heeft iedereen op zijn minst wel eens in een gespreksgroep gezeten. Men is er erg bezig met persoonlijke groei, spiritualiteit en alles dat in positieve zin met leven, genezen en groeien te maken heeft. Op Venus wemelt het van de parken, biologische tuinen, winkelcentra en restaurants. Venusbewoners hebben een goede intuïtie. Ze hebben dit vermogen ontwikkeld doordat ze eeuwenlang op de behoeften van anderen hebben ingespeeld. Het wordt er als een grote daad van liefde opgevat wanneer je uit jezelf hulp en bijstand verleent aan een andere Venusbewoner.

Omdat het voor een bewoner van Venus niet zo van belang is je bekwaamheid te bewijzen, stoot je niemand voor het hoofd als je hulp aanbiedt en is het ook geen teken van zwakte wanneer je hulp nodig hebt. Een man kan zich echter beledigd voelen, omdat hij, als een vrouw hem raad geeft, het idee krijgt dat ze denkt dat hij het niet zelf kan.

Een vrouw is zich niet van deze gevoeligheid van de man bewust omdat het bij haar alleen maar een eer is als iemand haar hulp aanbiedt. Het geeft haar het gevoel dat men van haar houdt en voor haar zorgt. Maar als een man hulp krijgt aangeboden, kan hij het gevoel krijgen dat hij te kort schiet, dat men hem zwak vindt of zelfs dat men niet van hem houdt.

Op Venus bewijs je dat je om iemand geeft als je advies en tips geeft. Bewoners van Venus zijn er heilig van overtuigd dat het altijd beter kan. Het ligt in hun aard verbeteringen aan te willen brengen. Als ze om iemand geven, aarzelen ze niet op fouten te wijzen en suggesties voor verbeteringen te doen. Het geven van advies en opbouwende kritiek is een daad van liefde.

Op Mars is dat heel anders. De Marsbewoners zijn gericht op oplossen. Als iets werkt, zeggen ze: vooral zo laten. Hun instinct zegt hun dat ze zich niet moeten bemoeien met iets dat het goed doet. 'Niets maken als het niet kapot is,' hoor je er vaak.

Als een vrouw een man probeert te verbeteren krijgt hij het gevoel dat ze hem wil repareren. Hij maakt eruit op dat er iets aan hem mankeert. Zij beseft niet dat haar zorgzame pogingen hem te helpen vernederend voor hem kunnen zijn. Ze denkt alleen maar dat ze hem helpt te groeien.

Hou op met raad geven

Zonder dit inzicht in de mannenaard kan een vrouw onbewust en onbedoeld de man van wie ze het meest houdt kwetsen en beledigen.

Zo gingen Tom en Mary naar een feest. Tom reed. Na een minuut of twintig en een aantal rondjes om hetzelfde blok begreep Mary dat Tom verdwaald was. Uiteindelijk stelde ze voor om het aan iemand te vragen. Tom werd stil. Ten slotte kwamen ze op het feest, maar vanaf dat moment was de spanning de hele avond voelbaar. Mary had geen idee waardoor hij zo boos was. Haar boodschap was: 'Ik hou van je en geef om je, dus bied ik je hulp aan.'
Hij was echter beledigd. Wat hij opving was: 'Ik denk dat het je niet lukt ons erheen te brengen. Je kunt er niets van!'
Omdat ze niet wist hoe het op Mars toegaat had Mary geen idee hoe belangrijk het voor Tom was zijn doel zonder hulp te bereiken. Haar raad was de druppel die de emmer deed overlopen. Zoals we al hebben gezien, geven Marsbewoners nooit ongevraagd advies. Als je een Marsbewoner recht wilt doen moet je er áltijd van uitgaan dat hij zijn probleem zelf kan oplossen zolang hij niet om hulp vraagt.
Mary wist absoluut niet dat toen Tom verdwaalde en rondjes begon te rijden, het een bijzonder geschikte gelegenheid was om hem haar liefde en steun te betuigen. Hij was op dat moment ontzettend kwetsbaar en had een beetje extra liefde nodig. Als ze hem het plezier had gedaan juist géén raad te geven zou dat voor hem hetzelfde zijn geweest als het geven van een prachtig boeket bloemen of het schrijven van een liefdesbrief aan háár.
Toen ze iets had geleerd over Mars- en Venusbewoners, wist Mary hoe ze Tom op zulke moeilijke momenten moest steunen. De volgende keer dat hij verdwaalde bood ze geen 'hulp' aan, maar weerhield zich van elk commentaar, haalde eens diep adem en voelde zich dankbaar voor alles wat Tom voor haar probeerde te doen. Tom waardeerde het zeer dat ze hem zo volledig accepteerde en vertrouwde.
Over het algemeen heeft een vrouw die een man ongevraagd advies geeft of probeert te 'helpen' er geen idee van hoe kritisch en liefdeloos ze daarmee op hem over kan komen. Al is haar bedoeling nog zo goed, haar raadgevingen kwetsen en beledigen hem. Zijn reactie kan zeer heftig zijn, vooral wanneer hij zich als kind bekritiseerd heeft gevoeld of hij zijn moeder veel kritiek op zijn vader heeft zien uiten.

In het algemeen heeft een vrouw die een man ongevraagd advies geeft of 'hulp' aanbiedt er geen idee van hoe kritisch of liefdeloos ze daarmee over kan komen

Veel mannen hechten er veel belang aan te bewijzen dat ze hun doel kunnen bereiken, al is dat zoiets onbetekenends als naar een restaurant of feest rijden. Ironisch genoeg kan hij zelfs gevoeliger zijn voor kleine dan voor grote dingen. Er gaat een gevoel door hem heen van: 'Als ze me niet in staat acht tot iets eenvoudigs, zoals naar een feestje rijden, hoe zit het dan met de belangrijkere dingen?' Net als zijn voorvaderen van Mars gaat een man graag voor de expert door, vooral wanneer het aankomt op reparaties, ergens heen rijden of het oplossen van problemen. Bij die gelegenheden heeft hij het meest behoefte aan haar liefdevolle acceptatie, en niet aan haar advies of kritiek.

Leren luisteren

Op dezelfde manier moet een man begrijpen waarin de vrouw van hem verschilt, anders wordt het alleen maar erger wanneer hij haar wil helpen. Mannen moeten beseffen dat vrouwen over hun problemen praten om dichterbij te komen, en niet per se om een oplossing te vinden.
Het gebeurt zo vaak dat een vrouw alleen maar haar gevoelsindrukken over de dag wil geven en dat haar man, in de waan dat hij haar helpt, haar steeds onderbreekt met een gestage stroom van oplossingen voor haar problemen. Hij begrijpt totaal niet waarom ze daar niet blij mee is.

> *Vaak wil een vrouw alleen maar haar gevoelens uiten over de dag; haar man wil haar helpen en onderbreekt haar steeds met een niet-aflatende stroom oplossingen voor haar problemen*

Mary komt bijvoorbeeld thuis na een uitputtende dag. Ze wil haar gevoelens over de dag kwijt, daar heeft ze behoefte aan.
Ze zegt: 'Er is zoveel te doen, ik kom niet aan mezelf toe.'
Tom zegt: 'Je moet met dat werk ophouden. Je hoeft niet zo hard te werken. Zoek iets leukers.'
Mary: 'Maar ik hou van mijn werk. Het is alleen maar dat ze altijd willen dat ik alles meteen verander.'
Tom: 'Luister niet naar ze. Doe alleen maar wat je aankunt.'
Mary: 'Dat doe ik al! Ik ben notabene helemaal vergeten mijn tante vandaag te bellen.'

Tom: ‘Maak je geen zorgen, ze begrijpt het wel.’

Mary: ‘Weet je wel wat ze allemaal doormaakt? Ze heeft me nodig.’

Tom: ‘Je maakt je te druk, daarom voel je je steeds zo rot.’

Mary zegt nu, kwaad: ‘Ik voel me niet altijd rot. Kun je nou niet eens gewoon luisteren?’

Tom: ‘Ik luister toch!’

Mary: ‘Oh, waar maak ik me ook eigenlijk druk om!’

Na dit gesprek was Mary nog meer gefrustreerd dan toen ze thuiskwam en verlangde naar intimiteit en kameraadschap. Tom was ook gefrustreerd en had er geen idee van wat er misging. Hij wilde helpen, maar zijn tactiek van problemen oplossen had geen succes.

Omdat hij niet op de hoogte was hoe het op Venus toegaat, begreep Tom niet hoe belangrijk het was gewoon te luisteren zonder oplossingen aan te dragen, want dat maakte het alleen maar erger. Bewoners van Venus komen namelijk nooit met oplossingen aanzetten wanneer iemand iets vertelt. Je doet een Venusbewoner pas recht wanneer je geduldig en met inlevingsvermogen naar haar luistert en haar gevoelens goed probeert te begrijpen.

Tom had er geen idee van dat hij Mary, door met medegevoel naar haar te luisteren wanneer ze haar hart luchtte, een enorm gevoel van opluchting en voldoening zou bezorgen. Toen Tom leerde hoe de Venusbewoners in elkaar zaten en hoe groot hun behoefte aan praten was, leerde hij geleidelijk luisteren.

Als Mary nu moe en uitgevloerd thuiskomt, hebben ze een heel ander gesprek. Hct vcrloopt ongeveer als volgt:

Mary zegt: ‘Er is zoveel te doen. Ik kom niet aan mezelf toe.’

Tom haalt diep adem, ontspant, en zegt: ‘Hm, je hebt zeker een zware dag gehad.’

Mary: ‘Ze willen altijd dat ik alles meteen verander. Ik weet niet wat ik ermee aan moet.’

Tom is even stil en zegt dan: ‘Hmm…’

Mary: ‘Ik ben zelfs vergeten mijn tante te bellen.’

Tom zegt, met enigszins gefronst voorhoofd: ‘Nee toch!’

Mary: ‘Ze heeft me nu juist zo nodig. Ik vind het zo erg.’

Tom: ‘Wat ben je toch lief! Kom hier, dan krijg je een knuffel.’

Tom geeft Mary een knuffel, waarop zij zich in zijn armen ontspant en een diepe zucht van verlichting slaakt. Dan zegt ze: ‘Ik vind het fijn om met je te praten. Je maakt me echt gelukkig. Bedankt voor het luisteren. Ik voel me veel beter.’

Niet alleen Mary, maar ook Tom voelt zich beter. Hij was zeer

verbaasd dat zijn vrouw zoveel gelukkiger was toen hij eindelijk leerde luisteren. Nu ze beter wisten hoe ze van elkaar verschilden, luisterde Tom voortaan zonder oplossingen aan te dragen, en leerde Mary dingen los te laten en te accepteren, en gaf ze niet meer ongevraagd advies of kritiek.
We vatten de twee meest gemaakte fouten in de relatie nog even samen:

1. Een man wil als een vrouw van streek is verandering brengen in haar gevoelens door even snel haar problemen op te lossen, waardoor haar gevoelens niet serieus worden genomen.

2. Een vrouw probeert als een man fouten maakt zijn gedrag te beïnvloeden door zijn opvoedster te worden en ongevraagd advies en kritiek te uiten.

Pleidooi vóór de probleemoplossers en de opvoeders

Wanneer ik op deze twee grote fouten wijs bedoel ik niet dat problemen oplossen of opvoeden helemaal verkeerd is. Het zijn zeer positieve eigenschappen van de bewoners van respectievelijk Mars en Venus. De fout zit hem alleen in de timing en de benaderingswijze.
Een vrouw weet een probleemoplosser zeer te waarderen zolang die zich maar niet vertoont als ze van streek is. Mannen moeten onthouden dat een vrouw, als zij van streek is en over problemen wil praten, niet op oplossingen zit te wachten. Er moet naar haar geluisterd worden, en langzaam maar zeker kan ze het weer zelf aan. Ze heeft geen behoefte aan een klusjesman.
Een man kan opvoedende woorden zeer waarderen, zolang hij daar maar om verzocht heeft. Vrouwen moeten onthouden dat ongevraagde raad of kritiek een man — vooral als hij een fout heeft begaan — het gevoel geven dat een vrouw niet van hem houdt en hem overheerst. Hij leert eerder van zijn fouten wanneer zij hem accepteert dan wanneer zij hem adviseert. Wanneer een man niet het gevoel heeft dat een vrouw hem probeert te verbeteren, is hij veel eerder geneigd haar om haar mening en advies te vragen.
Wanneer we deze verschillen begrijpen, valt het ons veel gemak-

kelijker de gevoelige plekken van onze partner te ontzien en hem/haar te steunen. Bovendien zullen we gaan inzien dat wanneer we op verzet stuiten, dat waarschijnlijk te wijten is aan een fout in onze timing of onze benadering. Laten we eens wat uitvoeriger op dit aspect ingaan.

Wanneer we op verzet stuiten bij onze partner hebben we waarschijnlijk een fout in de timing of benadering gemaakt

Verzet van de vrouw tegen de probleemoplosser

Wanneer een vrouw zich tegen de oplossingen van de man verzet, heeft hij het gevoel dat er aan zijn kundigheid getwijfeld wordt. Het lijkt alsof ze hem niet vertrouwt, niet waardeert, en hij wordt onverschillig. Zijn bereidheid tot luisteren neemt, begrijpelijkerwijze, af.
Een man kan echter, door zich op zo'n moment te bedenken dat een vrouw van Venus komt, begrijpen waarom ze weerstand biedt. Als hij erover nadenkt zal hij tot de ontdekking komen dat hij waarschijnlijk oplossingen aandroeg, terwijl zij wilde dat hij met haar meevoelde en lief voor haar was.
Hier volgen een paar voorbeelden van hoe een man onbedoeld gevoelens en observaties ontkent of onwelkome oplossingen biedt. Kijk maar eens of u kunt begrijpen waarom ze zich verzet:

1. 'Je moet je niet zo druk maken.'
2. 'Maar dat zei ik niet.'
3. 'Zo erg is het nu ook weer niet.'
4. 'Oké, het spijt me. Kunnen we er nu over ophouden?'
5. 'Dóe het dan gewoon!'
6. 'Maar we hebben het er toch over?'
7. 'Je moet je niet gekwetst voelen. Zo bedoelde ik het niet.'
8. 'Waar wil je nu eigenlijk heen?'
9. 'Maar dat gevoel moet je helemaal niet hebben!'
10. 'Hoe kun je dat nou zeggen? De vorige week ben ik de hele dag bij je geweest. Het was hartstikke leuk!'
11. 'Goed, vergeet het dan maar weer.'

12. 'Oké, ik doe de achtertuin wel. Ben je nou tevreden?'
13. 'Ik weet het. Je zou het volgende kunnen doen:...'
14. 'Hoor eens, er is niets aan te doen.'
15. 'Als je er alleen maar over kunt klagen, doe het dan niet.'
16. 'Waarom laat je je ook zo behandelen? Laat ze toch stikken.'
17. 'Als je niet gelukkig bent, dan moeten we maar scheiden.'
18. 'Goed, dan moet je het voortaan gewoon wél doen.'
19. 'Laat het voortaan maar aan mij over.'
20. 'Natuurlijk geef ik om je. Doe niet zo belachelijk.'
21. 'Zou je nu eens ter zake willen komen?'
22. 'We hoeven alleen maar...'
23. 'Maar er is toch meer gebeurd?'

Uit al deze uitlatingen blijkt dat de gevoelens van de vrouw niet serieus worden genomen, dat geprobeerd wordt ze te verklaren, of dat oplossingen worden gezocht om haar negatieve gevoelens in positieve te doen omslaan. Het eerste dat een man kan doen om dit patroon te doorbreken is gewoon ophouden met het geven van dit soort commentaar (in hoofdstuk 5 wordt nader op dit onderwerp ingegaan). Het zal hem echter niet gemakkelijk vallen van 'ontkennend' commentaar en oplossingen over te stappen op alleen maar luisteren.
Een man kan de weerstand van een vrouw veel beter hanteren, als hij goed begrijpt dat ze zich verzet tegen zijn timing en de manier waarop hij het brengt, en niet tegen zijn oplossingen. Dan vat hij het niet zo persoonlijk op. Als hij leert luisteren zal hij er langzaam aan achter komen dat zij meer waardering voor hem krijgt, zelfs als hij zelf in eerste instantie de oorzaak van haar onvrede is.

Verzet van de man tegen de opvoeder

Wanneer een man zich verzet tegen raadgevingen van de vrouw, heeft ze het gevoel dat het hem niet kan schelen; ze voelt het als gebrek aan respect voor haar behoeften. Het lijkt alsof ze geen steun krijgt en haar vertrouwen in hem verdwijnt, hetgeen wel te begrijpen is.
Ze kan zijn verzet voortaan juist interpreteren als ze bedenkt dat

mannen van Mars komen. Ze zal, als ze even nadenkt, tot de ontdekking komen dat ze hem waarschijnlijk ongevraagd raad of kritiek gaf, in plaats van duidelijk te maken waar ze behoefte aan had, informatie te geven of een verzoek te doen.
Hier zijn een paar korte voorbeelden van de manier waarop een vrouw een man onbewust kan ergeren door het geven van advies of het leveren van schijnbaar onschuldige kritiek. Bedenk wanneer u deze lijst doorloopt, dat deze kleine dingen zich kunnen opstapelen tot een grote muur van verzet en wrok. Sommige uitlatingen bevatten verhulde raad of kritiek. Kijk maar eens of u ziet waarom hij zich overheerst voelt.

1. 'Hoe kun je dat nou kopen? Je hebt er al een.'
2. 'Die schalen zijn nog nat. Zo drogen ze vlekkerig op.'
3. 'Je haar wordt wel wat lang.'
4. 'Daar is plaats, keer maar even.'
5. 'Je wilt dingen met je vrienden doen, maar ik dan?'
6. 'Je moet niet zo hard werken. Neem eens een dagje vrij.'
7. 'Niet daar neerleggen. Dan raakt het kwijt.'
8. 'Je moet er een loodgieter bij halen. Die weet er wel raad op.'
9. 'Waarom moeten we wachten tot er een tafel vrij is. Heb je niet gereserveerd?'
10. 'Je moet meer met de kinderen doen. Ze missen je.'
11. 'Het is nog steeds een puinhoop in je werkkamer. Hoe kun je zo nadenken? Wanneer ruim je nu eens op?'
12. 'Je bent het weer vergeten mee te nemen. Misschien kun je het op een speciale plaats klaarleggen, zodat je eraan denkt.'
13. 'Je rijdt te hard. Hou een beetje in, anders krijg je een bon.'
14. 'De volgende keer moeten we eerst de recensie lezen.'
15. 'Ik wist niet waar je was.' (Je had moeten bellen.)
16. 'Er heeft iemand van het sap gedronken.'
17. 'Niet met je vingers eten. Je geeft een slecht voorbeeld.'
18. 'Die chips zijn te vet. Ze zijn niet goed voor je hart.'

19. 'Je gunt jezelf niet genoeg tijd.'
20. 'Je moet het me (eerder) laten weten. Ik kan niet alles zomaar in de steek laten om met jou te lunchen.'
21. 'Je overhemd past niet bij je sokken.'
22. 'Bill heeft al voor de derde keer gebeld. Wanneer bel je hem nu eens terug?'
23. 'Het is zo'n rommel in je gereedschapskist. Ik kan niks vinden. Je moet hem eens op orde brengen.'

Een vrouw die niet weet hoe ze op de man af om hulp moet vragen (hoofdstuk 12) of opbouwend met een meningsverschil om moet gaan (hoofdstuk 9), kan zich wel eens machteloos voelen; ze weet niet hoe ze moet krijgen wat ze nodig heeft zonder ongevraagd advies of kritiek te geven (later zal dit uitvoeriger aan de orde komen). Het is voor haar dan ook niet gemakkelijk de overstap te maken van advies en kritiek naar acceptatie.
Door goed te beseffen dat hij zich niet afzet tegen haar behoeften, maar tegen de manier waarop ze een man benadert, zal ze zich zijn afwijzing minder persoonlijk aantrekken en opbouwender manieren zoeken om haar behoeften te uiten. Langzaam aan zal ze gaan inzien dat een man wel wil veranderen, als zij hem maar benadert als de oplossing van het probleem, en niet als de oorzaak.

Een man wil wel veranderen als hij het gevoel heeft dat hij wordt gezien als de oplossing van een probleem en niet als de oorzaak

Ik raad vrouwen aan zich een week hélemaal te onthouden van het spontaan raad of kritiek geven. De mannen in uw leven zullen het niet alleen waarderen, maar ook meer op u letten en beter op u reageren.
Als u een man bent, stel ik voor dat u een week lang probeert te luisteren naar álles wat vrouwen zeggen, alleen maar uit respect voor alles wat haar bezighoudt. Bijt op uw tong wanneer u de aanvechting krijgt een oplossing te bieden of verandering te brengen in haar gevoel. U zult verbaasd staan hoe blij ze met u is.

3. Mannen trekken zich terug

Een van de grootste verschillen tussen man en vrouw is de manier waarop ze met stress omgaan. Een man raakt steeds meer in zichzelf gekeerd en wordt stiller, terwijl vrouwen zich geen raad weten en emotioneel worden. Om zich goed te voelen heeft een man op zulke momenten iets anders nodig dan een vrouw. Het doet hem goed als er aan het probleem gewerkt wordt, terwijl zij zich beter voelt als ze erover kan praten. Wanneer we deze verschillen niet begrijpen en accepteren, ontstaat er onnodige wrijving in de relatie.
Laten we eens een algemeen voorbeeld onder de loep nemen.

> Wanneer Tom thuiskomt wil hij ontspannen en bijkomen door rustig de krant te lezen. De niet-opgeloste problemen van de dag drukken nog op hem en het lucht hem op ze te kunnen vergeten.
> Zijn vrouw Mary wil ook bijkomen van haar enerverende dag. Haar lucht het echter op als ze over de problemen van de dag kan praten. De spanning die langzaam tussen hen in komt te hangen gaat ten slotte over in wrok.
> Tom vindt in zijn hart dat Mary te veel praat, terwijl Mary zich genegeerd voelt. Als ze die verschillen tussen elkaar niet leren begrijpen, zullen ze steeds verder uit elkaar groeien.

U zult deze situatie wellicht herkennen, want het is een van de vele voorbeelden van het verschil tussen man en vrouw. Het speelt niet alleen bij Tom en Mary, maar in bijna iedere relatie.
Als Tom en Mary dit probleem willen oplossen gaat het er niet om hoeveel ze van elkaar houden, maar om hun begrip van de andere sekse.

Zolang Tom niet weet dat vrouwen zich beter voelen als ze over hun problemen kunnen praten, blijft hij denken dat Mary te veel praat en blijft hij weigeren naar haar te luisteren. Zolang Mary niet weet dat Tom de krant leest om bij te komen, voelt ze zich genegeerd en verwaarloosd. Ze geeft haar pogingen om hem tegen zijn zin aan het praten te krijgen niet op.
We kunnen deze verschillen uit de weg ruimen als we ons eerst wat meer verdiepen in de manier waarop mannen en vrouwen met stress omgaan. Laten we eerst eens kijken hoe het op Mars en Venus toegaat en ons enig inzicht verwerven.

Hoe men op Mars en Venus met stress omgaat

Als een Marsbewoner ergens mee zit, praat hij nooit over wat hem bezighoudt. Hij zal nooit een andere Marsbewoner met zijn probleem lastig vallen, tenzij hij de hulp van zijn vriend nodig heeft om zijn probleem op te lossen. Hij wordt erg stil en teruggetrokken om over zijn probleem na te denken, waarbij hij het van alle kanten bekijkt. Als hij een oplossing heeft gevonden, voelt hij zich veel beter en komt hij weer tot zichzelf.
Vindt hij er geen, dan onderneemt hij iets om zijn problemen te vergeten, zoals de krant lezen of een spelletje doen. Door afleiding te zoeken kan hij zich langzaam maar zeker ontspannen. Als de spanning echt heel groot is, zoekt hij een bezigheid van meer uitdagende aard, zoals autoracen, aan wedstrijden meedoen of bergbeklimmen.

Als een Marsbewoner zich beter wil voelen trekt hij zich terug om zijn problemen alleen op te lossen

Als een Venusbewoner van slag is of onder de spanningen van de dag lijdt, zoekt ze iemand op die ze vertrouwt om haar hart bij te luchten en uitvoerig mee over de problemen te praten. Wanneer Venusbewoners alles kunnen vertellen wat hen dwars zit, voelen ze zich plotseling veel beter. Dat is hun manier.

Als een Venusbewoner zich beter wil voelen bespreekt ze haar problemen openhartig met iemand anders

Op Venus wordt het vertellen van problemen zelfs beschouwd als een uiting van liefde en vertrouwen, en niet als een belasting. Venusbewoners schamen zich niet voor hun problemen. Hun ego is niet afhankelijk van competent lijken, maar van het hebben van liefdevolle relaties. Ze vinden het niet erg om te laten zien dat ze problemen hebben, in de war zijn, geen uitweg zien of doodmoe zijn.

Een Venusbewoner heeft een goed zelfgevoel als ze liefdevolle vrienden heeft met wie ze over haar gevoelens en problemen kan praten. Een Marsbewoner voelt zich pas goed als hij zijn problemen in zijn eentje kan oplossen. Dat werkt nu nog steeds zo.

Lekker in jezelf gekeerd

Wanneer een man zich gespannen voelt trekt hij zich terug en concentreert zich op het oplossen van een probleem. Meestal pikt hij er het urgentste of moeilijkste uit. Hij raakt zo verdiept in het oplossen hiervan dat hij tijdelijk niet merkt wat er allemaal om hem heen gebeurt. Andere problemen en taken verdwijnen naar de achtergrond.

Hij wordt steeds afweziger, vergeetachtiger, reageert steeds slechter en gaat steeds meer in zijn gedachten op. Als je met hem praat lijkt het wel of slechts vijf procent van zijn geest beschikbaar is voor de relatie, en vijfennegentig procent nog op zijn werk is.

Hij is er niet helemaal bij omdat hij zijn probleem aan het herkauwen is, in de hoop een oplossing te vinden. Hoe gespannener hij is, des te meer hij met het probleem bezig is. Hij is op zo'n moment niet in staat een vrouw de aandacht en liefde te geven die hij normaal aan haar geeft en waar ze in ieder geval recht op heeft. Hij wordt helemaal in beslag genomen en hij is niet bij machte zijn geest vrij te maken. Vindt hij echter een oplossing, dan voelt hij zich meteen veel beter en keert weer tot de werkelijkheid terug; plotseling is hij weer beschikbaar voor zijn partner.

Weet hij echter geen oplossing, dan blijft hij in zichzelf teruggetrokken. Hij lost graag kleine probleempjes op om zich eruit los te weken: hij leest de krant, kijkt tv, rijdt auto, sport een beetje, kijkt naar een voetbalwedstrijd, enzovoorts. Alle uitdagende activiteiten die hem in eerste instantie voor meer dan vijf procent in beslag nemen, kunnen hem helpen zijn problemen te vergeten en weer tot zichzelf te komen. Dan kan hij de volgende dag frisser tegen zijn probleem aankijken, waardoor hij meer kans op succes heeft.

Laten we een paar voorbeelden bekijken. Jim gebruikt de krant gewoonlijk als afleiding. Als hij de krant leest wordt hij niet meer met de problemen van de dag geconfronteerd. Met de vijf procent van zijn geest die niet bezig is met de problemen van zijn werk begint hij ideeën te vormen en oplossingen te zoeken voor de wereldproblematiek. Langzamerhand raakt zijn geest steeds meer betrokken bij de problemen in het nieuws en vergeet hij die van hemzelf. Op die manier is er een overgang van bezig-zijn met de problemen van het werk naar de vele problemen in de wereld (waar hij níet direct verantwoordelijk voor is). Op deze manier maakt hij zich los van de problemen van zijn werk, zodat hij zich weer op zijn vrouw en zijn gezin kan concentreren.
Tom kijkt naar een voetbalwedstrijd om zijn stress kwijt te raken en bij te komen. In plaats van te proberen zijn eigen problemen op te lossen, kan hij zich nu op die van zijn favoriete elftal concentreren. Door naar sport te kijken krijgt hij tóch bij iedere wedstrijd het gevoel een probleem opgelost te hebben. Als zijn elftal een doelpunt maakt of wint, smaakt hij het genoegen van succes. Verliezen ze, dan voelt hij dat als zijn eigen verlies. In beide gevallen is zijn geest echter even uit de greep van zijn echte problemen.
Voor Tom en vele andere mannen betekent het kijken naar een sportwedstrijd, het lezen van de krant of het kijken naar een film dat zij éven bevrijd zijn van de spanning van het dagelijks leven.

Wat de vrouw van deze houding vindt

Wanneer een man in zichzelf is gekeerd, is hij niet bij machte zijn partner de aandacht te geven waar ze recht op heeft. Dat is voor haar heel moeilijk te accepteren, omdat ze niet weet hoe gespannen hij is. Als hij bij zijn thuiskomst over zijn problemen zou praten, zou ze meer met hem meevoelen. Maar dat doet hij niet, en ze heeft het gevoel dat hij haar negeert. Ze merkt dat er iets is, maar gaat er ten onrechte van uit dat hij zich niets van haar aantrekt omdat hij niet met haar praat.
Vrouwen begrijpen doorgaans niet hoe Marsbewoners met stress omgaan. Ze verwachten van mannen dat ze zich blootgeven en over al hun problemen praten zoals bewoners van Venus doen. Als een man in zichzelf gekeerd is, neemt een vrouw hem kwalijk dat hij niet openhartiger is. Ze voelt zich gekwetst als hij het nieuws aanzet of gaat sporten en haar negeert.
Het is even onrealistisch om van een man die in zichzelf gekeerd

is te verwachten dat hij zich zomaar openstelt, spontaan reageert en een en al liefde is, als van een vrouw die van streek is dat zij zomaar kalmeert en alles op een rijtje zet. Het is verkeerd van een man te verwachten dat hij te allen tijde gevoelens van liefde op kan brengen, zoals het ook verkeerd is van een vrouw te verwachten dat zij te allen tijde rationeel en logisch denkt. Wanneer een Marsbewoner zijn hol inkruipt vergeet hij wel eens dat vrienden ook problemen hebben. Een instinct zegt hem dat je eerst voor jezelf moet zorgen en dan voor een ander. Een vrouw verzet zich doorgaans tegen zo'n reactie en neemt het hem kwalijk.

Ze kan op dwingende toon eisen dat hij iets voor haar doet, alsof ze bij dit liefdeloze schepsel haar rechten moet bevechten. Door zich te bedenken dat een man nu eenmaal van Mars komt, kan de vrouw zijn reactie op stress op juiste wijze leren interpreteren, en wel als een manier van handhaven, en niet als een uiting van zijn gevoelens jegens haar. Ze kan nu met hem gaan samenwerken om te krijgen waar ze behoefte aan heeft, in plaats van hem tegen te werken. Een man heeft er echter vaak weinig idee van hoe afwezig hij wordt als hij in zijn hol zit. Als hij begint te begrijpen welke uitwerking het heeft als hij zich terugtrekt, kan hij meer gevoel voor haar opbrengen wanneer zij zich verwaarloosd en onbeduidend voelt. Als hij bedenkt dat vrouwen van Venus komen kan hij meer begrip en respect opbrengen voor haar reacties en gevoelens. Wanneer een man de reacties van een vrouw niet serieus neemt, verdedigt hij zich meestal, en krijgen ze ruzie. Er zijn vijf wijdverbreide misverstanden:

1. Als zij zegt: 'Je luistert niet,' zegt hij: 'Hoezo: je luistert niet? Ik kan alles navertellen wat je gezegd hebt.'
   Als een man zich teruggetrokken heeft, kan hij haar woorden in zich opnemen met de vijf procent van zijn geest die luistert. Een man redeneert dat als hij met die vijf procent luistert, hij dus luistert. Waar ze echter om vraagt is zijn volledige, niet-verdeelde aandacht.
2. Als zij zegt: 'Ik heb zelfs het gevoel dat je er niet bent,' zegt hij: 'Hoezo: je bent er niet? Ik ben er wél! Je ziet me toch?'
   Hij vindt dat zij, als hij lijfelijk aanwezig is, niet moet zeggen dat hij er niet is. Maar hoewel hij lijfe-

lijk aanwezig is, heeft zij niet het gevóel dat hij er echt is en dat bedoelt ze.

3. Als zij zegt: 'Je geeft niet om me,' zegt hij: 'Natuurlijk wel. Waarom dacht je dan ik dit probleem op probeerde te lossen?'
   Hij gaat ervan uit dat zij wel weet dat hij om haar geeft, omdat hij voor haar bezig is een probleem op te lossen. Zij wil echter zijn rechtstreekse aandacht en zorg, en dáár vraagt ze eigenlijk om.
4. Als ze zegt: 'Ik heb het gevoel dat ik niet belangrijk voor je ben,' zegt hij: 'Belachelijk. Natuurlijk ben je dat.'
   Hij neemt haar gevoelens niet serieus, omdat hij voor haar problemen aan het oplossen is. Hij beseft niet dat hij zich op een probleem concentreert, maar de problemen waar ze mee zit negeert. Bijna iedere vrouw zou hierop hetzelfde reageren: ze zou het zich persoonlijk aantrekken en het gevoel hebben dat ze niet belangrijk was.
5. Als ze zegt: 'Jij hebt geen gevoel. Je bent alleen maar een stel hersens,' zegt hij: 'Nou en? Hoe wil je dan dat ik dit oplos?'
   Hij vindt dat zij te kritisch en veeleisend is, omdat hij iets doet wat hij nu eenmaal doen moet om een probleem op te lossen. Hij voelt zich ondergewaardeerd. Bovendien ontkent hij de geldigheid van haar gevoelens. Mannen realiseren zich meestal niet hoe extreem en snel de verschuiving van warm en gevoelig naar teruggetrokken en afstandelijk bij hen plaatsvindt. Een man is met zijn probleem bezig en is zich er niet van bewust hoe zijn onverschillige houding op anderen overkomt.

Om de samenwerking te verbeteren is het noodzakelijk dat man en vrouw elkaar beter begrijpen. Als een man zijn vrouw negeert, vat ze dat vaak persoonlijk op. Wanneer ze weet dat hij op zijn manier met het verwerken van stress bezig is, kan dat heel erg helpen, maar verzacht dat niet altijd de pijn.

Ze kan er op zo'n moment behoefte aan hebben over die gevoelens te praten. Het is van belang dat de man haar gevoelens dan serieus neemt. Hij moet begrijpen dat zij evenveel recht heeft te praten over het gevoel genegeerd te worden en geen steun te krijgen, als híj om zich terug te trekken en geen mond open te doen. Als ze zich niet begrepen voelt, vindt ze het moeilijk haar gevoel van gekwetstheid los te laten.

Praten lucht op

Als een vrouw gespannen is krijgt ze instinctief behoefte aan een gesprek over haar gevoelens en alle eventuele problemen die daarmee gepaard gaan. Wanneer ze begint te praten heeft niet het ene probleem voorrang boven het andere. Als ze van streek is, is dat overal door, door grote én kleine dingen. Ze maakt zich in eerste instantie niet druk om oplossingen, maar wil veeleer stoom afblazen door zich te uiten en weerklank te vinden. Door in het wilde weg over haar problemen te praten wordt ze rustiger.

Een vrouw die gespannen is maakt zich niet druk om oplossingen, maar zoekt vooral steun door zich te uiten en begrip te vragen

Een man die gespannen is concentreert zich meestal op één probleem en laat de andere voor wat ze zijn; een vrouw zuigt de problemen als het ware in zich op tot ze haar te veel worden. Door over alle mogelijke problemen te praten zonder zich om oplossingen te bekommeren voelt ze zich beter. Ze verkent ondertussen haar emoties en krijgt zo meer inzicht in wat haar echt dwars zit, en dan ziet ze er plotseling weer een gat in.
Om zich beter te kunnen voelen praten vrouwen over problemen in het verleden, de toekomst, over problemen die zich eventueel voor kunnen doen, zelfs over problemen waar geen oplossing voor is. Hoe meer ze erover kunnen praten en hun gevoelens verkennen, hoe beter ze zich voelen. Zo werkt dat bij vrouwen. Wie iets anders van hen verwacht, ontkent hun ware aard.
Wanneer het een vrouw allemaal boven het hoofd groeit, vindt ze het prettig uitgebreid over al haar problemen te praten. Als ze een luisterend oor vindt, verdwijnt haar stress langzaam. Als een onderwerp is afgehandeld, wacht ze even en gaat verder met het volgende. Zo gaat ze door en ze haalt er steeds meer problemen, zorgen, teleurstellingen en frustraties bij. Er hoeft geen speciale volgorde in te zitten en er hoeft geen logisch verband te zijn. Als

ze het gevoel heeft dat ze niet begrepen wordt, kan er zelfs nóg meer bij komen.
Zoals een man die zichzelf teruggetrokken heeft ook kleine problemen nodig heeft ter afleiding, zo gaat een vrouw die geen luisterend oor vindt, over andere problemen praten, die niet direct van belang zijn om stoom af te blazen. Om haar eigen pijnlijke gevoelens te vergeten kan ze zich op de problemen van anderen storten. Wat ook verlichting geeft is het bespreken van problemen van vrienden, familieleden en kennissen. Of het nu om haar eigen problemen gaat of om die van een ander, praten is een normale en gezonde reactie van de Venusbewoner op stress.

Om haar eigen pijnlijke gevoelens te vergeten kan een vrouw zich op de problemen van anderen storten

Hoe mannen reageren op de behoefte aan praten

Een man verzet zich meestal wanneer een vrouw over problemen praat. Hij veronderstelt dat ze met hem over haar problemen praat omdat ze hem er de schuld van geeft. Hoe meer problemen, hoe sterker dat gevoel wordt. Hij realiseert zich niet dat ze praat om zich beter te voelen. Een man weet niet dat zij het waardeert als hij alleen maar luistert.
Marsbewoners praten over problemen om twee redenen: óf ze hebben iemand iets te verwijten, óf ze willen advies. Als een vrouw echt van streek is, denkt een man dat ze hem de schuld geeft. Als ze niet zo van streek lijkt, neemt hij aan dat ze advies wil.
Als hij ervan uitgaat dat ze advies wil, zet hij een gezicht van 'dat lossen we wel even op'. Als hij ervan uitgaat dat ze hem de schuld geeft, trekt hij uit zelfbescherming maar vast zijn zwaard. In beide gevallen valt het luisteren hem al gauw zwaar.
Als hij oplossingen aandraagt, haalt ze er alleen maar nóg meer problemen bij. Nadat hij twee of drie oplossingen geopperd heeft, verwacht hij dat ze opknapt. Dat komt doordat de Marsbewoner zelf opknapt van oplossingen, althans, als hij daar om gevraagd heeft. Helpt het niet, dan heeft hij het gevoel dat zijn oplossingen afgewezen worden en dat hij ondergewaardeerd wordt.
Maar voelt hij zich aangevallen, dan begint hij zich te verdedigen. Hij denkt dat zij als hij alles uitlegt zal ophouden hem verwijten te maken. Hoe meer hij zich echter verdedigt, hoe meer ze van streek raakt.

Hij beseft niet dat ze geen boodschap heeft aan uitleg. Ze wil dat hij haar gevoelens begrijpt en haar eventueel over andere problemen laat praten. Als hij verstandig is en gewoon luistert, stapt ze na eventjes over hem geklaagd te hebben, over op een ander onderwerp en ook op andere problemen.
Mannen raken ook bijzonder gefrustreerd als een vrouw over problemen praat die hij niet verhelpen kan. Wanneer een vrouw gespannen is kan ze bijvoorbeeld de volgende klachten uiten:

- 'Mijn salaris is te laag.'
- 'Mijn tante Louise wordt steeds zieker. Elk jaar gaat ze meer achteruit.'
- 'Ons huis is gewoon niet groot genoeg.'
- 'Wat is het toch droog! Wanneer gaat het nu eens regenen?'
- 'We staan bijna rood bij de bank.'

Een vrouw kan een van bovenstaande opmerkingen maken om uiting te geven aan haar zorgen, teleurstellingen en frustraties. Ze weet misschien wel dat er verder niets aan te doen is, maar ze wil er toch over praten, want dat lucht op. Ze voelt zich gesteund als de toehoorder zich in haar frustratie en teleurstelling kan inleven. Haar mannelijke partner kan echter gefrustreerd raken als hij niet begrijpt dat ze het alleen maar van zich af wil praten.
Mannen worden ook ongeduldig als vrouwen over hun problemen uitweiden. Een man gaat er ten onrechte van uit dat als een vrouw uitvoerig ergens over praat, hij aan de hand van al die details een oplossing moet zoeken. Hij doet zijn uiterste best om ze te schiften en wordt ongeduldig. Wederom beseft hij niet dat zij geen oplossing van hem verlangt, maar zorgzaamheid en begrip.
Luisteren is voor een man ook zo moeilijk, omdat hij er ten onrechte van uitgaat dat er een logische volgorde is in de willekeurige greep aan problemen. Nadat ze er drie of vier heeft afgewerkt, raakt hij uiterst gefrustreerd en verward, doordat hij steeds een logisch verband zoekt.
Nog een reden waarom een man zich kan verzetten is dat hij wil weten waar het allemaal heen leidt. Hij kan pas aan zijn oplossingen beginnen als hij weet waar het precies om draait. Hoe meer details ze geeft, hoe groter zijn frustratie wordt. Die zal aanzienlijk minder zijn wanneer hij in gedachten houdt dat het haar goed doet als ze uitvoerig kan vertellen. Als hij dat niet uit het oog ver-

liest, kan hij zich ontspannen. Het schenkt een man evenveel voldoening een probleem tot in de kleinste details te kunnen oplossen, als een vrouw om uitvoerig over haar problemen te kunnen praten.

Een man is heel tevreden als hij een probleem tot in de kleinste details kan oplossen en een vrouw als zij uitvoerig over haar problemen kan praten

Wat een vrouw kan doen om het een man een beetje gemakkelijker te maken is hem van tevoren te laten weten hoe het verhaal afloopt en dan pas de bijzonderheden te vertellen. Houd hem niet in spanning. Vrouwen genieten er meestal van de spanning op te voeren omdat dat het verhaal verlevendigt. Een andere vrouw kan zoiets waarderen, maar een man raakt er gauw gefrustreerd van.
De mate waarin een man een vrouw niet begrijpt is gelijk aan de mate waarin hij zich verzet als zij over haar problemen begint. Als een man leert hoe hij een vrouw voldoening moet schenken en haar in emotioneel opzicht moet steunen, gaat hij inzien dat luisteren zo moeilijk nog niet is. Ook kan de vrouw de man eraan herinneren dat ze alleen maar over haar problemen wil práten en dat hij ze niet hoeft op te lossen, zodat hij rustig kan gaan zitten luisteren.

Hoe de bewoners van Mars en Venus rust vonden

De bewoners van Venus en Mars leefden in vrede met elkaar omdat ze in staat waren de verschillen tussen hen te respecteren. De Marsbewoner leerde de behoefte van de Venusbewoner aan alleen maar praten te respecteren. Hij ontdekte dat hij haar kon helpen door te luisteren, zelfs als ze niet veel te vertellen had. De Venusbewoner leerde respecteren dat de Marsbewoner zich terugtrok om stress te verwerken. Het hol had niets geheimzinnigs of verontrustends meer.

Wat de bewoners van Mars leerden

De Marsbewoners leerden dat als ze zich door Venusbewoners aangevallen, beschuldigd of bekritiseerd voelden, dat slechts van tijdelijke aard was; de Venusbewoners knapten nu veel sneller op en waren zeer positief en meegaand. Door te leren luisteren ont-

dekten de Marsbewoners hoeveel goed het de Venusbewoners deed om over problemen te kunnen praten.
De Marsbewoner kwam tot rust toen hij eindelijk begreep dat de behoefte aan praten van de Venusbewoner niets te maken had met een fout van zijn kant. Daarnaast leerde hij dat als een Venusbewoner eenmaal het gevoel heeft dat er naar haar geluisterd wordt, zij niet meer zo lang stilstaat bij problemen en zich heel positief opstelt. Toen hij dat eenmaal wist, kon de Marsbewoner luisteren zonder zich voor het oplossen van al haar problemen verantwoordelijk te voelen.
Veel mannen en ook vrouwen hebben een vooroordeel tegen praten over problemen, omdat ze nooit hebben meegemaakt hoe genezend het werkt. Ze hebben nooit meegemaakt hoe een vrouw als ze gehoor vindt verandert, zich beter voelt en een positievere houding gaat aannemen. Meestal hebben ze gezien dat een vrouw (waarschijnlijk hun moeder) geen gehoor vond en het maar over haar problemen blééf hebben. Zo vergaat het vrouwen die geruime tijd geen liefde of aandacht krijgen. Het ware probleem met deze vrouwen is echter dat zij liefde te kort komen en niet dat zij over hun problemen praten.
Toen de Marsbewoners hadden geleerd te luisteren deden ze een verbazingwekkende ontdekking. Ze begonnen te beseffen dat het luisteren naar de problemen van de Venusbewoners dezelfde uitwerking op hen had als naar het journaal kijken of een krant lezen, en hen uit hun hol haalde.
Ook een man zal luisteren steeds gemakkelijker vinden als hij zich niet schuldig of verantwoordelijk voelt. Wordt hij er echt goed in, dan zal hij gaan beseffen dat luisteren een uitstekende manier kan zijn om de problemen van de dag te vergeten en tevens zijn partner een hoop voldoening te schenken. Maar op dagen dat hij heel erg gespannen is, kan hij er toch nog behoefte aan hebben zich terug te trekken om na afleiding van andere aard, zoals het nieuws of een sportwedstrijd, weer te voorschijn te komen.

Wat de Venusbewoners leerden

Ook de Venusbewoner kwam tot rust toen zij eindelijk begreep dat als een Marsbewoner zich in zijn hol terugtrok dat niet betekende dat hij niet meer van haar hield. Ze leerde hem in zo'n geval te ontzien omdat hij onder grote druk stond.
De Venusbewoners waren niet beledigd als de Marsbewoners snel

afgeleid waren. Als een Marsbewoner afgeleid was wanneer een Venusbewoner aan het woord was, hield ze heel beleefd op met praten, bleef staan en wachtte tot hij het merkte. Dan pakte ze de draad weer op. Ze begreep dat het soms moeilijk voor hem was om er helemaal bij te zijn. De Venusbewoners kwamen tot de ontdekking dat als je de Marsbewoner rustig en begrijpend om aandacht vroeg, hij die maar al te graag gaf.
Als de Marsbewoners helemaal in hun gedachten opgingen en in hun hol zaten, vatten de Venusbewoners dat ook niet persoonlijk op. Ze kwamen erachter dat het dan niet het juiste tijdstip was voor een goed gesprek en dat ze beter met een vriendin konden gaan praten of iets leuks doen of wat winkelen. Ze merkten ook dat de Marsbewoner, omdat hij zich op deze wijze bemind en geaccepteerd voelde, sneller uit zijn hol te voorschijn kwam.

4. Het motiveren van de andere sekse

Voordat de bewoners van Mars en Venus elkaar tegenkwamen woonden ze al eeuwenlang heel tevreden in hun eigen wereldje. Maar op een dag werd alles anders. Zowel de bewoners van Mars als die van Venus raakten plotseling gedeprimeerd, maar deze depressie was uiteindelijk de aanleiding tot hun ontmoeting.
Wanneer we de veranderingen die zij toen ondergingen begrijpen, zullen we zien wat het verschil tussen man en vrouw is op het gebied van de motivatie. Gewapend met die kennis zult u beter in staat zijn uw partner te steunen en zelf de nodige hulp te verkrijgen op moeilijke momenten. Laten we eens teruggaan in de tijd en doen alsof we ooggetuigen zijn.
Toen de Marsbewoners gedeprimeerd raakten verlieten ze allemaal hun stad en gingen heel lang in hun holen zitten. En daar zaten ze dan, tot op een goede dag een Marsbewoner door zijn telescoop een glimp opving van de mooie Venusbewoners. Terwijl de telescoop van hand tot hand ging, raakten de Marsbewoners geestdriftig over deze prachtige wezens, en verdween hun depressie als sneeuw voor de zon. Plotseling hadden ze een doel. Ze kwamen hun hol uit en begonnen een hele vloot luchtschepen te bouwen om naar Venus te vliegen.
Toen de Venusbewoners gedeprimeerd raakten hielden ze groepsgesprekken over hun problemen. Maar het leek niet te helpen. Ze bleven lange tijd gedeprimeerd tot ze door hun intuïtie een visioen kregen. Er zouden door het heelal sterke, prachtige wezens (de Marsbewoners) naar hen toe komen om hen te beminnen, te dienen en te steunen. Plotseling voelden ze zich bemind. Toen ze het met elkaar over dit visioen hadden verdween hun gedeprimeerdheid en bereidden ze zich blij voor op de komst van de Marsbewoners.

Het motiveert en inspireert mannen als ze zich nodig voelen

Het motiveert en inspireert vrouwen als ze zich bemind voelen

Dit is nog steeds de sleutel tot het geheim van de motivering van man en vrouw. Het motiveert en inspireert een man als hij het gevoel heeft dat hij nódig is. Heeft hij dat gevoel in een relatie niet, dan wordt hij geleidelijk steeds passiever en minder energiek. Hij heeft iedere dag wat minder te bieden. Wanneer hij echter het gevoel heeft dat zijn partner erop vertrouwt dat hij zijn best doet en dat zij zijn pogingen waardeert, dan geeft hem dat energie en kan hij meer geven.
Net als de Venusbewoners worden vrouwen gemotiveerd en geïnspireerd door het gevoel bemind te worden. Voelt een vrouw zich in een relatie niet bemind, dan ontwikkelt ze een dwangmatig verantwoordelijkheidsgevoel en raakt uitgeput doordat ze te veel moet geven. Heeft ze daarentegen het gevoel dat haar partner om haar geeft en haar respecteert, dan schenkt dat voldoening en heeft ze ook meer te geven.

Als een man van een vrouw houdt

Als een man verliefd wordt op een vrouw gebeurt er hetzelfde als toen de eerste Marsbewoner de eerste Venusbewoners ontdekte. Hij hangt wat rond in zijn hol, niet in staat de oorzaak van zijn depressie te vinden, en kijkt maar wat door zijn telescoop. Van het ene moment op het andere komt er een fantastische verandering in zijn bestaan, die blijvend zal zijn. Door zijn telescoop heeft hij een visioen van indrukwekkende schoonheid en gratie gezien.
Hij heeft de Venusbewoners ontdekt. Hij brandt van verlangen. Als hij de Venusbewoners gadeslaat, begint hij zich voor het eerst in zijn bestaan te interesseren voor een ander wezen. Die ene glimp geeft zijn leven nieuwe zin. Zijn depressie is voorbij.
De Marsbewoners waren altijd sterk op winnen gericht geweest: ik wil winnen en het kan me niet schelen of jij verliest. Zolang iedere Marsbewoner voor zichzelf zorgde, werkte dat heel goed. Het was eeuwenlang prima gegaan, maar nu moest daar verandering in komen. Het was niet meer zo bevredigend om voornamelijk op jezelf gericht te zijn. Toen ze verliefd werden, gunden ze de Venusbewoners evenveel als zichzelf.
In de hedendaagse sportbeoefening komt dit Martiaanse competi-

tiegedrag veelvuldig voor. Bij tennis wil ik bijvoorbeeld niet alleen winnen, maar ook mijn vriend laten verliezen door het hem moeilijk te maken mijn slagen te retourneren. Ik vind winnen dus leuk, ook al verliest mijn vriend.

In het dagelijks leven zijn de meeste Martiaanse gedragsvormen heel gewoon, maar deze winnaarsmentaliteit kan in relaties heel schadelijk zijn. Als we onze eigen behoeften vervuld willen zien ten koste van die van de partner, staan ons in onze relatie ongeluk, wrok en conflict te wachten. Het geheim van een geslaagde relatie is dat beide partners aan hun trekken komen.

Verschillen trekken elkaar aan

Nadat de eerste Marsbewoner verliefd was geworden begon hij voor al zijn soortgenoten een telescoop te maken. Al gauw waren ze allemaal van hun depressie af. Ze vatten liefde voor de Venusbewoners op. Ze gingen evenveel om hen geven als om zichzelf.

De vreemde en mooie Venusbewoners oefenden een mysterieuze aantrekkingskracht op de Marsbewoners uit. Ze voelden zich vooral aangetrokken door alles dat anders aan hen was: ze waren zacht, waar zijzelf hard waren; ze waren rond, waar zij hoekig waren; ze waren warm als zij koel waren. De verschillen leken elkaar op wonderlijke en volmaakte wijze aan te vullen.

Zonder woorden leken de Venusbewoners duidelijk te zeggen: ‘We hebben jullie nodig. Jullie macht en kracht kunnen ons grote voldoening schenken, een leegte diep in ons vullen. We zouden samen heel gelukkig kunnen zijn.’ Deze invitatie motiveerde en inspireerde de Marsbewoner.

Veel vrouwen weten deze boodschap instinctief over te brengen. Aan het begin van een relatie kan een vrouw een man een korte blik geven die zegt: ‘Misschien ben jij wel degene met wie ik gelukkig kan worden.’ Op deze subtiele wijze begint ze in feite hun relatie. Die blik moedigt hem aan dichterbij te komen. Het geeft hem de kracht zijn angst voor een relatie te overwinnen. Als ze echter eenmaal een relatie hebben en er ontstaan problemen, dan weet ze helaas niet dat het nog steeds heel belangrijk voor hem is dat ze die boodschap uitstraalt, en verzuimt het te doen. De Marsbewoners waren zeer gemotiveerd door het feit dat ze op Venus iets konden uitrichten. Het bracht hen een sport hoger op de ladder der evolutie. Ze waren niet langer tevreden met zich bewijzen en hun kracht ontwikkelen. Ze wilden hun kracht en vaardigheden in dienst van anderen stellen, en dan met name in die van de Venusbewoners. Hun instelling veranderde: het ging voortaan om winnen zonder dat de ander verloor. Ze wilden een wereld waarin iedereen zowel voor zichzelf als voor anderen zorgde.

Hoe liefde de Marsbewoner motiveert

De Marsbewoners begonnen een luchtvloot te bouwen die hen door het uitspansel naar Venus zou voeren. Ze hadden zich nog nooit zo levenslustig gevoeld. Door eventjes naar een Venusbewoner te kijken was hun onzelfzuchtigheid tot leven gewekt.

Zo voelt ook een man die verliefd wordt zich tot het beste in staat, teneinde anderen van dienst te zijn. Wanneer zijn hart open staat voelt hij zich een en al zelfvertrouwen en tot grote veranderingen in staat. Als hij de kans krijgt zich te bewijzen, laat hij zich van zijn beste kant zien. Denkt hij echter dat hij geen kans van slagen heeft, dan vervalt hij weer in zijn vroegere zelfzuchtige gedrag.

> *Als een man zich kan bewijzen, laat hij zich van zijn beste kant zien. Denkt hij dat hij geen kans van slagen heeft, dan vervalt hij weer in zijn oude zelfzuchtige gedrag*

Als een man verliefd is, begint hij evenveel van een ander te houden als van zichzelf. Plotseling is hij bevrijd van de ketenen der eigenliefde en begin vrijelijk te geven, niet voor persoonlijk gewin, maar uit liefde. Als zijn partner vervulling vindt, ervaart hij dat als zijn eigen vervulling. Hij doorstaat alle ontberingen om haar gelukkig te maken, want haar geluk is het zijne. Het vergemakkelijkt zijn strijd. Het hogere doel geeft hem energie.

In zijn jeugd denkt hij alleen aan zichzelf, hetgeen hem best bevalt, maar met het klimmen der jaren schenkt dat steeds minder voldoening. Om wat levensgeluk te vinden moet hij motivatie in de liefde zien te vinden. Wanneer hij geïnspireerd wordt tot gul en onbaatzuchtig geven, wordt hij bevrijd van de belemmering der zelfzucht, die geen ruimte voor anderen laat. Hoewel hij nog steeds behoefte heeft aan liefde krijgen, is het nu zijn grootste wens liefde te geven.

De meeste mannen willen niet alleen dolgraag liefde geven, maar hebben zelf ook heel hard liefde nodig. Het grootste probleem is dat ze niet weten wat ze missen. Ze zien hun vader er zelden in

slagen hun moeder datgene te geven waar ze behoefte aan heeft. Dientengevolge weten ze niet dat het een man zeer veel voldoening kan schenken te geven. Als zijn relaties stuklopen, is hij gedeprimeerd en trekt zich terug. Hij stopt zijn gevoelens weg en weet niet waarom hij zo gedeprimeerd is.
Hij onttrekt zich aan vriendschappen en intimiteit en komt zijn hol niet uit. Hij vraagt zich af wat het allemaal voor zin heeft en waarom hij zich druk zou maken. Hij weet niet dat hij opgehouden is met voelen omdat niemand hem nodig heeft. Hij beseft niet dat hij zijn depressie van zich af kan schudden en zich weer gemotiveerd kan voelen, als hij iemand weet te vinden die hem nodig heeft.
Als een man niet het gevoel heeft dat hij voor iemand iets betekent, verdwijnt zijn belangstelling voor het leven en relaties. Het is voor hem moeilijk gemotiveerd te blijven als hij zich nutteloos voelt. Om nieuwe motivatie te vinden moet hij zich gewaardeerd voelen, moet men hem vertrouwen en accepteren. Een man gaat langzaam dood als niemand hem nodig heeft.

Een man gaat langzaam dood als niemand hem nodig heeft

Als een vrouw van een man houdt

Als een vrouw op een man verliefd wordt, gebeurt er hetzelfde als toen de eerste Venusbewoner dacht dat de Marsbewoners eraankwamen. Ze droomde dat een vloot luchtschepen uit het heelal bij hen zou landen en dat er een ras van sterke en liefdevolle Marsbewoners uit te voorschijn zou komen. Deze wezens zouden niet verzorgd hoeven te worden, maar juist de zorg voor de Venusbewoners op zich willen nemen.
Deze Marsbewoners waren zeer toegewijd en voelden zich geïnspireerd door de schoonheid en cultuur op Venus. De Marsbewoners zagen in dat hun macht en bekwaamheid geen nut hadden als je er niemand mee van dienst kon zijn. Deze wonderbaarlijke en bewonderenswaardige wezens voelden zich opgelucht en geïnspireerd door het idee dat ze de Venusbewoners konden dienen, behagen en voldoening schenken. Wat een wonder!
Andere Venusbewoners hadden net zo'n droom en waren ook direct van hun depressie verlost. Wat bij de Venusbewoners veranderingen teweegbracht was het geloof dat er hulp aankwam in de

vorm van Marsbewoners. Ze waren gedeprimeerd geweest omdat ze zich geïsoleerd en alleen hadden gevoeld. Slechts het gevoel dat er liefdevolle hulp onderweg was kon hen daar bovenuit tillen.
De meeste mannen beseffen nauwelijks hoe belangrijk het voor een vrouw is zich gesteund te weten door iemand die om haar geeft. Vrouwen zijn gelukkig wanneer ze denken dat er aan hun behoeften voldaan zal worden. Wanneer een vrouw van streek is, als alles haar te veel wordt, als ze in de war of uitgeput is, of er geen gat meer in ziet, dan heeft ze het meest behoefte aan kameraadschap. Ze moet voelen dat ze niet alleen is. Ze moet zich gekoesterd en bemind weten.
Een vrouw zal veel meer voor de hulp van een man openstaan en die veel meer waarderen, wanneer hij zich inleeft, begrip toont, haar serieus neemt en met haar meevoelt. Een man realiseert zich dat niet, omdat zijn Martiaanse instinct hem ingeeft dat je het beste alleen kunt zijn als er iets is. Als ze van streek is, laat hij haar uit respect alleen; als hij blijft, dan maakt hij de zaak er nog erger op door haar problemen op te willen lossen. Hij heeft geen instinct dat hem vertelt dat nabijheid, intimiteit en lief en leed delen voor haar heel belangrijk zijn. Wat ze het hardst nodig heeft is iemand die alleen maar luistert.
Door haar gevoel te uiten weet ze weer dat ze de moeite van het liefhebben waard is en dat er aan haar behoeften zal worden voldaan. Twijfel en wantrouwen ebben weg. Haar neiging tot dwangmatig gedrag neemt af naarmate dat besef groeit. Ze hoeft het niet te verdienen: ze kan achterover leunen, wat minder geven en wat meer ontvangen. Ze heeft er recht op.

De neiging van een vrouw tot dwangmatig gedrag neemt af naarmate het besef groeit dat ze de moeite van het liefhebben waard is: ze hoeft er geen moeite voor te doen, ze kan minder geven, meer ontvangen. Ze heeft er recht op

Te veel geven is vermoeiend

Omdat de Venusbewoners van hun depressie afwilden, vertelden ze elkaar over hun gevoelens en praatten over hun problemen. Tijdens het praten ontdekten ze de oorzaak van hun gedeprimeerdheid. Ze hadden er genoeg van steeds zo veel te geven. Het zat hun dwars dat ze zich altijd voor elkaar verantwoordelijk voelden.

Ze wilden ontspannen en eens even verzorgd wórden. Ze hadden er genoeg van alles altijd met anderen te delen. Ze wilden zich uniek voelen en dingen hebben die alleen van hen waren. Het schonk hun geen voldoening meer een martelaar te zijn en voor anderen te leven.
Op Venus heerste de verliezersmentaliteit: 'Ik verlies, zodat jij kunt winnen.' Zolang iedereen zich voor de ander opofferde werd voor iedereen gezorgd. Maar toen de Venusbewoners dat eeuwenlang gedaan hadden, werden ze het zat altijd voor anderen te zorgen en alles te delen. Ze wilden ook wel eens winnen.
Zo zijn veel vrouwen van nu ook het geven moe. Ze willen tijd voor zichzelf. Tijd om erachter te komen hoe het is om jezelf te zijn. Tijd om eerst eens aan jezelf te kunnen denken. Ze willen emotionele steun, maar dan van iemand voor wie ze niet hoeven te zorgen. De Marsbewoners voldoen aan het signalement.
In dit stadium leerden de Marsbewoners te geven, terwijl de Venusbewoners leerden ontvangen. Na vele eeuwen hadden de bewoners van Venus en Mars een belangrijke fase in hun evolutie bereikt. De Venusbewoners moesten leren ontvangen en de Marsbewoners leren geven.
Deze verandering vindt gewoonlijk ook plaats in mannen en vrouwen naarmate ze volwassener worden. Als een vrouw nog wat jonger is, is ze offervaardiger en past zich sneller aan de behoeften van haar partner aan. Een jongere man leeft veel meer in zijn eigen wereldje en is zich niet van de behoeften van anderen bewust. Als een vrouw ouder wordt realiseert ze zich dat zc zich misschien wel te veel weggecijferd heeft voor haar partner. Als een man ouder wordt gaat hij inzien hoe hij anderen beter kan dienen en respecteren.
Als een man volwassen wordt leert hij zichzelf misschien wel weg te cijferen, maar de belangrijkste verandering die plaatsvindt is dat hij steeds beter leert hoe hij moet geven. Een vrouw die volwassen wordt leert ook nieuwe manieren van geven, maar de belangrijkste verandering in haar is meestal dat ze leert grenzen te stellen teneinde datgene te krijgen wat ze hebben wil.

Stoppen met verwijten

Als een vrouw beseft dat ze altijd te veel heeft gegeven, is ze geneigd haar partner de schuld van haar ongeluk te geven. Ze voelt

zich verongelijkt omdat ze altijd meer gegeven dan ontvangen heeft.
Hoewel ze niet gekregen heeft waar ze recht op had, moet ze om haar relatie te verbeteren in gaan zien wat haar eigen bijdrage aan het probleem is geweest. Wanneer een vrouw te veel geeft moet ze dat niet haar partner verwijten. Een man die minder geeft, moet evenmin zijn partner verwijten dat ze negatief is of zich voor hem afsluit. In beide gevallen helpen verwijten niet.
Wat wél helpt is begrip, vertrouwen, acceptatie en steun, maar verwijten niet. Een man kan in zo'n situatie in plaats van zijn partner te verwijten dat ze hem van alles kwalijk neemt, beter met haar meevoelen en zijn steun aanbieden, zelfs als ze daar niet om vraagt; naar haar luisteren, zelfs als het aanvankelijk lijkt of ze hem alleen maar verwijten maakt; haar vertrouwen wekken en haar ontvankelijk maken door kleine dingen voor haar te doen, waaruit blijkt dat hij om haar geeft.
Een vrouw kan, in plaats van haar partner te verwijten dat hij minder geeft, hem zijn onvolkomenheden vergeven en ze accepteren, vooral wanneer hij haar teleurstelt. Ze kan proberen erop te vertrouwen dat hij meer wil geven, al biedt hij zijn hulp niet aan, en hem aanmoedigen meer te geven door te waarderen wat hij wel doet en om zijn steun te blíjven vragen.

Grenzen trekken en respecteren

Het is echter van het grootste belang dat een vrouw inziet waar haar grenzen liggen, hoeveel ze kan geven zonder wrok tegen haar partner te gaan koesteren. In plaats van te verwachten dat haar partner haar op dit punt bijhoudt moet zij het evenwicht handhaven door zichzelf in de hand te houden.
Laten we eens een voorbeeld bekijken. Jim was negenendertig en zijn vrouw, Susan, was eenenveertig toen ze bij mij om raad kwamen. Susan wilde scheiden. Ze klaagde dat ze al dertien jaar meer gaf dan hij en er niet meer tegen kon. Ze verweet Jim dat hij sloom, egoïstisch, overheersend en onromantisch was. Ze zei dat ze niets meer te geven had en dat ze bij hem weg wilde. Hij haalde haar over om naar therapie te gaan, maar ze had haar twijfels. In een half jaar tijds werkten ze de drie onderdelen af die nodig waren voor het herstel van de relatie. Ze zijn nog steeds gelukkig getrouwd en hebben drie kinderen.

Stap 1: motivatie

Ik legde Jim uit dat zijn vrouw in de loop van twaalf jaar steeds meer wrok was gaan koesteren. Als hij zijn huwelijk wilde redden, zou hij heel wat naar zijn vrouw moeten luisteren om haar weer te motiveren aan hun huwelijk te gaan werken. De eerste zes bijeenkomsten moedigde ik Susan aan te vertellen hoe ze zich voelde en hielp ik Jim geduld en begrip opbrengen als zij negatieve gevoelens uitte. Dat was het moeilijkste gedeelte van het herstelproces. Toen het tot hem door begon te dringen hoeveel verdriet en onvervulde behoeften ze had, raakte hij er steeds meer van overtuigd dat hij de benodigde veranderingen teweeg kon brengen om de liefde in hun relatie te doen terugkeren.

Voordat Susan gemotiveerd kon worden om aan hun relatie te gaan werken, moest er naar haar geluisterd worden en moest ze het gevoel krijgen dat Jim haar gevoelens serieus nam: dat was de eerste stap. Toen Susan zich begrepen voelde waren ze in staat verder te gaan met het volgende onderdeel.

Stap 2: verantwoordelijkheid

De tweede stap was dat ze de verantwoordelijkheid voor bepaalde zaken op zich namen. Jim moest zich verantwoordelijk stellen voor het feit dat hij zijn vrouw niet gesteund had, terwijl Susan dat moest doen voor het feit dat ze geen grenzen had gesteld. Jim verontschuldigde zich voor alle manieren waarop hij haar gekwetst had. Susan realiseerde zich dat, zo hij haar grenzen had overschreden met zijn gedrag (schreeuwen, mopperen, niet aan verzoeken voldoen, gevoelens niet serieus nemen), zíj had verzuimd grenzen te stellen. Alhoewel ze zich niet hoefde te verontschuldigen, zag ze wel in dat zij in zekere zin ook verantwoordelijk was voor hun problemen.

Toen ze stukje bij beetje aanvaardde dat haar onvermogen grenzen te trekken en haar neiging meer te geven tot hun problemen hadden bijgedragen, kon ze meer vergiffenis opbrengen. Het was voor de oplossing van haar probleem van wezenlijk belang dat ze haar wrok losliet. Zo raakten ze allebei gemotiveerd elkaar te leren steunen door de grenzen van de ander te respecteren.

Stap 3: de praktijk

Jim moest vooral leren Susans grenzen te respecteren, terwijl zij moest leren hoe je je grenzen stelt. Ze moesten allebei leren hun (eerlijke) gevoelens op een respectvolle wijze te uiten. In dit onderdeel spraken ze af te oefenen in grenzen trekken en respecteren, en daarbij niet te vergeten dat ze fouten konden maken. Dat ze fouten mochten maken gaf hun een gevoel van veiligheid in deze periode. Enkel voorbeelden van wat ze leerden en oefenden:

- Susan oefende in het gebruik van de volgende uitspraak: 'Ik vind het niet prettig als je zo praat. Hou alsjeblieft op met schreeuwen, want anders loop ik de kamer uit.' Nadat ze een paar keer de kamer was uitgelopen hoefde ze dat niet meer te doen.
- Als Jim een verzoek deed waarvan ze spijt zou krijgen als ze eraan voldeed, leerde ze zeggen: 'Nee, ik moet even bijkomen,' of: 'Nee, ik heb het vandaag te druk.' Ze ontdekte dat hij veel attenter was omdat hij begreep hoe druk ze het had of hoe moe ze was.
- Susan vertelde Jim dat ze op vakantie wilde, en toen hij zei dat hij het te druk had zei ze dat ze wel alleen zou gaan. Plotseling ging hij met zijn werkschema schuiven en wilde hij wel weg.
- Als ze praatten en Jim onderbrak haar, oefende ze de volgende uitspraak: 'Ik ben nog niet klaar, wacht heel even.' Plotseling begon hij meer te luisteren en haar minder in de rede te vallen.
- Het was voor Susan het allermoeilijkste om zich te oefenen in zeggen wat ze wilde. Ze zei tegen mij: 'Waarom zou ik ergens om vragen, na alles wat ik voor hem gedaan heb?' Ik legde haar uit dat het niet alleen irreëel was van hem te verlangen dat hij wist wat ze wilde, maar ook dat het vooral háár probleem was. Zíj moest er zelf zorg voor dragen dat haar behoeften vervuld werden en niet hem daarvoor verantwoordelijk stellen.
- Jim vond het het moeilijkste om te respecteren dat ze veranderde en niet dezelfde inschikkelijke partner van vroeger meer was. Hij besefte dat het voor haar even moeilijk was grenzen te trekken als voor hem om ze te aanvaarden. Hij begreep dat ze overal wat makkelijker mee om zouden gaan wanneer ze meer ervaring hadden opgedaan.

Wanneer een man op grenzen stuit, motiveert het hem meer te geven. Als hij grenzen moet respecteren is hij automatisch gemotiveerd na te gaan wat de uitwerking van zijn gedragspatronen is en daar verandering in aan te brengen. Als een vrouw zich realiseert dat ze meer krijgt als ze grenzen stelt, zal ze haar partner automatisch beginnen te vergeven en nieuwe manieren gaan zoeken om steun te vragen en te krijgen. Als een vrouw grenzen stelt, leert ze zich langzamerhand ontspannen en ontvangt ze meer.

Leren ontvangen

Een vrouw vindt het doodeng om grenzen te stellen en te ontvangen. Ze is meestal bang te veel nodig te hebben en afgewezen, veroordeeld of in de steek gelaten te worden. Afgewezen, veroordeeld of verlaten worden is zeer pijnlijk, want diep in haar onderbewustzijn huist de misvatting dat ze het niet waard is meer te krijgen. Dit idee werd gevormd in haar jeugd en werd versterkt telkens als ze haar gevoel, behoeften of wensen moest onderdrukken.

Een vrouw heeft al gauw het negatieve en onjuiste idee dat zij geen liefde verdient. Een vrouw die als kind slecht behandeld is, of anderen zo behandeld heeft zien worden, is daar nog gevoeliger voor; het is voor haar moeilijker een gevoel van eigenwaarde te vinden. Dat gevoel van onwaardigheid, dat diep in het onbewuste zetelt, doet de angst ontstaan anderen nodig te hebben. Een deel van haar verbeeldt zich dat ze geen steun zal krijgen.

Omdat ze bang is geen steun te zullen krijgen, duwt ze onbewust de behoefte aan steun weg. Als een man de boodschap krijgt dat ze denkt dat hij haar behoeften niet zal kunnen vervullen, voelt hij zich onmiddellijk afgewezen en haakt af. Haar wanhoop en wantrouwen maken van haar geldige behoeften wanhoopsuitingen van grote nood en brengen op hem over dat zij hem niet vertrouwt. Ironisch genoeg worden mannen hoofdzakelijk gemotiveerd door het gevoel dat iemand hen nodig heeft, maar stoot echte nood hen af.

Op zulke momenten gaat een vrouw er ten onrechte van uit dat hij vlucht voor haar behoeften, maar wat hem in feite afstoot is het uitzichtloze, de wanhoop en het wantrouwen. Als een vrouw niet inziet dat een man het gevoel wil hebben dat zij hem vertrouwt, zal zij moeilijk onderscheid kunnen maken tussen nodig hebben en te kort komen.

‘Nodig hebben’ is een duidelijk gebaar maken en een man vol vertrouwen om steun vragen, een gebaar waaruit blijkt dat van hem verwacht wordt dat hij zijn best zal doen. Dat laadt hem op. 'Te kort komen' is echter een wanhopige behoefte aan steun, wanhopig omdat je denkt dat je die niet zult krijgen. Het schrikt een man af en geeft hem het gevoel dat hij afgewezen en ondergewaardeerd wordt.

Het is voor vrouwen niet alleen verwarrend anderen nodig te hebben, maar ook bijzonder pijnlijk om teleurgesteld of in de steek gelaten te worden, zelfs in de kleinste dingen. Het is voor haar niet gemakkelijk van anderen afhankelijk te zijn en vervolgens genegeerd, vergeten of met een kluitje in het riet gestuurd te worden. Het maakt haar kwetsbaar dat ze anderen nodig heeft. Als ze genegeerd of teleurgesteld wordt, kwetst dat haar meer omdat het haar sterkt in de misvatting dat ze niets waard is.

Hoe de Venusbewoners een gevoel van eigenwaarde kregen

Eeuwenlang compenseerden de Venusbewoners deze fundamentele angst nietswaardig te zijn door alert op de behoeften van anderen te reageren. Ze gaven en gaven maar, en toch hielden ze diep van binnen het gevoel dat ze het niet waard waren zelf iets te ontvangen. Ze hoopten dat ze het meer waard zouden worden als ze gaven. Na eeuwen van geven realiseerden ze zich ten slotte dat ze het wél waard waren liefde en steun te ontvangen. Toen keken ze nog eens naar het verleden en beseften dat ze het altijd al waard waren geweest.

Dat proces van aan anderen geven maakte hen rijp voor het inzicht dat ze meer zelfrespect moesten hebben. Door aan anderen te geven begonnen ze te begrijpen dat als anderen het waard waren te ontvangen, iedereen recht op liefde had. En ten slotte zagen ze in dat ook zij recht hadden op ontvangen.

Hier op aarde krijgen meisjes die een moeder hebben die liefde ontvangt vanzelf een gevoel van eigenwaarde mee. Ze zetten zich gemakkelijk over de dwangmatige neiging tot geven van de Venusbewoner heen. Ze hoeven geen angst voor ontvangen te overwinnen omdat ze zich sterk met hun moeder identificeren. Als de moeder het kan, leert het kind het vanzelf ook door te observeren en zich in haar moeder te verplaatsen. Ontvangt de moeder gemakkelijk, dan leert het kind het ook.

De Venusbewoners hadden echter geen rolvoorbeelden, dus duurde het duizenden jaren voor ze ophielden met dwangmatig geven.

Door geleidelijk in te gaan zien dat anderen het waard waren te ontvangen, beseften ze dat zij dat ook waren. Op precies datzelfde moment ondergingen de Marsbewoners ook een grote verandering en begonnen ruimteschepen te bouwen.

Als de Venusbewoner eraan toe is, doet de Marsbewoner zijn intrede

Als een vrouw zich realiseert dat ze werkelijk recht op liefde heeft, biedt dat de man de gelegenheid te gaan geven. Maar als het haar tien huwelijksjaren van veel geven kost voor ze zich realiseert dat ze recht heeft op méér, krijgt ze, ironisch genoeg, juist zin de deur op slot te doen en hem geen kans meer te geven. Ze voelt misschien wel zoiets als: 'Ik heb aan je gegeven en je hebt me genegeerd. Je hebt kansen genoeg gehad. Ik verdien beter. Ik kan je niet vertrouwen. Ik ben te moe, ik heb niets meer over. Ik laat me niet meer door je kwetsen.'

Ik heb in dergelijke gevallen vrouwen herhaaldelijk verzekerd dat ze niet meer hoeven te geven om een betere relatie te krijgen. Hun partner geeft hun juist meer als zij minder geven. Als een man haar behoeften altijd heeft genegeerd, lijkt het alsof ze al die tijd geslapen hebben. Als zij ontwaakt en zich haar behoeften herinnert, wordt hij ook wakker en wil haar meer geven.

Als zij ontwaakt en zich haar behoeften herinnert, ontwaakt hij ook en wil haar meer geven

Haar partner zal uit zijn passiviteit ontwaken en veel van de veranderingen waar ze om gevraagd heeft, doorvoeren. Als ze niet meer te veel geeft, omdat ze een goed gevoel van eigenwaarde heeft, komt hij zijn hol uit en begint ruimteschepen te bouwen om haar gelukkig te komen maken. Het kan wel even duren voor hij weet hoe hij haar meer moet geven, maar de belangrijkste stap is gezet: hij is zich ervan bewust dat hij haar heeft verwaarloosd en wil veranderen.

Andersom werkt het ook. Meestal wanneer een man zich realiseert dat hij niet gelukkig is en meer romantiek en liefde in zijn leven wil, begint zijn vrouw zich ineens open te stellen en weer van hem te houden. De muren van wrok smelten weg en de liefde komt weer terug. Als er sprake is van zware verwaarlozing kan het even duren voor alle opgehoopte verwijten werkelijk verdwenen zijn, maar het is mogelijk. In hoofdstuk 11 komen eenvoudige en prak-

tische technieken ter sprake waarmee deze wrok weggenomen kan worden.
Heel vaak zie je dat als de ene partner een verandering ten goede doormaakt, de andere meeverandert. Dit voorspelbare gebeuren is een van de magische dingen van het leven. Wanneer de leerling eraan toe is, verschijnt de leraar ten tonele. Wanneer de vraag gesteld wordt, komt er een antwoord. Wanneer we er echt aan toe zijn te ontvangen, zal dat wat we nodig hebben er ook zijn. Toen de Venusbewoners aan ontvangen toe waren, waren de Marsbewoners tot geven in staat.

Leren geven

De diepst gewortelde angst die een man heeft is dat hij niet goed genoeg is, of iets niet kan. Hij compenseert deze angst door zich toe te leggen op het vergroten van zijn macht en bekwaamheid. Succes, prestaties en efficiëntie komen in zijn leven op de eerste plaats. Voor de Marsbewoners de Venusbewoners ontdekten, waren ze hier zo mee bezig dat verder niets of niemand ze iets kon schelen. Een man kan niet ongeïnteresseerder lijken dan wanneer hij bang is.

De grootste angst van een man is dat hij niet goed genoeg of onbekwaam is

Zoals vrouwen bang zijn om te ontvangen, zijn mannen bang om te geven. Door te geven en een gebaar naar een ander te maken, heb je kans op mislukking, correctie of afkeuring. Die gevolgen ervaart hij als zeer pijnlijk, omdat hij diep in zijn onderbewustzijn er de misvatting op nahoudt dat hij niet goed genoeg is. Dit idee kreeg vorm in zijn jeugd en werd iedere keer dat hij dacht dat hij niet aan de verwachtingen voldeed, versterkt. Wanneer zijn vaardigheden niet opgemerkt of niet gewaardeerd werden, begon het foutieve idee bij hem post te vatten dat hij niet goed genoeg was.

Zoals een vrouw bang is te ontvangen, zo is een man bang te geven

Deze misvatting slaat gauw toe. Het bezorgt hem faalangst. Hij wil geven, maar is bang te falen, zodat hij het niet probeert. Als

zijn grootste angst is dat hij te kort zal schieten, zal hij uiteraard proberen onnodig risico te mijden.
Ironisch genoeg neemt de faalangst bij een man toe, en geeft hij minder, als hij juist heel veel om iemand geeft. Om een mislukking te voorkomen houdt hij op met geven aan de mensen aan wie hij het meest zou wíllen geven.
Wanneer een man onzeker is, kan hij dat compenseren door, behalve om zichzelf, om niemand iets te geven. Zijn meest automatische, defensieve antwoord is: 'Het kan me niet schelen.' Zo stonden de Marsbewoners zichzelf ook niet te veel toe om anderen te geven. Pas toen ze succes en macht hadden, realiseerden ze zich dat ze goed genoeg waren en dat het geven hun goed zou afgaan. Op dat moment ontdekten ze de Venusbewoners.
Hoewel ze altijd al goed genoeg waren geweest, waren ze doordat ze hun macht hadden kunnen aantonen, rijp geworden voor het besef van zelfrespect. Door successen te behalen en daarop terug te kijken, realiseerden ze zich dat al hun mislukkingen onontbeerlijk waren geweest voor hun latere succes. Van iedere fout hadden ze iets geleerd dat van belang was voor het bereiken van hun doel. En zo kwamen ze erachter dat ze altijd al goed genoeg waren geweest.

Fouten maken is niet erg

De eerste stap die een man moet zetten als hij wil leren geven, is zich realiseren dat het niet erg is fouten te maken en te falen en dat hij niet overal raad op hoeft te weten.
Dat doet me denken aan het verhaal van een vrouw die erover klaagde dat haar partner zich maar niet wilde binden door een huwelijk. Volgens haar was hij minder betrokken dan zij. Op een dag zei ze echter toevallig dat ze zo gelukkig met hem was. Dat ze altijd bij hem wilde blijven, zelfs als ze arm waren. De volgende dag deed hij haar een huwelijksaanzoek. Hij had haar acceptatie en aanmoediging nodig om te beseffen dat hij goed genoeg voor haar was, en kon toen zijn gevoelens de vrije loop laten.

Ook Marsbewoners hebben liefde nodig

Zoals een vrouw zich al gauw afgewezen voelt wanneer ze niet de aandacht krijgt die ze nodig heeft, zo krijgt een man gauw het idee dat hij heeft gefaald wanneer een vrouw over problemen praat. Daarom vindt hij het soms zo moeilijk om te luisteren. Hij wil haar held zijn. Wanneer zíj teleurgesteld of ongelukkig of wat ook maar is, heeft híj het gevoel gefaald te hebben. Dat zij niet gelukkig is bevestigt zijn diepst gewortelde angst, namelijk dat hij gewoon niet goed genoeg is. Tegenwoordig beseffen veel vrouwen niet hoe kwetsbaar mannen zijn en hoezeer ook zij behoefte aan liefde hebben. Liefde geeft hem de zekerheid dat hij niet te kort zal schieten.

Een man vindt het moeilijk om naar een vrouw te luisteren als ze ongelukkig of teleurgesteld is, omdat hij dan het gevoel heeft gefaald te hebben

Als een jonge jongen in het gelukkige bezit is van een vader die erin slaagt zijn moeder voldoening te schenken, is hij, als hij volwassen is en aan een relatie begint, een van die zeldzame mensen die ervan overtuigd zijn dat het hun zal lukken hun partner gelukkig te maken. Hij is niet doodsbang om zich te binden, omdat hij weet dat hij zich waar kan maken. Hij weet ook dat als het hem niet lukt, hij toch goed genoeg is, en recht heeft op liefde en waardering, omdat hij zijn best doet. Hij veroordeelt zichzelf niet, omdat hij weet dat hij niet volmaakt is en dat hij altijd zijn best doet en dat dat voldoende is. Hij is in staat zich voor zijn fouten te verontschuldigen, omdat hij vergeving, liefde en waardering verwacht voor het feit dat hij zijn best doet.

Hij weet dat iedereen fouten maakt. Hij heeft zijn vader fouten zien maken, zonder dat die zichzelf ging haten. Hij heeft gezien hoe zijn moeder van zijn vader hield en hem vergaf als hij iets fout deed. Hij voelde dat zij hem vertrouwde en aanmoedigde, ook al stelde zijn vader haar soms teleur.

Veel mannen hebben in hun jeugd geen goede rolvoorbeelden gehad. Verliefd blijven, trouwen en een gezin stichten is voor hen even moeilijk als een jumbojet besturen zonder brevet. Van de grond komen lukt misschien nog wel, maar dat hij zal neerstorten lijdt geen twijfel. Het is moeilijk door te vliegen als je al een paar keer neergestort bent. Of als je je vader hebt zien neerstorten. Het is logisch dat veel mannen en vrouwen bij gebrek aan een gedegen opleiding op dit gebied hun relatie niet in stand kunnen houden.

5. Het taalverschil

Toen de bewoners van Mars en van Venus pas bij elkaar waren, stuitten ze op veel van de relatieproblemen die wij nu ook hebben. Omdat ze inzagen dat ze van elkaar verschilden, waren ze in staat die problemen op te lossen. Een van de geheimen van hun succes was een goede communicatie.
Grappig genoeg hadden ze een goede communicatie omdat ze ieder hun eigen taal spraken. Als ze er niet uit kwamen gingen ze gewoon naar een vertaler en vroegen om hulp. Iedereen wist dat mensen van Mars een andere taal spraken dan de mensen van Venus, dus als er een conflict was hadden ze niet meteen een mening klaar of maakten ruzie, maar pakten hun zakwoordenboekje om elkaar beter te kunnen begrijpen. Als dat niet werkte haalden ze er een vertaler bij.

De taal van de Marsbewoners en de Venusbewoners had dezelfde woorden, maar deze werden in een andere betekenis gebruikt

De taal van de Marsbewoners en Venusbewoners had dus dezelfde woorden, maar die woorden werden in een andere betekenis gebruikt. Ze gebruikten dezelfde uitdrukkingen, maar de bedoeling en emotionele lading ervan waren anders. Voor je het wist had je een misverstand. Dus als zich communicatiestoornissen voordeden, keken ze daar niet van op, maar gingen ervan uit dat ze er met een beetje hulp wel uit zouden komen. Ze vertrouwden en accepteerden elkaar op een manier die je tegenwoordig zelden tegenkomt.

Het overbrengen van gevoel tegenover het overbrengen van informatie

Tegenwoordig hebben we nog steeds vertalers nodig. Mannen en vrouwen bedoelen zelden hetzelfde, ook al gebruiken ze dezelfde woorden. Wanneer een vrouw bijvoorbeeld zegt: 'Ik heb het gevoel dat je nóóit luistert,' verwacht ze niet dat het woord *nooit* letterlijk genomen wordt. Ze gebruikt het alleen maar om uiting te geven aan de frustratie die ze op dat moment voelt. Het moet niet als feitelijke informatie opgevat worden.

Om zich te kunnen uiten veroorloven vrouwen zich dichterlijke vrijheden als de overtreffende trap, beeldspraak en generalisaties

Om zich goed te kunnen uiten gebruiken vrouwen beeldende taal: ze dikken alles aan, gebruiken beeldspraak en generaliseren. Mannen vatten die uitingen letterlijk op. Omdat ze de achterliggende bedoeling niet oppikken, is hun reactie doorgaans afwijzend. Er volgt nu een overzicht van de tien klachten die het vaakst aanleiding geven tot misverstanden, met daarbij tien afwijzende reacties van de man.

Klachten die vaak aanleiding geven tot misverstanden

Wat vrouwen zeggen	Hoe mannen reageren
'We gaan nooit uit.'	'Dat is niet waar. We zijn verleden week nog uit geweest.'
'Niemand heeft tijd voor mij.'	'Ik weet zeker dat een aantal mensen wel tijd voor je heeft.'
'Ik ben zo moe, ik kan niets meer.'	'Doe niet zo belachelijk. Je bent niet invalide.'
'Ik wil alles vergeten.'	'Als je werk je niet bevalt, hou er dan mee op.'
'Het is hier altijd een puinhoop.'	'Het is niet altijd een puinhoop.'
'Niemand luistert meer naar me.'	'Maar ik luister nu toch naar je?'
'Niets lukt.'	'Is dat soms mijn schuld?'
'Je houdt niet meer van me.'	'Natuurlijk wel. Daarom zit ik hier.'
'We hebben altijd haast.'	'Nee hoor. Vrijdag hebben we het heel kalm aan gedaan.'
'Ik wil meer romantiek.'	'Ben ik dan niet romantisch genoeg?'

Uit het bovenstaande blijkt dat een 'letterlijke' vertaling van de woorden van een vrouw een man, die taal meestal gebruikt voor het overbrengen van feiten en informatie, al gauw op een dwaalspoor brengt. Zijn reacties zijn dan ook van dien aard dat er gemakkelijk ruzie zou kunnen ontstaan. Onduidelijke en liefdeloze communicatie is het grootste relatieprobleem. De klacht die vrouwen het vaakst over hun relatie uiten is: 'Ik heb het gevoel dat er niet naar me geluisterd wordt.' En ook die klacht wordt verkeerd begrepen.

De voornaamste klacht van vrouwen over hun relatie is:
'Ik heb het gevoel dat er niet naar me geluisterd wordt.'
Ook deze klacht wordt door mannen verkeerd begrepen!

Doordat de man de klacht 'Ik heb het gevoel dat er niet naar me geluisterd wordt' letterlijk opvat, neemt hij haar gevoelens niet serieus en gaat er tegenin. Hij denkt dat hij goed geluisterd heeft als hij haar woorden kan herhalen. Wanneer een man deze uitlating juist wil interpreteren, moet hij hem als volgt vertalen: 'Ik heb het gevoel dat je niet helemaal begrijpt wat ik eigenlijk bedoel of dat het je niet kan schelen wat ik voel. Zou je me willen laten merken dat je geïnteresseerd bent in wat ik te vertellen heb?' Als een man haar klacht echt begreep zou hij minder redetwisten en in staat zijn positiever te reageren. Wanneer er ruzie in de lucht hangt is er meestal sprake van een communicatiestoornis. Het is dan belangrijk dat beiden nog eens nadenken over wat ze net gehoord hebben. Omdat veel mannen niet begrijpen dat vrouwen hun gevoelens anders uiten dan zij zelf, beoordelen ze de gevoelens van hun partner verkeerd of nemen ze niet serieus, hetgeen tot ruzie leidt. De Marsbewoners uit de oude tijd wisten heel wat ruzie te voorkomen door uitlatingen op hun juiste waarde te schatten. Wanneer ze iets hoorden dat weerstand bij hen opriep, raadpleegden ze hun *Zakwoordenboekje Venus-Mars* om de juiste betekenis op te zoeken.

De Venusbewoner aan het woord

Er volgen nu gedeelten uit het verloren gegane *Zakwoordenboekje Venus-Mars*. Alle tien eerder genoemde klachten worden vertaald, zodat mannen de ware betekenis en achterliggende bedoeling kunnen begrijpen. In de vertaling wordt verhuld aangegeven welke reactie zij van hem wil.

Het zit namelijk zo. Als een Venusbewoner overstuur is gebruikt ze niet alleen beeldspraak, maar vraagt ook om een bepaald soort steun. Ze vraagt niet rechtstreeks om die steun, omdat op Venus iedereen wist dat emotioneel taalgebruik een bepaald verzoek inhield. In alle vertalingen zit dat verhulde verzoek om steun. Als een man die naar een vrouw luistert dat oppikt en dienovereenkomstig reageert, heeft ze pas echt het gevoel dat hij luistert en van haar houdt.

Het zakwoordenboekje Mars-Venus

'We gaan nooit uit' betekent als je het vertaalt: 'Ik heb zin om uit te gaan en samen iets te doen. We hebben altijd zoveel plezier en ik vind het heerlijk om bij je te zijn. Wat dacht je ervan? Neem je me mee uit eten? Het is al een poosje geleden dat we uit zijn geweest.'

Zonder vertaling hoort een man wanneer een vrouw zegt: 'We gaan nooit uit' het volgende: 'Je doet niet wat je doen moet. Wat ben ik teleurgesteld in jou. We doen nooit meer iets samen omdat je lui, onromantisch en stomvervelend bent.'

'Niemand heeft tijd voor me,' betekent als je het in de taal der Venusbewoners vertaalt: 'Ik heb het gevoel dat er vandaag niemand aandacht voor me heeft of rekening met me houdt. Het lijkt wel of niemand me ziet. Er zijn natuurlijk wel mensen die me zien, maar het is net of ik ze niets doe. Ik denk dat ik ook teleurgesteld ben dat je het de laatste tijd zo druk hebt. Ik waardeer echt wel dat je zo hard werkt, maar soms krijg ik het gevoel dat ik niet belangrijk voor je ben. Het lijkt wel of je werk belangrijker voor je is dan ik. Zou je me willen omhelzen en me vertellen hoeveel ik voor je beteken?'

Zonder vertaling hoort een man als een vrouw zegt: 'Niemand heeft tijd voor me' zo'n beetje het volgende: 'Ik ben zó ongelukkig. Ik krijg maar niet genoeg aandacht. Het is allemaal uitzichtloos. Zelfs jij ziet me niet eens en jij zou juist van me moeten houden. Je moest je schamen. Je bent zo liefdeloos. Ik zou jou nooit zo negeren.'

> 'Ik ben zo moe, ik kan niets meer,' komt neer op: 'Ik heb vandaag zo veel gedaan. Ik moet echt even rusten voor ik weer verder kan. Wat een geluk dat jij me steunt. Zou je me willen omhelzen en zeggen dat ik het allemaal heel goed doe en dat ik wat rust verdiend heb?'

Zonder vertaling zou de uitspraak 'Ik ben zo moe, ik kan niets meer' een man in de oren klinken als: 'Ik doe álles en jij doet niets. Jij zou eens wat meer moeten doen. Ik kan niet alles doen. Ik zie het niet zitten. Ik wil een échte man. Jij was een verkeerde keuze.'

> 'Ik wil alles vergeten' luidt in vertaling: 'Ik wil dat je weet dat ik fijn werk heb en een fijn leven, maar vandaag werd het me allemaal te veel. Ik zou nu het liefst even mezelf willen verwennen voor ik weer verder ga met mijn werk. Zou je aan me willen vragen wat er is en dan met medeleven naar me willen luisteren, zonder met oplossingen te komen? Ik wil alleen maar het gevoel hebben dat je begrijpt onder welke druk ik sta. Dat zou me zo veel goed doen. Daar kom ik van bij. Morgen neem ik mijn taken weer op me en kan ik alles weer aan.'

Onvertaald hoort een man in deze uitspraak zo'n beetje het volgende: 'Ik moet zo veel doen dat ik niet wil doen. Ik ben zo ongelukkig met jou en onze relatie. Ik wil een betere partner, die mijn leven meer inhoud geeft. Jij kan er helemaal niets van.'

> 'Het is hier altijd een puinhoop,' betekent vertaald: 'Ik heb zin in wat ontspanning, maar het is zo'n rommel in huis. Ik ben gefrustreerd en ik moet even rusten. Ik hoop dat je niet van me verwacht dat ik het allemaal opruim. Vind je het ook zo'n rommel en help je me even met opruimen?'

Een man zou de uitspraak 'Het is hier altijd een puinhoop' zonder bijgeleverde vertaling op kunnen vatten als: 'Het is hier een puinhoop door jouw toedoen. Ik doe wat ik kan om alles op te ruimen, maar ik ben nog niet klaar of jij maakt alweer rommel. Je bent een sloddervos en ik blijf niet bij je als je niet verandert. Je kunt kiezen: opruimen of vertrekken!'

> 'Niemand luistert meer naar me' betekent als je het in de taal der Venusbewoners vertaalt: 'Ik ben bang dat ik je verveel. Ik ben bang dat je niet meer in me geïnteresseerd bent. Ik ben vandaag erg gevoelig, geloof ik. Zou je me een beetje extra aandacht willen geven? Dat zou ik heerlijk vinden. Ik heb een zware dag gehad en heb het gevoel dat niemand naar me wil luisteren. Zou jij naar me willen luisteren en stimulerende vragen willen stellen in de trant van: "Hoe is het gegaan vandaag? Wat is er nog meer gebeurd? Hoe voelde je je?" Geef me ook de nodige steun door te laten merken dat je om me geeft, beaam eens iets, stel me gerust. Zeg bijvoorbeeld: "Vertel er eens iets meer over," of: "Zo is het," of: "Ik weet wat je bedoelt," of: "Ik begrijp het." Of luister gewoon en laat als ik even niets zeg geruststellende geluiden horen in de trant van "oh", "ja-ja" of "mmm..."' (N.B: Voor de Marsbewoners waren deze geluiden nog helemaal nieuw toen ze op Venus kwamen.)

Onvertaald klinkt de uitspraak 'Niemand luistert meer naar me' een man ongeveer als volgt in de oren: 'Ik geef jou aandacht maar jij luistert niet naar mij. Vroeger deed je dat wel. Je bent heel vervelend gezelschap geworden. Ik wil iemand die opwindend en boeiend is en dat ben jij beslist niet. Ik ben teleurgesteld in je. Je bent egoïstisch, gevoelloos en slecht.'

> 'Niets lukt' betekent in de taal der Venusbewoners: 'Het is me allemaal te veel vandaag en ik ben zo blij dat ik jou over mijn gevoelens kan vertellen. Dat helpt zo goed. Het lijkt wel of ik vandaag alles verkeerd doe. Ik weet wel dat dat

niet zo is, maar toch lijkt het zo als ik eraan denk wat ik allemaal nog moet doen. Zou je me willen omhelzen en me vertellen dat ik het allemaal goed doe? Daar zou ik van opknappen.'

Zonder vertaling hoort een man in die uitspraak ongeveer het volgende: 'Jij doet nooit iets goed. Ik kan niet van je op aan. Als ik niet naar je had geluisterd zat ik nu niet met deze puinhoop opgescheept. Een andere man had allang iets gedaan, maar jij maakt het alleen maar erger.'

'Je houdt niet meer van me' betekent in de taal der Venusbewoners: 'Ik heb vandaag het gevoel dat je niet van me houdt. Misschien heb ik je wel afgestoten. Ik weet dat je echt van me houdt, je doet zo veel voor me. Vandaag voel ik me gewoon een beetje onzeker. Zou je me van je liefde willen verzekeren en die vier toverwoordjes, ik hou van je, willen zeggen? Ik vind het zo fijn als je dat doet.'

Onvertaald hoort een man in de uitspraak 'Je houdt niet meer van me' misschien het volgende: 'Ik heb je de beste tijd van mijn leven gegeven en jij hebt me niets gegeven. Je hebt me gebruikt. Je bent egoïstisch en koud. Je doet waar je zin in hebt, en alles draait om jou. Niemand kan je wat schelen. Het was stom van me om van je te houden. Nu zit ik met lege handen.'

'We hebben altijd haast' betekent als je het vertaalt: 'Ik moet me zo haasten vandaag. Ik hou er niet van om opgejaagd te worden.
Ik wou dat we een rustiger bestaan hadden. Ik weet dat niemand er wat aan kan doen en ik geef jou heus niet de schuld. Ik weet dat je je best doet om te zorgen dat we er op tijd zijn en ik waardeer je inspanningen.
Zou je je in mij kunnen verplaatsen en iets zeggen in de trant van: "Het is ook naar om je steeds opgejaagd te voelen. Ik vind het ook wel eens vervelend."'

Onvertaald hoort een man in de uitspraak 'We hebben altijd haast' zo'n beetje het volgende: 'Jij gedraagt je zo onverantwoordelijk. Je wacht overal tot het allerlaatst mee. Bij jou kan ik me nooit lekker voelen. We moeten ons altijd een ongeluk haasten om op tijd te zijn. Je bederft altijd alles voor me. Ik voel me veel gelukkiger als ik niet bij je ben.'

'Ik wil meer romantiek' betekent in de taal der Venusbewoners: 'Lieve schat, je werkt de laatste tijd zo hard. Laten we eens wat tijd voor onszelf nemen. Ik vind het heerlijk om samen te ontspannen, geen kinderen om ons heen te hebben en even de druk van het werk niet te hoeven voelen. Je hebt zo'n gevoel voor romantiek. Zou je me eens willen verrassen met een bos bloemen en me mee uit willen nemen? Ik ben dol op romantiek.'

De uitspraak 'Ik wil meer romantiek' zou een man onvertaald als volgt in de oren kunnen klinken: 'Je voldoet niet meer als man. Je doet me niets meer. Je bent niet romantisch genoeg. Eigenlijk ben je het nooit helemaal voor me geweest. Ik wou dat je meer op andere mannen die ik ken leek.'
Wanneer een man het woordenboek een paar jaar gebruikt heeft, hoeft hij het niet meer bij ieder verwijt of iedere kritiek te pakken. Hij begint te begrijpen hoe vrouwen denken en voelen. Hij begint te leren dat hij dit soort dramatisch taalgebruik niet letterlijk moet opvatten. Het is voor een vrouw alleen maar een manier om haar gevoelens volledig tot uitdrukking te brengen. Zo ging het op Venus ook al en dat moet het Marsvolkje maar goed onthouden!

Als een Marsbewoner zijn mond houdt...

Het is voor de man een hele uitdaging de vrouw goed te begrijpen en te steunen wanneer ze over haar gevoelens praat. Hetzelfde geldt voor de vrouw, maar dan wanneer de man níet praat. Een vrouw is gauw geneigd stilzwijgen verkeerd uit te leggen.

Het is de grootste uitdaging voor de vrouw een man goed te begrijpen en te steunen als hij níet praat

Heel vaak houdt een man plotseling op met praten en valt stil. Zoiets zou op Venus ongehoord zijn. Eerst denkt ze dat hij doof is. Ze denkt dat hij misschien niet goed hoort wat er gezegd wordt en dat hij daarom niet reageert.
Mannen en vrouwen verwerken informatie namelijk op zeer verschillende wijze. Vrouwen denken hardop, vertellen wat ze allemaal ontdekken aan een geïnteresseerde toehoorder. Vrouwen ontdekken wat ze eigenlijk willen zeggen door gewoon maar te praten. Dat proces van de gedachten de vrije loop laten en ze hardop uiten, helpt haar om bij haar intuïtie te komen. Het is een heel normaal proces en soms zelfs noodzakelijk.
Maar mannen verwerken informatie heel anders. Voordat ze praten of reageren, herkauwen of overdenken ze wat ze gehoord of meegemaakt hebben. Van binnen en in stilte zoeken ze uit wat de beste of toepasselijkste reactie is. Eerst formuleren ze die voor zichzelf en geven er vervolgens uiting aan. Dit proces kan minuten, maar ook uren lang duren. Wat het voor vrouwen nog verwarrender maakt, is dat een man soms helemaal niet reageert, als hij niet genoeg informatie heeft om tot een antwoord te komen.
Vrouwen moeten begrijpen dat zijn stilzwijgen eigenlijk betekent: 'Ik weet nog niet wat ik moet zeggen, maar ik ben erover aan het nadenken.' Wat een vrouw eruit concludeert is: 'Ik reageer niet op jou, want ik geef niets om je en ik ga je negeren. Wat je tegen me gezegd hebt is niet belangrijk en daarom reageer ik niet.'

Haar reactie op zijn stilzwijgen

Vrouwen begrijpen het vaak verkeerd als een man zwijgt. Afhankelijk van hoe ze zich die dag voelt kan een vrouw zelfs het ergste gaan denken: 'Hij houdt niet van me, hij haat me, hij gaat bij me weg.' Het roept haar diepst gewortelde angst wakker: 'Ik ben bang dat als hij me afwijst, niemand ooit nog van me zal houden. Ik heb ook eigenlijk helemaal geen recht op liefde.'
Wanneer een man zwijgt, denkt een vrouw er al gauw het ergste van, omdat zíj alleen maar zou zwijgen als ze iets zou moeten zeggen dat kwetsend is, of als ze niet met iemand wil praten omdat ze hem niet meer vertrouwt en niets meer met hem te maken wil hebben. Logisch dat vrouwen onzeker worden als een man plotseling stil wordt!

Als een man stil wordt denkt een vrouw al gauw het ergste

Wanneer een vrouw naar een andere vrouw luistert, maakt ze de spreekster voortdurend duidelijk dat ze nog steeds luistert en dat ze met haar meevoelt. Tijdens spreekpauzes betuigt ze haar medeleven met geluiden als: 'oh', 'mmm...', 'ja', 'ja, ja' of iets dergelijks. Zonder deze geruststellende respons kan het stilzwijgen van een man zeer bedreigend zijn. Door te begrijpen waarom een man zich terugtrekt, kan een vrouw zijn stilzwijgen op juiste wijze leren interpreteren en er op leren reageren.

Begrip voor 'het hol'

Vrouwen moeten heel wat over mannen leren voor ze in hun relatie gelukkig kunnen zijn. Zo moeten ze bijvoorbeeld leren dat een man als hij van streek of gespannen is, automatisch stilvalt en zijn 'hol' induikt om alles te overdenken. Ze moeten leren dat niemand erin mag, zelfs niet zijn beste vrienden. Zo was het ook op Mars. Vrouwen hoeven dan niet bang te zijn dat ze iets helemaal fout hebben gedaan. Ze moeten geleidelijk leren dat een man, als je hem rustig zijn hol laat ingaan, er na een poosje vanzelf uitkomt en dat alles dan weer in orde is.

Het is een moeilijke les voor vrouwen, want op Venus is het een ongeschreven wet dat je een vriendin die van slag is nooit in de steek laat. Het lijkt voor de Venusbewoner harteloos haar lieve Marsman nu hij met iets zit in de steek te laten. Omdat ze om hem geeft wil ze hem in zijn 'hol' opzoeken en hulp bieden.

Daarnaast gaat ze vaak van de — verkeerde — veronderstelling uit dat hij op zou knappen als ze hem een heleboel vragen zou kunnen stellen over hoe hij zich voelt, en goed zou luisteren. Dat maakt de Marsbewoners juist nog meer van streek. Ze wil hem instinctief steunen op de manier waarop ze zelf ook gesteund zou willen worden. Haar bedoelingen zijn goed, maar het werkt averechts.

Zowel mannen als vrouwen moeten ophouden met voor de ander willen zorgen op de manier die ze zelf zouden verkiezen, en leren dat hun partner anders denkt, voelt en reageert.

Waarom mannen hun 'hol' induiken

Een man duikt zijn hol in of wordt stil om verschillende redenen:

1. Hij moet over een probleem nadenken en er een werkbare oplossing voor vinden.

2. Hij heeft een vraag of probleem waar hij geen raad mee weet. Mannen hebben nooit geleerd te zeggen: 'Hè, ik kom er niet uit. Ik moet even mijn hol in om een oplossing te zoeken.' Andere mannen nemen gewoon aan dat hij daarmee bezig is wanneer hij stil wordt.

3. Iets heeft hem van slag of gespannen gemaakt. Hij moet alleen zijn om stoom af te blazen en zichzelf weer in de hand te krijgen. Hij wil niets doen waar hij later spijt van zou kunnen krijgen.

4. Hij moet tot zichzelf komen. Deze vierde reden gaat erg spelen wanneer een man verliefd is. Soms staat hij op het punt zichzelf kwijt te raken. Hij kan het gevoel krijgen dat te veel intimiteit hem van zijn macht berooft. Hij moet vat zien te krijgen op de mate van intimiteit. Als hij te dichtbij komt en zichzelf dreigt te verliezen, gaat er een alarm af en maakt hij rechtsomkeert naar zijn hol. Het werkt verfrissend en hij hervindt zijn liefdevolle en krachtige 'ik'.

Waarom vrouwen praten

Vrouwen praten om diverse redenen. Soms praten vrouwen om dezelfde reden als die waarom mannen ermee ophouden. Hier volgen de vier meest voorkomende redenen waarom vrouwen praten:

1. Om informatie over te brengen. (Dit is meestal de enige reden waarom een man praat.)

2. Om al verkennend erachter te komen wat ze zeggen wil. (Hij houdt op met praten om van binnen uit te zoeken wat hij zeggen wil. Zij praat om hardop te kunnen denken.)

3. Om zich beter en minder verward te voelen wanneer ze van streek is. (Hij houdt op met praten als hij van streek is. In zijn 'hol' lukt het hem misschien om wat af te koelen.)

4. Om intimiteit tot stand te brengen. Door iemand goed te leren kennen kan ze bij haar liefdevolle 'ik' komen. (Een Marsbewoner houdt op met praten om tot zichzelf te komen. Te veel intimiteit, zo vreest hij, berooft hem van zijn identiteit.)

Het zal duidelijk zijn dat (echt)paren heel wat afworstelen in hun relatie als dit vitale inzicht in de verschillen tussen man en vrouw en in hun behoeften ontbreekt.

Je branden aan de draak

Vrouwen moeten leren begrijpen dat je beter niet kunt proberen een man aan het praten te krijgen voor hij daar aan toe is. Toen ik dit onderwerp eens een keer tijdens een cursus besprak, vertelde een Indiaanse vrouw me dat in haar stam moeders jonge vrouwen die gingen trouwen inprentten dat een man naar zijn hol ging als hij van streek was of gespannen. Ze moest het niet persoonlijk opvatten, want zo ging het nu eenmaal. Het betekende niet dat hij niet van haar hield. Ze verzekerden hun dat hij terug zou komen. Maar bovenal waarschuwden ze de jonge vrouwen dat ze hem nooit zijn hol in moesten volgen. Als ze dat deden, zouden ze zich branden aan een vuurspuwende draak die het hol bewaakte.

Volg nooit een man zijn hol in, want anders brand je je aan de draak!

Deze daad heeft al veel onnodige conflicten opgeleverd. Vrouwen hebben in zo'n geval gewoon niet begrepen dat een man echt alleen wil zijn of wil zwijgen als hem iets dwars zit. Wanneer een man zich 'in zijn hol' terugtrekt, begrijpt een vrouw niet wat er gebeurt. Ze probeert hem aan het praten te krijgen, wat logisch is. Als er een probleem is hoopt ze voor hem te kunnen zorgen door erachter te komen wat het is en hem erover te laten praten.
Ze vraagt: 'Is er iets?' Hij antwoordt: 'Nee.' Maar ze vóelt dat hem iets dwars zit. Ze vraagt zich af waarom hij niet zegt wat er is. Ze laat het hem niet uitzoeken in zijn hol, maar onderbreekt zonder dat ze het weet zijn innerlijke proces. Ze vraagt weer: 'Ik weet dat je ergens mee zit, wat is er?'
Hij zegt: 'Er is niets.'

Ze vraagt: 'Er is wel wat. Er zit je iets dwars. Waar zit je mee?'
Hij zegt: 'Er is niks aan de hand. Laat me toch met rust!'
Zij zegt: 'Waarom doe je zo tegen me? Je praat nooit meer met me. Hoe kan ik dan weten wat je voelt? Je houdt niet van me. Ik voel me zo afgewezen...'
Hij verliest nu zijn zelfbeheersing en zegt allerlei dingen waar hij later spijt van krijgt. De draak komt naar buiten en verzengt haar.

Als een Marsbewoner wél iets zegt...

Vrouwen branden zich niet alleen wanneer ze zonder het te beseffen binnendringen in de stille overpeinzingen van de man, maar ook wanneer ze verkeerd begrijpen wat hij zegt bij wijze van waarschuwing als hij in zijn hol zit of op weg daarnaartoe is. Wanneer je aan een Marsbewoner vraagt: 'Wat is er?', zegt hij kortaf zoiets als: 'Oh, niets,' of: 'Met mij gaat het prima.'
Deze korte signalen zijn meestal het enige waaruit een Venusbewoner kan opmaken dat ze hem de ruimte moet geven om zijn gevoelens in zijn eentje uit te zoeken. Mannen zeggen niet: 'Ik ben van slag en ik moet even alleen zijn,' maar vallen gewoon stil.
We zetten nu zes vaak gebruikte, verkorte waarschuwingssignalen onder elkaar, evenals zes storende en onbehulpzame reacties die een vrouw onbewust zou kunnen geven.

Zes vaak gegeven verkorte waarschuwingssignalen

Als een vrouw vraagt: 'Wat is er?'

...zegt een man:	**...en reageert een vrouw bijvoorbeeld met:**
'Er is niets' of 'Ik heb niets.'	*'Ik weet dat er iets is. Wat is het?'*
'Oh, niets.'	*'Ik wil je helpen. Ik weet dat je iets dwars zit. Wat is het?'*
'Het gaat prima' of 'Niets aan de hand.'	*'Maar je lijkt van streek. Laten we erover praten.'*
'Niets hoor' of 'Het gaat best.'	*'Weet je het zeker? Ik wil best helpen, hoor.'*
'Niks bijzonders.'	*'Maar er zit je iets dwars. Vol-*

	gens mij moeten we erover praten.'
'Niets om je druk over te maken.'	*'Maar je zit ergens mee. Ik kan je misschien helpen?'*

Als een man zo kortaf reageert wil hij doorgaans stilzwijgend geaccepteerd worden of ruimte hebben. Venusbewoners raadpleegden in zulke gevallen hun Zakwoordenboekje Mars-Venus om misverstanden en onnodige paniek te voorkomen. Vrouwen kunnen dat maar beter ook doen om te voorkomen dat ze deze (ver-)korte uitspraken verkeerd uitleggen.
Vrouwen moeten weten dat als een man zegt: 'Er is niets,' dat een samenvatting is van: 'Er is niets, ik kan dit alleen af. Ik heb geen hulp nodig. Je kunt me helpen door niet over me in te zitten. Vertrouw er nou maar op dat ik er zelf wel uitkom.'
Zonder deze vertaling zou zij als hij van streek was en zei dat er niets aan de hand was, denken dat hij zijn gevoelens of problemen ontkent. Ze trachten hem dan te helpen door vragen te stellen of te praten over wat volgens haar het probleem is. Ze weet niet dat het eigenlijk een verkorte mededeling is. Hier volgen enige gedeelten uit het zakwoordenboekje.

Het Zakwoordenboekje Mars-Venus

'Ik heb niets' is, vertaald in de taal der Marsbewoners: 'Er is niets; ik kom hier wel alleen uit. Dank je, ik heb geen hulp nodig.'

Zonder deze vertaling vat zij de mededeling 'Er is niets' misschien op als: 'Ik ben niet van streek, want het kan me niets schelen,' of: 'Ik heb er geen zin in mijn gevoelens hierover met jou te delen. Ik weet niet of ik van je op aan kan.'

'Het gaat prima' betekent als je het in de taal der Marsbewoners vertaalt: 'Het gaat prima, want het lukt mij wel om aan mijn gevoelens of probleem iets te doen. Ik heb nu geen hulp nodig.'

Zonder vertaling zou een vrouw, als hij zegt: 'Het gaat prima,' iets kunnen horen als: 'Wat er gebeurd is kan me niet schelen. Dit probleem is niet belangrijk voor me.'

> 'Oh, niets' vertaald in de taal der Marsbewoners betekent: 'Ik heb nergens last van dat ik niet zelf kan oplossen. Vraag me er verder maar niets over.'

Zonder vertaling hoort een Venusbewoner bij de mededeling 'Oh, niets' ongeveer het volgende: 'Ik weet niet wat me dwars zit. Ik heb jou nodig om me te helpen uitzoeken wat het is.' Prompt maakt ze hem kwaad door hem vragen te stellen, terwijl hij eigenlijk met rust gelaten wil worden.

> Als je 'Niets hoor' vertaalt in de taal der Marsbewoners krijg je: 'Er is een probleem, maar dat is niet jouw schuld. Ik kan dit zelf oplossen als je me niet in mijn gedachten stoort door nog vragen te stellen of suggesties te doen. Doe maar alsof er niets aan de hand is, dan kan ik het zelf sneller oplossen.'

Onvertaald kan 'Niets hoor' door een vrouw opgevat worden als: 'Zo is het goed. Er hoeft niets te veranderen. Jij kunt mij uitschelden en ik jou,' of als: 'Deze keer laat ik het gaan, maar het is wel jouw schuld. Je hebt het nu een keer gedaan, maar doe het niet nog eens...'

> 'Niks bijzonders' betekent in de taal der Marsbewoners: 'Het is niks bijzonders omdat ik er wel uitkom. Zit er maar niet overin, houd er maar over op. Anders voel ik me alleen maar rotter. Ik zorg ervoor dat dit probleem opgelost wordt. Ik vind het prettig om dat alleen te doen.'

Zonder vertaling kan de uitspraak 'Niks bijzonders' haar in de oren klinken als: 'Je maakt van een mug een olifant. Alles wat met jou te maken heeft is niet van belang. Maak niet te veel ophef.'

> 'Niets om je druk over te maken' kun je vertalen als: 'Ik heb hier geen problemen mee' of: 'Ik zit niet met dit probleem. Ik doe het graag voor je.'

Zonder vertaling zou ze de mededeling 'Niets om je druk over te maken' kunnen opvatten als: 'Dit is geen probleem. Waarom maak je er een probleem van of vraag je om hulp?' en vervolgens legt ze hem uit waarom het wel een probleem is.
Door gebruik te maken van het *Zakwoordenboekje Mars-Venus* kunnen vrouwen beter gaan begrijpen wat mannen écht bedoelen als ze hun mededelingen inkorten. Soms is wat hij zegt in feite het tegenovergestelde van wat zij hoort.

Wat te doen als een man zich terugtrekt in zijn hol

Als ik tijdens mijn cursussen vertel over het hol en de draak, willen vrouwen altijd weten hoe ze de tijd die de man in zijn hol doorbrengt kunnen bekorten. Dan vraag ik de mannen om een antwoord en die zeggen meestal dat het langer duurt naarmate vrouwen proberen hen aan het praten te krijgen of eruit te halen. Een andere veel gehoorde opmerking van mannen is: 'Het is moeilijk uit het hol te komen wanneer ik het gevoel heb dat mijn partner het afkeurt dat ik er zo'n tijd in heb gezeten.' Als een vrouw haar man een schuldgevoel geeft als hij zijn hol inkruipt, belet hem dat juist eruit te komen, zelfs als hij het wil.
Als een man zijn hol induikt, is hij meestal gekwetst of gespannen en probeert zijn probleem alleen op te lossen. Het werkt averechts als ze hem steunt op de vrouwenmanier. Er zijn in principe zes manieren waarop ze hem kan helpen als hij zich afzondert. (Als ze hem die steun geeft zal dat ook de tijd bekorten die hij alleen wil doorbrengen.)

Hoe een man geholpen kan worden als hij in zijn hol zit

1. Keur zijn behoefte aan afzondering niet af.
2. Probeer niet hem te helpen met zijn probleem door oplossingen aan te dragen.
3. Probeer niet voor hem te zorgen door hem vragen te stellen over zijn gevoelens.
4. Ga niet naast de ingang van het hol zitten wachten tot hij eruit komt.
5. Maak u geen zorgen om hem en voel geen medelijden.

6. Doe iets waardoor u zich prettig voelt.

Als u wilt 'praten', schrijf hem dan een brief die hij later kan lezen als hij zijn hol uit is, en als u behoefte aan warmte hebt, praat dan met een vriendin. Maak van hem niet de enige bron van uw geluk. Een man wil dat zijn geliefde erop vertrouwt dat hij met zijn zorgen raad weet. Het is van groot belang voor zijn gevoel van eer, trots en eigenwaarde dat zij erop vertrouwt dat hij zijn problemen aankan.

Het is voor haar moeilijk niet over hem in te zitten. Zich zorgen maken over anderen is een van de manieren waarop vrouwen uitdrukking geven aan hun liefde en zorgzaamheid. Het is een vorm van liefde geven. Een vrouw vindt het vervelend als de persoon van wie ze houdt ergens last van heeft. Hij wil natuurlijk niet dat ze blij is omdat hij ergens mee zit, maar hij wil wel dat ze blij is. Hij wil dat ze gelukkig is, zodat hij zich daar in ieder geval geen zorgen over hoeft te maken. Bovendien wil hij dat, omdat het hem sterkt in het gevoel dat ze van hem houdt. Als zij gelukkig en zorgeloos is, is het voor hem gemakkelijker om uit zijn hol te komen.

De ironie wil dat mannen hun liefde uiten door zich zorgeloos te gedragen. Een man stelt een vraag als: 'Hoe kun je over iemand in zitten die je bewondert en vertrouwt?' Mannen steunen elkaar doorgaans ongeveer zo: 'Maak je maar niet druk, het lukt je wel,' of: 'Dat is hun probleem, niet het jouwe,' of: 'Ik weet zeker dat het goed komt.'

Het duurde jaren voor ik begreep dat mijn vrouw wildc dat ik me bezorgd om haar maakte als ze van streek was. Omdat ik me niet bewust was van het verschil in onze behoeften, bagatelliseerde ik haar zorgen, waardoor ze nog meer van streek raakte.

Wanneer een man zijn hol induikt, is hij meestal met de verwerking van een probleem bezig. Als zijn partner dan vrolijk is en niet zichtbaar iets te kort komt, scheelt hem dat alvast één probleem in zijn hol. Als hij weet dat ze gelukkig met hem is geeft hem dat meer kracht om in zijn eentje zijn probleem op te lossen. Alle afleiding, alles waardoor ze zich lekkerder voelt zal hem helpen. Hier volgen een paar voorbeelden van wat ze kan doen:

Een boek lezen
Naar muziek luisteren
In de tuin werken
Sporten
Een vriendin bellen
In haar dagboek schrijven
Winkelen
Bidden of mediteren

Naar de schoonheids-specialiste gaan	Wandelen
Luisteren naar zelfhulpbandjes	Een bad nemen
Zichzelf op iets lekkers trakteren	Naar de film gaan
	Een videoband of tv kijken

Marsbewoners gaven Venusbewoners ook altijd de raad iets leuks te gaan doen. Het was moeilijk je voor te stellen dat je je vrolijk kon voelen als een vriend pijn had, maar de Venusbewoners vonden er iets op. Steeds wanneer hun geliefde Marsman zich in zijn hol terugtrok, gingen ze winkelen of een of ander leuk uitstapje maken. Venusbewoners zijn gek op winkelen. Mijn vrouw Bonnie past deze techniek soms ook toe. Als ze ziet dat ik in mijn hol zit, gaat ze winkelen. Ik heb nooit het gevoel dat ik me moet verontschuldigen voor de Marsbewoner in mij. Als zij voor zichzelf kan zorgen, heb ik er ook geen moeite mee als ik voor mezelf zorg en mijn hol induik. Ze vertrouwt erop dat ik terugkom en dan meer betrokken zal zijn.
Ze weet dat als ik mijn hol inga, het niet het juiste tijdstip is voor een gesprek. Als ik tekenen van belangstelling voor haar begin te vertonen is het voor haar duidelijk dat ik uit mijn hol aan het komen ben, en dat er gepraat kan worden. Soms zegt ze langs haar neus weg: ‘Als je zin hebt om te praten, zou ik wel samen iets willen doen. Laat je me weten als het zover is?’ Op die manier kan ze kijken hoe de vlag er bij hangt, zonder te opdringerig of te veeleisend te zijn.

Hoe u een Marsbewoner uw steun kunt geven

Ook buiten het hol wil een man graag dat een vrouw hem haar vertrouwen schenkt. Mannen houden niet van ongevraagd advies of medeleven. Ze willen zich bewijzen. Ze zijn erg trots als ze in staat zijn iets te bereiken zonder hulp van anderen. (Een vrouw vindt het juist fijn als iemand haar helpt; het geeft haar het gevoel iets aan een vriend of vriendin te hebben.) Een man voelt zich gesteund als een vrouw uitstraalt: ‘Ik vertrouw erop dat je er wel uitkomt zolang je niet rechtstreeks om hulp vraagt.’
In het begin is het soms erg moeilijk voor een vrouw om op die manier haar steun te geven. Veel vrouwen hebben het idee dat de enige manier waarop ze in hun relatie kunnen krijgen wat ze hebben willen, is kritiek leveren op een man als hij fouten maakt en

uit eigener beweging advies geven. Zonder rolvoorbeeld van een moeder die wist hoe ze steun moest krijgen van een man, komt het niet bij vrouwen op dat ze een man kunnen aanmoedigen méér te geven door direct om hulp te vragen, zonder kritisch te zijn of raad te geven. En als hij zich op een manier gedraagt die haar niet bevalt, kan ze hem gewoon rechtstreeks zeggen dat zijn gedrag haar niet aanstaat, zonder te zeggen dat hij slecht is, of verkeerd.

Het uiten van kritiek of raad

Veel vrouwen die zich niet in staat voelen van een man te krijgen wat ze nodig hebben en hebben willen, begrijpen niet dat ze mannen afstoten met spontaan gegeven advies of kritiek. Nancy was gefrustreerd in haar relaties. Ze zei: 'Ik weet nog steeds niet hoe ik een man kritiek of advies moet geven. Wat moet ik zeggen als hij afgrijselijke tafelmanieren heeft, of als hij zich echt smakeloos kleedt? Wat moet ik zeggen als ik zie dat hij wel aardig is, maar zich afschuwelijk gedraagt, zodat het hem schaadt in de omgang met anderen? Wat moet ik dan doen? Hoe ik het ook zeg, hij wordt kwaad of zet zijn stekels op of negeert me gewoon.'

Het antwoord is dat ze helemaal geen kritiek of advies moet geven als hij daar niet om vraagt. Ze moet hem in plaats daarvan liefdevol accepteren. Daar heeft hij behoefte aan, niet aan zedepreken. Als hij het gevoel begint te krijgen dat zij hem accepteert, zal hij haar gaan vragen wat zij ervan vindt. Als hij echter merkt dat zij van hem eist dat hij verandert, zal hij niet om raad of suggesties vragen. Vooral in een intieme relatie moeten mannen zich erg veilig voelen voordat ze zich openstellen en om steun vragen.

Behalve rustig wachten tot haar partner groeit en verandert, kan en moet een vrouw als ze niet krijgt wat ze hebben wil en nodig heeft, vertellen wat ze voelt en bepaalde verzoeken indienen (maar weer zonder advies of kritiek te geven). Dit is een kunst waar veel liefde en creativiteit aan te pas komt. Er zijn vier benaderingswijzen mogelijk:

1. Een vrouw kan een man vertellen dat hij zich niet leuk kleedt zonder hem voor te houden hoe hij zich wel zou moeten kleden. Ze zou terloops kunnen zeggen als hij zich aankleedt: 'Ik vind dat hemd je niet leuk staan. Zou je vanavond een ander willen aandoen?' Als die opmerking

hem ergert, moet ze zijn gevoeligheid op dit punt ontzien en haar verontschuldigingen aanbieden. Ze kan bijvoorbeeld zeggen: ‘Sorry, het was niet mijn bedoeling je voor te schrijven hoe je je moet kleden.’

2. Als hij zo gevoelig is — en dat zijn sommige mannen — zou ze kunnen proberen het er een andere keer over te hebben. Ze zou kunnen zeggen: ‘Weet je nog dat blauwe hemd dat je droeg met die groene broek? Die combinatie vond ik niet zo leuk. Zou je het eens bij je grijze broek willen dragen?’

3. Ze zou rechtstreeks kunnen vragen: ‘Mag ik een keer met je gaan winkelen? Ik zou heel graag nieuwe kleren voor je willen uitzoeken.’ Als hij nee zegt, weet ze zeker dat hij niet meer bemoederd wil worden. Als hij ja zegt, moet ze ervoor zorgen dat ze niet te veel advies geeft. Denk aan zijn gevoelige punten.

4. Ze zou kunnen zeggen: ‘Ik wil graag ergens over praten, maar ik weet niet hoe ik het moet zeggen. [stilte] Ik wil je niet beledigen, maar ik wil het ook graag zeggen. Zou je naar me willen luisteren en me dan vertellen hoe ik het beter zou kunnen zeggen?’ Zo bereidt ze hem een beetje voor op de klap en ontdekt hij tot zijn vreugde dat het allemaal wel meevalt.

Laten we nog eens een voorbeeld onder de loep nemen. Als zijn tafelmanieren haar niet bevallen en ze zijn alleen, kan ze zeggen (zonder afkeurend te kijken): ‘Zou je je bestek willen gebruiken?’ of: ‘Zou je uit je glas willen drinken?’ Als er echter anderen bij zijn is het verstandiger niets te zeggen en er zelfs niet op te letten. Op een andere dag zou ze kunnen zeggen: ‘Zou je je bestek willen gebruiken als de kinderen er bij zijn?’ of: ‘Ik vind het vreselijk als je met je vingers eet. Ik ben zo precies in dat soort dingen. Zou je als je bij mij eet je bestek willen gebruiken?’
Als hij zich zo gedraagt dat het u in verlegenheid brengt, wacht

dan tot er niemand in de buurt is en zeg dan wat u vindt. Zeg hem niet hoe hij zich moet gedragen of dat hij het verkeerd doet; geef hem in plaats daarvan liefdevol en bondig uw eerlijke mening. U zou kunnen zeggen: 'Gisteren op dat feestje vond ik het vervelend dat je zo luidruchtig deed. Zou je je als ik in de buurt ben een beetje willen inhouden?' Als uw opmerking hem stoort, bied dan uw excuses aan voor uw kritische houding.

De kunst van kritiek op iemand leveren en tegelijkertijd om diens medewerking vragen, wordt grondig besproken in hoofdstuk 9 en hoofdstuk 12. Er wordt ook bekeken wat de beste tijdstippen zijn om dit soort gesprekken te houden.

Wanneer een man geen hulp nodig heeft

Het kan een man gaan benauwen wanneer een vrouw probeert hem te troosten of te helpen met het oplossen van een probleem. Het lijkt alsof zij er niet op vertrouwt dat hij zijn problemen zelf af kan handelen. Hij kan het gevoel hebben dat ze hem betuttelt, behandelt als een kind, of veranderen wil.

Dat wil niet zeggen dat een man geen behoefte aan zorgzame liefde heeft. Een vrouw moet begrijpen dat ze goed voor hem zorgt wanneer ze hem géén ongevraagd advies geeft voor het oplossen van zijn problemen. Hij heeft haar liefdevolle steun nodig, maar anders dan ze denkt. Ze kan haar zorgzaamheid uiten door hem níet te corrigeren of te proberen te verbeteren. Advies geven werkt alleen maar positief als hij daar rechtstreeks om vraagt.

Een man vraagt alleen maar om raad of hulp als hij alles wat hij alleen kan al gedaan heeft. Als hij te veel hulp krijgt, of te snel, verliest hij zijn gevoel van macht en kracht. Hij wordt lui of onzeker. Mannen steunen elkaar instinctief door elkaar geen raad of hulp aan te bieden, zolang hun daar niet uitdrukkelijk en direct om gevraagd wordt.

Een man weet dat hij als hij problemen heeft eerst een stuk weg alleen af moet leggen. Als hij dan hulp nodig heeft, kan hij daar om vragen zonder zijn kracht, macht en waardigheid te verliezen. Een man op het verkeerde moment hulp aanbieden wordt al gauw als een belediging opgevat.

Als een man het vlees aansnijdt aan tafel en zijn partner blijft hem maar vertellen hoe en wat hij moet snijden, heeft hij het gevoel dat zij niet in hem gelooft. Hij verzet zich tegen haar en is vastbesloten het zonder hulp te doen. Als een man háár daarentegen hulp

aanbiedt bij het aansnijden van het vlees, voelt ze zich bemind en vertroeteld.
Wanneer een vrouw haar man voorstelt de raad van een expert in te winnen, kan hij zich beledigd voelen. Ik weet nog dat een vrouw eens aan me vroeg waarom haar man zo kwaad op haar werd. Ze vertelde me dat ze hem voor ze gingen vrijen had gevraagd of hij zijn aantekeningen bij een les op de band van mij over het geheim van goede sex had doorgenomen. Ze besefte niet dat dat de deur voor hem dichtdeed. Hij kon de bandjes wel waarderen, maar hij wilde niet dat zij hem vertelde wat hij doen moest door hem aan mijn advies te herinneren. Hij wilde dat zij erop vertrouwde dat hij wist wat hij moest doen!
Mannen willen dat een vrouw zich op hen verlaat, vrouwen willen dat een man voor hen zorgt. Als een man met een bezorgd gezicht aan een vrouw vraagt: 'Wat is er, liefje?', put ze troost uit zijn bezorgdheid. Als een vrouw op dezelfde zorgzame en bezorgde wijze aan een man vraagt: 'Wat is er, liefje?', kan dat hem beledigen of afstoten. Hij heeft het gevoel dat zij er niet op vertrouwt dat hij alles aan kan.
Het is voor een man heel moeilijk onderscheid te maken tussen medeleven en medelijden. Hij heeft een hekel aan medelijden. Als een vrouw zegt: 'Het spijt me dat ik je gekwetst heb,' zegt hij: 'Ach, het stelde niks voor,' en schuift haar steun terzijde. Zij vindt het daarentegen heerlijk als hij zegt: 'Het spijt me dat ik je gekwetst heb.' Ze heeft dan het gevoel dat het hem echt iets doet. Mannen moeten manieren zoeken waarop ze hun gevoel kunnen laten zien, terwijl vrouwen manieren moeten zoeken waarop ze kunnen laten zien dat ze in een man geloven.

Het is voor een man heel moeilijk onderscheid te maken tussen medeleven en medelijden. Hij heeft een hekel aan medelijden

Te veel zorg werkt verstikkend

Toen ik pas met Bonnie getrouwd was, vroeg ze altijd op de avond voor ik vertrok om een weekendcursus te gaan geven hoe laat ik op zou staan. Daarna vroeg ze hoe laat mijn vliegtuig vertrok. Vervolgens maakte ze wat rekensommetjes en vertelde me dat ik dan niet genoeg tijd over had om mijn vliegtuig te halen. Ze dacht altijd dat ze me hielp, maar zo kwam het niet op mij over. Ik voelde

me beledigd. Ik reisde al veertien jaar de hele wereld af om cursussen te geven en ik had nog nooit een vliegtuig gemist.
Dan vroeg ze me 's morgens voor ik vertrok een hele waslijst, zoals: 'Heb je je ticket? Heb je je portefeuille? Heb je genoeg geld bij je? Heb je sokken ingepakt? Weet je in welk hotel je zit?' Ze dacht dat ze me liefde gaf, maar ik ervoer het als wantrouwen en ergerde me. Uiteindelijk liet ik haar weten dat ik haar goede bedoelingen waardeerde, maar dat ik niet op die manier bemoederd wilde worden.
Ik vertelde haar dat áls ze me wilde bemoederen, ik liever had dat ze dat deed door me onvoorwaardelijk lief te hebben en te vertrouwen. Ik zei: 'Als ik een vliegtuig mis, zeg dan niet tegen me: "Dat zei ik al".' Vertrouw erop dat ik er lering uit zal trekken en mijn gedrag aan zal passen. Als ik mijn tandenborstel of scheergerei vergeet, laat me dat dan zelf oplossen. Begin er niet over als ik bel.' Nu ze wist wat ík wilde, in plaats van wat zij gewild zou hebben, was het voor haar gemakkelijker me te steunen.

Een succesverhaal

Toen ik een keer op weg was naar Zweden voor het geven van relatiecursussen, belde ik vanuit New York naar Californië, om tegen Bonnie te zeggen dat ik mijn paspoort thuis had laten liggen. Haar reactie was zo goed en lief. Ze ging me niet vertellen dat ik beter moest opletten, maar lachte en zei: 'Oh John, jij maakt toch ook van alles mee. Wat ga je nou doen?'
Ik vroeg haar of ze mijn paspoort naar het Zweedse consulaat wilde faxen en dat daarmee het probleem was opgelost. Ze werkte uitstekend mee. Ze bezweek niet één keer voor de verleiding om me de les te lezen en te zeggen dat ik me beter moest voorbereiden. Ze was zelfs trots op me dat ik een oplossing voor mijn probleem had gevonden.

Kleine veranderingen

Op een dag merkte ik dat als mijn kinderen me vroegen iets te doen, ik altijd zei: 'Dat fiksen we even.' Het was mijn manier van aangeven dat ik het graag wilde doen. Mijn stiefdochter Julie vroeg me een keer: 'Waarom zeg je altijd: "Dat fiksen we even"?' Daar had ik niet meteen een antwoord op. Na een poosje drong het tot me door dat dat een van die ingesleten Marsgewoonten was.

Toen ik me dat eenmaal bewust was, begon ik te zeggen: 'Maar natuurlijk.' Hiermee bracht ik mijn bedoeling goed over en kwam ik heel wat liefdevoller over op mijn Venusdochter.
Dit voorbeeld illustreert iets dat heel belangrijk is voor het verbeteren van relaties. We kunnen kleine dingen veranderen zonder onze identiteit prijs te geven. Dat is het geheim van het succes van de Mars- en Venusbewoners. Beide partijen zorgden ervoor dat ze hun ware aard niet opgaven, maar waren wel bereid kleine veranderingen aan te brengen in hun communicatie. Ze leerden hoe ze hun relaties konden verbeteren door het invoeren of veranderen van een paar eenvoudige zinnetjes.
Waar het om gaat is dat we onze relatie verrijken door kleíne dingen. Voor grote veranderingen moeten we meestal onze ware aard onderdrukken, hetgeen verkeerd is.
Een man kan bijvoorbeeld een geruststellend gebaar maken wanneer hij zich terugtrekt; het is een kleine verandering, waarvoor hij zijn aard niet hoeft te veranderen. Hij moet zich realiseren dat vrouwen werkelijk behoefte aan die geruststelling hebben, vooral als ze zich veel zorgen maken. Als een man niet begrijpt waarin man en vrouw verschillen, kan hij niet bevatten waarom zijn plotselinge stilzwijgen zo'n reden tot zorg is. Door iets geruststellends te doen kan hij dat verhelpen.
Maar als hij niet weet waarin hij zelf als man van een vrouw verschilt, kan hij, als zijn neiging zich af te zonderen haar van streek maakt, besluiten niet meer in zijn hol te gaan zitten, in een poging haar tevreden te stellen. Dat is helemaal fout. Als hij zich het hol ontzegt (en zijn ware aard verloochent), wordt hij prikkelbaar, overgevoelig, gaat zich defensief, zwak, passief of gemeen gedragen. En wat nog erger is: hij weet niet waarom hij zo wordt.
Als een vrouw er last van heeft dat hij zich terugtrekt, kan een man in plaats van die gewoonte op te geven, een paar kleine veranderingen aanbrengen om de situatie minder problematisch te maken. Hij hoeft zijn ware behoeften niet te ontkennen of zijn mannelijke aard af te zweren.

Hoe u een Venusbewoner kunt helpen

Zoals we al hebben gezien, zegt een man als hij zijn hol induikt of stilvalt eigenlijk: 'Ik heb tijd nodig om hierover na te denken, praat alsjeblieft niet meer tegen me. Ik kom wel weer terug.' Hij beseft niet dat een vrouw het ongeveer zo opvat: 'Ik hou niet van je, je bent niet om aan te horen, ik ga weg en ik kom nooit meer terug!' Om dit te ondervangen en haar de juiste boodschap door te geven, kan hij de volgende vijf magische woorden leren zeggen: 'Ik kom wel weer terug.'

Wanneer een man zich afzondert, vindt een vrouw het prettig als hij hardop zegt: 'Ik moet hier eventjes over nadenken, ik kom wel weer terug,' of: 'Ik moet even alleen zijn. Ik kom wel weer terug.' Het is verbazingwekkend hoeveel verschil die simpele woordjes 'ik kom wel weer terug' maken.

Vrouwen waarderen deze geruststelling meestal enorm. Als een man begrijpt hoe belangrijk dit voor een vrouw is, zal hij er voortaan ook wel aan denken om die te geven.

Als een vrouw zich als kind in de steek gelaten of afgewezen voelde door haar vader, of als haar moeder zich afgewezen voelde door haar man, zal zij (het kind) nog gevoeliger zijn op dat punt (zich in de steek gelaten voelen). Daarom moet ze nooit veroordeeld worden vanwege het feit dat ze die geruststelling nodig heeft, zoals een man niet veroordeeld dient te worden vanwege het feit dat hij behoefte aan afzondering heeft.

We moeten accepteren dat een vrouw gerustgesteld wil worden en een man behoefte aan afzondering heeft

Als een vrouw in haar verleden niet zo veel wonden heeft opgelopen en als ze er begrip voor heeft dat een man af en toe in zijn hol wil zitten, is haar behoefte aan geruststelling minder.

Ik weet nog dat ik ditzelfde een keer zei tijdens een cursus en dat een vrouw toen vroeg: 'Ik ben zo gevoelig voor die stiltes van mijn man, maar ik heb me als kind nooit verlaten of afgewezen gevoeld. Mijn moeder voelde zich nooit door mijn vader afgewezen. Zelfs toen ze gingen scheiden deden ze dat op liefdevolle wijze.'

Toen moest ze lachen. Ze besefte hoe ze erin was gelopen. Natuurlijk had ze zich afgewezen gevoeld. Haar ouders gingen uit elkaar! Ze had net als haar ouders haar gevoelens van pijn weggestopt.

In een tijd waarin scheiden zo gewoon is, is het nog belangrijker dat mannen aan die geruststelling denken. En vrouwen moeten op hun beurt kleine veranderingen aanbrengen om mánnen te steunen.

Communiceren zonder verwijten

Een man voelt zich doorgaans aangevallen en beschuldigd door wat een vrouw voelt, vooral als ze van streek is en over problemen praat. Omdat hij niet begrijpt dat mannen op dit punt anders zijn dan vrouwen, gaat hij niet snel in op haar behoefte om over al haar gevoelens te praten.
Hij gaat van de verkeerde veronderstelling uit dat zij hem over haar gevoelens vertelt, omdat ze hem op de een of andere manier verantwoordelijk of schuldig acht. Omdat ze van streek is en met hem praat, neemt hij aan dat dat door hem komt. Haar klachten klinken hem als verwijten in de oren. Veel mannen begrijpen niet dat een Venusbewoner er behoefte aan heeft over haar gevoelens te praten met iemand van wie ze houdt.
Met een beetje oefening en een open oog voor de verschillen kunnen vrouwen leren hun gevoelens te uiten zonder dat het verwijtend klinkt. Om een man ervan te overtuigen dat ze hem niets verwijt, kan ze nadat ze iets heeft verteld een korte pauze laten vallen en dan zeggen hoezeer ze het waardeert dat hij luistert.
Ze zou bijvoorbeeld een van de volgende dingen kunnen zeggen:

- 'Ik ben echt heel blij dat ik erover kan praten.'
- 'Het is heel prettig om erover te kunnen praten.'
- 'Het is zo'n opluchting om erover te kunnen praten.'
- 'Ik ben zó blij dat ik even kan klagen. Dat doet me echt goed.'
- 'Zo, nu ik erover gepraat heb voel ik me veel beter. Bedankt.'

Deze simpele verandering maakt een heleboel verschil.
Zo kan ze hem, wanneer ze het over haar problemen heeft, ook helpen door zich positief uit te laten over de dingen die hij gedaan heeft om haar leven gemakkelijker of gelukkiger te maken. Als ze bijvoorbeeld over haar werk klaagt, zou ze eens kunnen zeggen hoe fijn het is om bij hem thuis te komen; als ze over het huis klaagt, zou ze haar waardering uit kunnen spreken over het feit dat hij het hek gemaakt heeft; als ze klaagt over geld, zou ze kunnen zeggen dat ze waardeert dat hij zo hard werkt; als ze klaagt over de frustraties van het ouderschap, zou ze kunnen opmerken dat ze blij is met zijn hulp.

Samen de verantwoording dragen

Een goede communicatie vraagt deelname van twee kanten. Een man moet onthouden dat klagen over problemen niet hetzelfde is als beschuldigingen uiten en dat een vrouw die klaagt meestal alleen maar haar frustratie van zich af wil praten. Een vrouw kan leren hem te laten weten dat ze hem, ook al klaagt ze, wel waardeert.

Zo kwam mijn vrouw net binnen en vroeg hoe het ging met dit hoofdstuk. Ik zei: 'Ik ben bijna klaar. Hoe was jouw dag?'

Ze zei: 'Oh, er is zo veel te doen. Er is haast geen tijd om samen te zijn.' Vroeger zou ik me zijn gaan verdedigen en haar er steeds aan hebben herinnerd hoeveel tijd we samen hadden doorgebracht, of ik zou haar verteld hebben hoe belangrijk het was dat ik me aan de inleverdatum hield. Er zou een gespannen sfeer zijn ontstaan.

Nu ik me bewust ben van de verschillen tussen ons, begreep ik dat ze gerustgesteld wilde worden en begrip zocht, en niet zat te wachten op excuses en uitleg. Ik zei: 'Je hebt gelijk, we hebben het wel erg druk gehad. Kom eens bij me op schoot zitten, dan zal ik je eens even knuffelen. Het is een hele lange dag geweest.'

Toen zei ze: 'Wat voel je toch lekker aan.' Dat was de waardering die ik nodig had om me meer voor haar open te stellen. Toen klaagde ze nog wat door over de dag en over hoe moe ze was. Daarna viel ze even stil. Toen bood ik aan de oppas naar huis te brengen zodat zij even bij kon komen en voor het eten nog wat kon mediteren.

Ze zei: 'Ja? Wil jij de oppas naar huis brengen? Dat zou fantastisch zijn. Bedankt!' Weer gaf ze me, zo moe als ze was, de waardering en acceptatie die ik nodig had om me als partner geslaagd te voelen.

Vrouwen denken er vaak niet aan hun waardering uit te spreken, omdat ze ervan uitgaan dat een man wel weet hoe fijn ze het vindt dat er naar haar geluisterd wordt. Hij weet het niet. Als ze over problemen praat, moet hij de geruststelling krijgen dat hij nog steeds bemind en gewaardeerd wordt.

Mannen voelen zich gefrustreerd door problemen als ze niet iets kunnen doen om ze op te lossen. Door zich positief over hem uit te laten kan een vrouw hem laten zien dat hij door te luisteren ook helpt.

Een vrouw hoeft haar gevoelens niet te onderdrukken, of zelfs maar te veranderen, om haar partner te helpen. Ze moet ze echter zodanig uiten, dat hij zich niet aangevallen of beschuldigd voelt.

Een paar kleine veranderingen kunnen een groot verschil maken.

De vijf toverwoorden

De vijf toverwoorden waarmee een vrouw een man kan steunen zijn: 'Het is niet jouw schuld.' Als een vrouw haar onlustgevoelens uit, kan ze haar man helpen door af en toe iets bemoedigends te zeggen in de trant van: 'Ik waardeer het erg dat je luistert, en als het allemaal klinkt alsof het jouw schuld is, dan is dat niet de bedoeling. Het is niet jouw schuld.'
Een vrouw kan leren omgaan met de tere punten van haar man, als ze begrijpt dat hij zich al gauw een nul voelt als hij veel problemen aan moet horen.
Onlangs belde mijn zuster me op om me te vertellen over de moeilijkheden waar ze mee te kampen had. Terwijl ik naar haar luisterde, prentte ik me in dat ik om haar te helpen niet iets voor haar hoefde op te lossen. Ze had iemand nodig die alleen maar naar haar luisterde. Na tien minuten alleen maar geluisterd te hebben en af en toe iets als 'ja, ja', 'oh' en 'nee!' gezegd te hebben, zei ze: 'Dank je wel, John. Ik voel me stukken beter.'
Het was natuurlijk niet zo moeilijk om naar haar te luisteren omdat ze mij geen verwijten maakte. Ze maakte iemand anders verwijten. Ik vind het moeilijker wanneer mijn vrouw zich ongelukkig voelt, omdat ik me dan sneller aangesproken voel. Het valt me echter veel gemakkelijker om goed te luisteren als mijn vrouw me bemoedigt door iets aardigs tegen me te zeggen.

Wat u kunt doen als u verwijten op voelt komen

Een man ervan overtuigen dat het niet zijn schuld is of dat hem niets verweten wordt, werkt alleen als een vrouw hem echt niet de schuld geeft, zijn gedrag afkeurt of bekritiseert. Als ze hem wil aanvallen, kan ze daar beter met iemand anders over praten. Ze moet wachten tot ze meer liefde kan opbrengen en minder verward is, voor ze met hem praat. Ze zou het over haar wrok kunnen hebben met iemand die ze niets kwalijk neemt, die in staat zal zijn haar de steun te geven die ze nodig heeft. Als ze zich dan milder en vergevensgezinder voelt, zal het haar beter lukken hem te benaderen om hem over haar gevoelens te vertellen. In hoofdstuk 11 gaan we dieper in op de manier waarop gevoelens kunnen worden overgebracht.

Hoe u kunt luisteren zonder wrok

Een man verwijt een vrouw wanneer ze het in alle onschuld over haar problemen heeft vaak dat ze hem de schuld geeft. Dat is zeer schadelijk voor de relatie, omdat het de communicatie blokkeert.
Een vrouw zegt bijvoorbeeld: 'Het enige dat wij doen is werken, werken, werken. We doen nooit meer iets leuks. Je bent zo serieus.' Een man zou hier heel gemakkelijk het gevoel kunnen krijgen dat ze hem de schuld geeft. Als hij dat heeft, raad ik hem aan niet iets verwijtends terug te zeggen in de trant van: 'Ik heb het gevoel dat je mij de schuld geeft,' maar eerder iets als: 'Ik vind het moeilijk te verteren dat je me zo serieus vindt. Wou je beweren dat het allemaal mijn schuld is dat we het niet leuk hebben?' Of hij kan zeggen: 'Ik vind het naar als je zegt dat ik zo serieus ben en dat we geen plezier meer hebben. Wou je zeggen dat dat allemaal mijn schuld is?'
Bovendien kan hij, om de communicatie te verbeteren, een opening creëren. Hij kan bijvoorbeeld zeggen: 'Het lijkt wel of je zegt dat het allemaal mijn schuld is dat we zo veel werken. Is dat zo?' En wat ook kan: 'Als je zegt dat we het niet leuk hebben en dat ik zo serieus ben, krijg ik het idee dat je mij daar de schuld van geeft. Is dat zo?'
Uit al deze reacties spreekt respect en ze geven haar de kans eventuele verwijten terug te nemen. Als ze zegt; 'Oh, maar ik zeg helemaal niet dat het jouw schuld is,' voelt hij zich waarschijnlijk enigszins opgelucht.
Een ander uitgangspunt, dat ik zelf altijd heel nuttig vind, is dat je als man niet uit het oog moet verliezen dat de vrouw er te allen tijde recht op heeft van streek te zijn en dat ze zich veel beter zal voelen als ze het eruit heeft gegooid. Dat stelt me in staat te ontspannen en te bedenken dat ze, als ze wil klagen, veel waardering voor me zal hebben als ik kan luisteren zonder het persoonlijk op te vatten. Mocht ze me al iets te verwijten hebben, dan zal ze dat daardoor beter kunnen loslaten.

De kunst van het luisteren

Als een man leert luisteren en de gevoelens van de vrouw juist leert interpreteren, zal de communicatie beter gaan verlopen. Oefening baart kunst. Als ik aan het eind van de dag thuiskom ga ik meestal naar Bonnie toe om haar naar haar dag te vragen, waardoor ik me oefen in de kunst van het luisteren.

Als ze van streek is of als ze een enerverende dag heeft gehad, krijg ik altijd eerst het gevoel dat ze mij daar eigenlijk verantwoordelijk voor stelt en dat ik dus de schuldige ben. Het is nu voor mij de kunst te proberen me dat niet persoonlijk aan te trekken, zodat ik haar goed begrijp. Dat doe ik door continu te bedenken dat we niet dezelfde taal spreken. Als ik bijvoorbeeld blijf vragen: 'En wat is er nog meer gebeurd?' kom ik erachter dat ik niet aansprakelijk ben voor haar ellende. Na een poosje, naarmate ze meer gaat waarderen dat ik luister, begint ze dankbaarheid, acceptatie en liefde uit te stralen, zelfs als ik een beetje verantwoordelijk voor haar leed was.

Alhoewel leren luisteren heel belangrijk is, kunnen er natuurlijk dagen zijn dat een man te gevoelig of te gespannen is om de achterliggende bedoeling van wat ze zegt op te pikken. Hij moet in zo'n geval niet eens proberen te luisteren. Hij kan in plaats daarvan vriendelijk zeggen: 'Het komt me nu niet zo goed uit. Kunnen we er later over praten?'

Soms realiseert een man zich niet dat hij pas kan luisteren als zij iets vertelt. Als hij onder het luisteren erg gefrustreerd raakt, kan hij beter niet doorgaan: het wordt alleen maar erger. Daar heeft geen van beiden iets aan. Wat hij beter op respectvolle wijze kan zeggen is: 'Ik wil echt wel horen wat je te vertellen hebt, maar ik vind het nu erg moeilijk om te luisteren. Ik moet even nadenken over wat je net gezegd hebt.'

Sinds Bonnie en ik hebben geleerd op zo'n manier met elkaar te communiceren dat er ruimte is voor de onderlinge verschillen en begrip voor de wederzijdse behoeften, is ons huwelijk er veel gemakkelijker op geworden. Ik heb hetzelfde zien gebeuren bij duizenden alleenstaanden en paren. Relaties varen er wel bij als uit de communicatie gulle acceptatie van en respect voor de aangeboren verschillen tussen mensen blijkt.

Als zich misverstanden voordoen, onthoud dan dat we niet dezelfde taal spreken. Neem de tijd om te vertalen wat uw partner eigenlijk bedoelt of wil zeggen. Daar is natuurlijk wel wat oefening voor nodig, maar het is de moeite dubbel en dwars waard.

6. *Mannen zijn net elastiekjes*

Mannen zijn net elastiekjes. Als ze uitgerekt worden kunnen ze tot een bepaald punt komen, en dan springen ze weer terug. Een elastiekje is het ideale symbool voor het begrijpen van de mannelijke intimiteitscyclus. De meeste vrouwen zijn verbaasd te horen dat een man, ook al houdt hij van een vrouw, zich bij tijd en wijle even los moet maken om daarna weer dichterbij te kunnen komen. Mannen hebben deze drang tot afstand nemen instinctief. Het is geen beslissing of keuze. Het gebeurt gewoon. Het is zijn schuld noch de hare. Het is een natuurlijk proces.

> *Als een man van een vrouw houdt, moet hij zich af en toe even losmaken om daarna weer dichterbij te kunnen komen*

Vrouwen leggen dit gedrag verkeerd uit, omdat een vrouw over het algemeen om andere redenen afstand neemt. Een vrouw doet dat wanneer ze er niet op vertrouwt dat een man haar gevoelens begrijpt, wanneer ze gekwetst is en bang is dat het weer zal gebeuren, of wanneer hij iets fout gedaan heeft waardoor ze teleurgesteld is.

Een man kan om dezelfde redenen afstand nemen, maar hij doet het ook als een vrouw niets fout gedaan heeft. Hij kan van haar houden en haar vertrouwen en tóch plotseling afstand nemen. Als een uitgerekt elastiek gaat hij een eind weg en komt op eigen kracht weer terug.

Een man doet dat uit behoefte aan onafhankelijkheid of zelfstandigheid. Als hij op het verste punt is springt hij meteen weer terug. Als hij zich volledig losgemaakt heeft, krijgt hij plotseling weer behoefte aan liefde en intimiteit. Hij is dan vanzelf meer gemotiveerd om zijn liefde te geven en ontvankelijk te zijn voor de liefde die hij nodig heeft. Wanneer een man weer terugkomt, gaat hij verder met de relatie op hetzelfde niveau van intimiteit als voordien. Hij heeft geen behoefte aan een periode van hernieuwde kennismaking.

Wat iedere vrouw over mannen moet weten

Wanneer deze intimiteitscyclus van de man begrepen wordt, betekent dat een verrijking van de relatie, maar wanneer dat niet het geval is, kunnen er onnodige problemen ontstaan. Laten we eens een voorbeeld bekijken.

> Maggie was overstuur, bang en in de war. Zij en haar vriend Jeff gingen al een half jaar met elkaar om. Het was allemaal zo romantisch. En toen, zonder duidelijke reden, begon hij zich ineens emotioneel terug te trekken. Maggie kon niet begrijpen waarom hij zo plotseling afstand nam. Ze zei tegen me: 'Het ene moment was hij heel attent, en het volgende wilde hij niet eens met me praten. Ik heb van alles geprobeerd om hem terug te krijgen, maar het leek het er alleen maar erger op te maken. Hij lijkt zo ver weg. Ik weet niet wat ik verkeerd heb gedaan. Ben ik zo'n vreselijk mens?'

Toen Jeff afstand nam, trok Maggie zich dat persoonlijk aan. Dat is een heel gewone reactie. Ze dacht dat ze iets fout had gedaan en gaf zichzelf de schuld. Ze wilde het weer 'goedmaken', maar hoe meer ze probeerde dichter bij Jeff te komen, des te verder leek hij weg.

Nadat ze mijn cursus gevolgd had was Maggie heel opgelucht. Haar angst en verwarring waren direct verdwenen. Maar wat het belangrijkste was: ze nam zichzelf niets meer kwalijk. Ze besefte dat het niet door haar kwam dat Jeff afstand nam. Bovendien kwam ze erachter waarom Jeff het deed en hoe ze dat elegant kon oplossen. Maanden later, tijdens een andere cursus, bedankte Jeff me voor wat Maggie had geleerd. Hij vertelde me dat ze nu verloofd waren. Maggie had een geheim over mannen ontdekt waar maar weinig vrouwen van weten.

Maggie realiseerde zich dat wanneer zij probeerde dichterbij te komen terwijl Jeff probeerde afstand te nemen, ze hem er in feite van weerhield de afstand zo groot mogelijk te maken om daarna weer terug te keren. Door hem achterna te rennen voorkwam ze dat hij ooit voelde dat hij haar nodig had en bij haar wilde zijn. Ze besefte dat ze dat in iedere relatie gedaan had. Onbewust had ze een belangrijke cyclus verstoord. Door te proberen de intimiteit te handhaven had ze die juist verdreven.

De plotselinge transformatie van de man

Als een man niet de gelegenheid krijgt afstand te nemen, krijgt hij nooit de kans een sterk verlangen naar intimiteit te voelen. Het is van vitaal belang dat vrouwen begrijpen dat als ze voortdurend intiem willen zijn of 'achter hun partner aanrennen' wanneer hij afstand neemt, hij bijna altijd zal proberen weg te komen en afstand te nemen; hij zal nooit de kans krijgen zijn eigen hartstochtelijke verlangen naar liefde te voelen.

Op mijn cursussen demonstreer ik dit met een groot elastiek. Stel u voor dat u het elastiek vasthoudt. U begint uw elastiek naar rechts uit te rekken. Dit elastiek kan zo'n twintig centimeter uitgerekt worden. Als het elastiek twee decimeter uitgerekt is kan het alleen nog maar terug, en als het terugkomt gebeurt dat met heel veel energie en veerkracht.

Zo keert een man ook met veel energie en veerkracht terug wanneer hij tot het uiterste punt is gegaan. Als hij zijn limiet heeft bereikt, ondergaat hij een transformatie. Zijn hele houding begint te veranderen. Dezelfde man die niet om zijn partner leek te geven of niet in haar geïnteresseerd leek (toen hij zich terugtrok), blijkt plotseling niet zonder haar te kunnen. Zijn behoefte aan intimiteit is weer terug. Zijn energie is terug, want hij verlangt er weer naar liefde te geven en liefde te krijgen.

Het is voor een vrouw doorgaans heel verwarrend, want de keren dat zij zoiets deed had ze om de intimiteit te herstellen een periode van hernieuwde kennismaking nodig gehad. Als een vrouw niet begrijpt dat mannen in dit opzicht anders zijn, is ze misschien geneigd zijn plotselinge verlangen naar intimiteit te wantrouwen, en hem van zich af te duwen.

Mannen moeten ook begrip hebben voor dat verschil. Als een man terugkomt, heeft een vrouw om weer voor hem open te kunnen staan meestal wat tijd nodig en moet ze even 'bijpraten'. Deze overgang kan eleganter verlopen als een man begrijpt dat een vrouw wat tijd nodig heeft om weer net zo intiem te worden als voorheen, en dan met name als ze zich gekwetst heeft gevoeld door zijn gedrag. Als een man de verschillen niet in het oog houdt, kan hij ongeduldig worden, omdat hij ineens de intimiteit weer wil oppakken op het niveau waarop die was toen hij afstand nam, en zij dat niet wil.

Waarom mannen afstand nemen

Mannen krijgen behoefte aan zelfstandigheid en onafhankelijkheid nadat hun behoefe aan intimiteit vervuld is. Als hij afstand begint te nemen, raakt zij meteen in paniek. Wat ze zich niet realiseert is dat hij, als hij afstand neemt omdat hij behoefte aan zelfstandigheid heeft, op een gegeven moment vanzelf weer behoefte aan intimiteit krijgt. Een man wordt heen en weer getrokken tussen zijn behoefte aan intimiteit en zijn behoefte aan zelfstandigheid.

Een man wordt heen en weer getrokken tussen de behoefte aan intimiteit en aan zelfstandigheid

Zo was Jeff aan het begin van de relatie sterk en een en al hartstocht. Zijn elastiek stond strak gespannen. Hij wilde indruk op haar maken, haar behoeften vervullen, haar behagen en dicht bij haar zijn. Toen hij daarin slaagde wilde zij ook dichterbij komen. Naarmate ze meer van zichzelf liet zien, kwam hij steeds dichterbij. Toen ze heel intiem werden gaf dat hem een heerlijk gevoel, maar na korte tijd veranderde er iets.

Stel u het elastiek voor. Het hangt slap. De kracht en elasticiteit zijn eruit. Er zit geen beweging meer in. Dat is precies wat er bij een man met het verlangen naar nabijheid gebeurt, wanneer er een stadium van intimiteit is bereikt.

Zelfs al is die nabijheid voor een man bevredigend, dan nog vinden er verschuivingen in hem plaats. Hij begint een drang te voelen om afstand te nemen. Nu hij voor een poos zijn verlangen naar intimiteit heeft vervuld, krijgt hij een verlangen naar onafhankelijkheid, naar op eigen benen staan. Hij heeft er even genoeg van anderen nodig te hebben. Hij heeft misschien wel het gevoel dat hij te afhankelijk is geworden. Het kan ook zijn dat hij niet weet waarom hij de behoefte aan afstand voelt.

Waarom vrouwen in paniek raken

Aangezien Jeff zonder nadere uitleg aan Maggie (of aan hemzelf) afstand neemt, is Maggies reactie: angst. Ze raakt in paniek en rent hem achterna. Ze denkt dat ze iets fout heeft gedaan en hem van zich af heeft gestoten. Ze weet niet dat het allemaal hoort bij zijn intimiteitscyclus. Als ze hem vraagt wat er is, geeft hij geen duidelijk antwoord, weigert dus erover te praten. Hij maakt de afstand steeds groter.

Waarom mannen en vrouwen aan hun liefde twijfelen

Mannen en vrouwen die niet van deze cyclus op de hoogte zijn, gaan in zo'n geval natuurlijk aan hun liefde twijfelen. Als Maggie niet was gaan inzien dat ze Jeff ervan weerhield zijn hartstocht te hervinden, zou ze al gauw tot de conclusie hebben kunnen komen dat Jeff niet van haar hield. Als Jeff niet de kans zou krijgen zich los te maken, zou hij zijn (vurig) verlangen naar intimiteit kwijtraken. Hij zou makkelijk kunnen gaan denken dat hij niet meer van Maggie hield.

Nadat Maggie geleerd had Jeff 'afstand' of ruimte te geven, kwam ze tot de ontdekking dat hij inderdaad terugkwam. Ze oefende zich erin hem niet achterna te rennen als hij zich terugtrok en erop te vertrouwen dat alles in orde was. Hij kwam inderdaad steeds weer terug.

Naarmate ze meer vertrouwen in het hele proces kreeg, werd het gemakkelijker voor haar om niet in paniek te raken. Als hij afstand nam rende ze hem niet meer achterna en kwam niet meer op de gedachte dat er iets mis was. Ze accepteerde dit stukje van Jeff. Hoe meer ze hem in zo'n geval accepteerde, des te sneller kwam hij terug. Naarmate Jeff meer inzicht kreeg in de veranderingen in zijn gevoelens en behoeften, kreeg hij meer vertrouwen in de liefde. Hij voelde zich in staat zich te binden. Het geheim van het succes van Jeff en Maggie was dat ze begrepen en accepteerden dat mannen net elastiekjes zijn.

Waarin vrouwen mannen verkeerd begrijpen

Als ze niet weet dat mannen net elastiekjes zijn, kan een vrouw de reacties van een man al gauw verkeerd uitleggen. Het schept uiteraard verwarring als hij zegt: 'Laten we praten', en onmiddellijk

emotioneel afstand neemt. Op het moment dat zij loskomt en dichterbij wil komen, wil hij alweer weg. Ik hoor alom de klacht: 'Steeds als ik wil praten, neemt hij afstand. Ik heb het gevoel dat hij niet om me geeft.' Ze concludeert ten onrechte dat hij nóóit met haar wil praten.
De vergelijking met het elastiek verklaart hoe het komt dat een man plotseling afstand neemt van zijn partner, hoewel hij van haar houdt. Hij doet dat niet omdat hij niet wil praten. Hij heeft er gewoon behoefte aan een poosje alleen te zijn en even voor niemand anders verantwoordelijk te zijn. Hij vindt het tijd worden om even voor zichzelf te zorgen. Als hij terugkomt is hij weer tot praten bereid.
Een man verliest zichzelf enigszins als hij een band met zijn partner krijgt. Door haar behoeften, problemen, wensen en emoties kan hij het gevoel krijgen dat hij zichzelf niet meer is. Door afstand te nemen kan hij zijn eigen grenzen opnieuw vaststellen en zijn verlangen naar zelfstandigheid bevredigen.

Een man verliest zichzelf een beetje als hij een band met zijn partner krijgt

Sommige mannen geven een iets andere uitleg. Ze zeggen gewoon het gevoel te hebben dat ze ruimte nodig hebben of alleen moeten zijn. Hoe hij het ook omschrijft, een man komt als hij afstand neemt tegemoet aan de geldige behoefte om even voor zichzelf te zorgen.
Zoals we ook niet bewúst honger krijgen, zo neemt een man ook niet opzettelijk afstand. Het is een instinctieve drang. Hij kan maar tot een bepaald punt naderen en begint dan zijn identiteit te verliezen. Als het zover is krijgt hij behoefte aan zelfstandigheid en begint afstand te nemen. Door dit proces te begrijpen kunnen vrouwen dergelijk gedrag op de juiste wijze leren interpreteren.

Waarom mannen afstand nemen als vrouwen te dichtbij komen

Bij veel vrouwen nemen mannen precies op het moment dat zíj intiem willen zijn en willen praten, afstand. Dat gebeurt om twee redenen.

1. Een vrouw voelt onbewust aan wanneer een man afstand neemt en wil dan ook precies op dat moment proberen de intimiteit te herstellen door te zeggen: 'Laten we praten.' Wanneer hij zich nog

verder terugtrekt, concludeert ze ten onrechte dat hij niet wil praten of niet om haar geeft.

2. Wanneer een vrouw loskomt en diepere en intiemere gevoelens met iemand deelt, kan dat er juist voor zorgen dat een man afstand neemt. Een man kan slechts een bepaalde hoeveelheid intimiteit aan voor zijn alarm overgaat en hem zegt dat hij hoognodig zijn evenwicht moet hervinden door wat meer afstand te nemen. Op de intiemste momenten kan een man zomaar overschakelen op die behoefte aan zelfstandigheid en afstand nemen.

Het is heel verwarrend voor een vrouw als een man afstand neemt, omdat hij vaak opstapt vanwege iets dat zij zegt of doet. Doorgaans krijgt hij behoefte aan afstand wanneer zij over de dingen begint te praten met gevoel. Gevoelens brengen mannen wel dichterbij en scheppen wel intimiteit, maar als hij té dichtbij komt, maakt hij zich automatisch los. Hij wil wel horen wat ze voelt. Op een ander tijdstip in zijn intimiteitscyclus kan datzelfde gevoel dat zijn vertrek veroorzaakte ervoor zorgen dat hij dichterbij komt wanneer hij behoefte aan intimiteit heeft. Het gaat er niet zozeer om wát ze zegt, maar om wannéér ze het zegt.

Het juiste tijdstip

Als een man afstand neemt is het niet de juiste tijd om te praten of te proberen dichterbij te komen. Laat hem maar gaan. Na een poosje komt hij wel terug. Dan zal hij weer liefde en steun uitstralen en doen alsof er niets gebeurd is. Dan kan er gepraat worden. Op dit gulden tijdstip, als een man intiem wil zijn en echt tot praten bereid is, beginnen vrouwen nu juist vaak géén gesprek. Daar kan een van de volgende drie redenen aan ten grondslag liggen:

1. Vrouwen durven niet te praten omdat de vorige keer dat ze dat wilden de man zich terugtrok. Ze gaan van de verkeerde veronderstelling uit dat het hem niet kan schelen en dat hij niet wil luisteren.

2. Vrouwen zijn bang dat de man boos op hen is en wachten tot hij een gesprek over zíjn gevoelens begint. Ze weet dat als zij plotseling afstand van hém zou nemen, zij eerst zou moeten praten over wat er gebeurd was. Ze wacht tot hij begint over wat hem dwars zit. Hij hoeft daar echter helemaal niet over te praten, want er zit hem niets dwars.

3. Vrouwen willen zo veel zeggen dat ze niet zo onbeleefd willen zijn om zomaar te beginnen. Voor de beleefdheid vragen ze hém naar zijn gevoelens en gedachten, in plaats van over hun eigen gedachten en gevoelens te praten. Als hij niets te zeggen heeft, concluderen ze dat hij geen gesprek met hen wil.

Uit het bovenstaande blijkt dat vrouwen vaak niet begrijpen waarom een man niet praat, en het is dan ook geen wonder dat dit tot frustraties leidt.

Hoe u een man aan het praten kunt krijgen

Wanneer een vrouw wil praten of intiem wil zijn, moet zíj het gesprek beginnen en niet van een man verwachten dat hij dat doet. Zij moet de eerste zijn die iets vertelt, ook al heeft haar partner weinig mee te delen. Hij zal meer zeggen naarmate hij merkt dat zij het waardeert dat hij luistert.

Een man kan heel erg openstaan voor een gesprek met een vrouw, terwijl hij aanvankelijk niets te zeggen had. Wat een vrouw niet weet over Marsbewoners is dat ze een reden moeten hebben om te praten. Ze praten niet zomaar. Als een vrouw een poosje aan het woord is, komt een man los en wil wel vertellen wat hij vindt van wat zij net gezegd heeft.

Als zij bijvoorbeeld iets vertelt over de moeilijkheden die ze die dag ondervonden heeft, kan hij hetzelfde doen, zodat ze elkaar kunnen begrijpen. Als ze praat over haar gevoelens voor de kinderen, kan hij het hebben over zíjn gevoelens voor hen. Als zij zich uit en hij zich niet beschuldigd of onder druk gezet voelt, komt hij langzaam los.

Hoe vrouwen mannen onder druk zetten om te praten

Als een vrouw zegt wat ze denkt, stimuleert dat een man om te praten. Maar als hij het gevoel krijgt dat er van hem geëist wordt dat hij praat, weet hij prompt niets meer. Hij heeft niets te zeggen. En ook al heeft hij iets te zeggen, dan weigert hij nog, omdat hij voelt dat ze hem dwingt.

Het is moeilijk voor een man als een vrouw eist dat hij praat. Ze stoot hem onbewust af door hem te ondervragen. Vooral als hij geen behoefte heeft om te praten. Een vrouw gaat er ten onrechte van uit dat een man 'behoefte heeft' om te praten en dus 'moet' praten. Ze vergeet dat hij van Mars komt en niet zo'n grote behoefte om te praten heeft.

Ze heeft soms zelfs het gevoel dat hij, als hij niet praat, niet van haar houdt. Een man afwijzen omdat hij niet praten wil, is de beste manier om hem zijn mond te laten houden. Een man moet weten dat hij geaccepteerd wordt zoals hij is en komt dan langzaam los. Hij voelt zich niet geaccepteerd wanneer zij wil dat hij meer praat of het hem kwalijk neemt dat hij zich terugtrekt.

Een man die veel behoefte aan afstand heeft, zal eerst veel moeten luisteren voordat hij leert te vertellen en zich te uiten. Hij moet om dat luisteren gewaardeerd worden, waarna hij langzaam maar zeker meer zal gaan praten.

Hoe u een gesprek met een man kunt beginnen

Hoe meer een vrouw probeert een man aan het praten te krijgen, hoe meer hij zich verzet. Een rechtstreekse poging hem te laten praten is niet de beste manier, vooral niet als hij zoveel mogelijk afstand schept. In plaats van zich af te vragen hoe ze hem aan het praten kan krijgen, zou ze beter kunnen vragen: 'Hoe kan ik meer intimiteit, een beter gesprek en betere communicatie met mijn partner tot stand brengen?'

Als een vrouw wil dat er meer gepraat wordt — en dat willen de meeste vrouwen — kan ze vaker een gesprek beginnen, maar dan moet ze wel accepteren en er rekening mee houden dat hij op sommige momenten zal willen praten en op andere momenten instinctief afstand zal willen nemen.

Als hij wel wil praten, moet ze hem niet twintig vragen tegelijk stellen of eisen dat hij iets zegt, maar kan ze hem zelfs het beste laten weten dat ze het waardeert als hij alleen maar luistert. In het begin moet ze er juist voor zorgen dat hij niet te veel praat.

Maggie zou bijvoorbeeld kunnen zeggen: 'Jeff, zou je een poosje naar me willen luisteren? Ik heb een zware dag achter de rug en ik wil erover praten. Dan voel ik me veel beter.' Nadat Maggie een poosje aan het woord is geweest kan ze even zwijgen en dan zeggen: 'Ik vind het heel fijn dat je naar me luistert, dat doet me goed.' Door die waardering moedigt zij hem aan nog meer te luisteren.
Zonder waardering en aanmoediging kan een man zijn belangstelling verliezen, omdat hij het gevoel heeft dat 'luisteren' betekent 'niets doen'. Hij beseft dan niet hoe waardevol dat luisteren voor haar is. De meeste vrouwen weten instinctief hoe belangrijk luisteren is. Wanneer een vrouw van een man verwacht dat hij dat zonder meer weet, verwacht ze van hem hetzelfde als van een vrouw. Gelukkig gaan de meeste mannen de waarde van praten inzien wanneer ze dank zij de waardering van de vrouw hebben leren luisteren.

Als mannen niet willen praten

Sandra en Larry waren al twintig jaar getrouwd. Sandra wilde scheiden en Larry wilde weer proberen er iets van te maken.
Ze zei: 'Hoe kan hij nu zeggen dat hij getrouwd wil blijven? Hij houdt niet van me. Hij voelt niets. Hij loop weg als ik met hem wil praten. Hij is koud en harteloos. Twintig jaar lang heeft hij geen gevoel laten zien. Ik ben niet bereid hem te vergeven. Ik wil dit huwelijk niet meer. Ik heb er geen zin meer in te proberen iets uit hem te krijgen en me kwetsbaar op te stellen.'

Sandra wist niet dat zij ook een aandeel in hun problemen had. Ze dacht dat het allemaal de schuld van haar echtgenoot was. Ze dacht dat ze er alles aan had gedaan om de intimiteit, conversatie en communicatie te bevorderen, en hij zich twintig jaar lang had verzet.
Toen ze op een cursus hoorde hoe mannen met elastiek werden vergeleken, begon ze uit wroeging te huilen. Ze realiseerde zich dat 'zijn' probleem ook 'haar' probleem was. Ze zag in dat ook zij schuldig was aan hun problematiek.
Ze zei: 'Ik weet nog dat als ik in het eerste jaar van mijn huwelijk loskwam en over mijn gevoelens begon te praten, hij gewoon wegliep. Ik dacht dat hij niet van me hield. Toen dat een paar keer

was gebeurd, gaf ik het op. Ik wilde niet meer gekwetst worden. Ik wist niet dat hij op een ander tijdstip naar mijn gevoelens zou kunnen luisteren. Ik gaf hem niet de kans. Ik hield op met kwetsbaar zijn. Ik wilde dat hij zich uitte vóór ik dat deed.'

Eenzijdige gesprekken

Sandra's 'gesprekken' kwamen over het algemeen van één kant. Ze wilde altijd eerst hem aan het praten krijgen door hem een reeks vragen te stellen. Vervolgens raakte ze van haar stuk door zijn korte antwoorden, voordat ze kon praten over de zaken waar ze het over hebben wilde. Als ze het dan uiteindelijk over haar gevoelens had, waren die altijd hetzelfde. Ze was boos dat hij niet openhartiger, liefdevoller en mededeelzamer was.
Zo'n eenzijdig gesprek kon er zo uitzien:

Sandra: Hoe ging het vandaag?
Larry: Goed.
Sandra: Wat is er gebeurd?
Larry: Niets bijzonders.
Sandra: Waar heb jij zin in dit weekend?
Larry: Maakt me niet zoveel uit. Wat wil jij doen?
Sandra: Wil jij vrienden vragen?
Larry: Ik weet niet... Weet jij waar de tv-gids is?
Sandra: (van streek) Waarom zeg je niets?
Larry: (zwijgend, het spoor bijster)
Sandra: Hou je van me?
Larry: Natuurlijk hou ik van je. Ik ben toch met je getrouwd.
Sandra: Hoe kan dat nou? We praten nooit meer. Je zit daar maar en zegt niets. Kan het je dan niets schelen?

Op dit punt stond Larry altijd op en ging een blokje om. Wanneer hij terugkwam deed hij alsof er niets aan de hand was. Sandra deed ook alsof er niets aan de hand was, maar van binnen stopte ze haar liefde en warmte weg. Van buiten probeerde ze liefdevol te zijn, maar van binnen groeide haar wrok. Van tijd tot tijd kwam die naar boven en dan begon ze haar man weer eenzijdig over zijn gevoelens te ondervragen. Na twintig jaar bewijs te hebben verzameld voor zijn gebrek aan liefde, was ze niet meer bereid zonder intimiteit te leven.

Elkaar steunen zonder te hoeven veranderen

Tijdens de cursus zei Sandra: 'Ik ben twintig jaar bezig geweest om Larry aan het praten te krijgen. Ik wilde dat hij zich open en kwetsbaar opstelde. Ik besefte niet dat ik een man zocht die míj hielp me te uiten en me kwetsbaar op te stellen. Dáár had ik behoefte aan. Ik dacht dat híj moest veranderen. Nu weet ik dat er niets met hem of met mij aan de hand is. We weten gewoon niet hoe we elkaar moeten helpen.'

Sandra had altijd geklaagd dat Larry niet praatte. Ze had zichzelf wijs gemaakt dat zijn stilzwijgen intimiteit tussen hen in de weg stond. Op de cursus leerde ze over haar gevoelens praten zonder van Larry iets terug te verwachten of te eisen. In plaats van zijn zwijgen af te wijzen ging ze er waardering voor krijgen. Dat maakte hem tot een betere luisteraar.

Larry leerde de kunst van het luisteren. Hij oefende zich erin naar haar te luisteren zonder oplossingen aan te dragen. Het heeft veel meer zin een man te leren luisteren, dan hem te leren zich te uiten en zich kwetsbaar op te stellen. Naarmate hij beter leert luisteren naar iemand om wie hij geeft en die hem daarom waardeert, zal hij zich geleidelijk meer openstellen en vanzelf mededeelzamer worden.

Wanneer een man merkt dat het gewaardeerd wordt dat hij luistert en hij zich niet afgewezen voelt omdat hij niet méér praat, zal hij langzaam loskomen. Als hij het gevoel heeft dat hij niet méér hoeft te praten, gaat hij dat vanzelf doen. Maar éérst moet hij zich geaccepteerd voelen. Als de vrouw zich nog steeds gefrustreerd voelt door zijn zwijgen, vergeet ze dat mannen van Mars komen!

Als een man geen afstand neemt...

Lisa en Jim waren twee jaar getrouwd. Ze deden alles samen. Ze deden nooit iets alleen. Na een poosje werd Jim steeds prikkelbaarder, passiever, chagrijniger en opvliegender.
Tijdens een privé-therapiesessie zei Lisa tegen

> me: 'Het is niet leuk meer om met hem samen te zijn. Ik heb van alles geprobeerd om hem op te vrolijken, maar het lukt niet. Ik wil samen leuke dingen doen, zoals naar restaurants gaan, winkelen, reizen, naar toneelstukken en feestjes toe en gaan dansen, maar hij niet. We doen niets meer. We kijken alleen nog maar tv, we eten, slapen en werken. Ik probeer van hem te houden, maar ik ben kwaad. Hij was altijd zo charmant en romantisch. Nu lijkt het wel of ik met een slome duikelaar leef. Ik weet niet wat ik moet doen. Er is geen beweging in te krijgen!'

Toen ze eenmaal op de hoogte waren van de intimiteitscyclus van de man — de theorie van het elastiek — beseften zowel Lisa als Jim wat er gebeurd was. Ze waren te veel bij elkaar. Jim en Lisa moesten meer dingen apart doen.

Als een man te dichtbij komt en geen afstand neemt, ontstaan er altijd symptomen als een slecht humeur, prikkelbaarheid, passiviteit en een defensieve houding. Jim wist niet hoe hij zich los moest maken. Hij voelde zich schuldig als hij iets alleen deed. Hij dacht dat hij alles met zijn vrouw moest delen.

Lisa dacht ook dat ze alles samen moesten doen. Tijdens de sessie vroeg ik Lisa waarom ze zoveel tijd samen met Jim had doorgebracht.

Ze zei: 'Ik was bang dat hij het vervelend zou vinden als ik iets leuks zonder hem deed. Ik ging een keertje winkelen en dat nam hij me toen echt kwalijk.'

Jim zei: 'Ik herinner me die dag nog wel. Maar ik was niet boos op jou. Ik was van slag omdat ik verlies had geleden bij een transactie. Die dag staat me nog goed bij omdat ik nog precies weet hoe prettig ik het vond om het hele huis voor mezelf te hebben. Dat durfde ik niet tegen je te zeggen omdat ik bang was dat ik je daarmee zou kwetsen.'

Lisa zei: 'Ik dacht dat je niet wilde dat ik zonder je ging. Je leek zo ver weg.'

Zelfstandiger worden

Toen ze dat eenmaal wist, maakte Lisa zich minder druk om Jim. Dat Jim meer afstand nam, hielp haar juist haar eigen weg te vin-

den en onafhankelijker te worden. Ze begon beter voor zichzelf te zorgen. Toen ze de dingen ging doen die ze wilde doen en meer steun van haar vriendinnen kreeg, was ze veel gelukkiger.
Ze liet haar wrok jegens Jim varen. Ze besefte dat ze te veel van hem verwacht had. Toen ze de 'elastiek-theorie' kende, realiseerde ze zich wat haar aandeel in de problemen was geweest. Ze begreep dat ze meer tijd voor zichzelf nodig had. Haar offers uit liefde verhinderden hem meer afstand te nemen en weer 'terug te veren' en bovendien werkte haar afhankelijke houding verstikkend.
Lisa begon leuke dingen te doen zonder Jim. Ze ging dingen doen die ze allang had willen doen. Ze ging een avond met een paar vriendinnen uit eten. Een andere avond ging ze naar een toneelstuk. Weer een andere avond ging ze naar een verjaarsfeestje.

Eenvoudige wonderen

Wat haar verbaasde was dat hun relatie zo snel veranderde. Jim werd veel attenter en geïnteresseerder in haar. Binnen een paar weken begon Jim weer als vroeger te worden. Hij wilde weer leuke dingen met haar doen en begon afspraakjes te plannen. Hij raakte weer gemotiveerd.
Tijdens therapiesessies zei hij: 'Ik voel me zo opgelucht. Ik heb het gevoel dat ze van me houdt. Als ze thuiskomt is ze blij me te zien. Het is heerlijk haar te missen als ze weg is. Het is prettig weer iets te voelen. Ik was bijna vergeten wat dat is. Het leek wel of vroeger niets goed genoeg was. Lisa probeerde me altijd van alles te laten doen, zei me wat ik doen moest en vroeg me van alles.'
Lisa zei: 'Ik besefte dat ik hem verweet dat ik niet gelukkig was. Ik merkte dat toen ik de verantwoording voor mijn eigen geluk op me nam, Jim veel energieker en levendiger werd. Het lijkt wel een wonder.'

Het verstoren van de intimiteitscyclus

Er zijn twee manieren waarop een vrouw onbewust de natuurlijke intimiteitscyclus van haar mannelijke partner kan verstoren: (1) hem achternalopen wanneer hij afstand neemt en (2) hem straffen voor het feit dat hij afstand neemt.

Achternalopen

1. Lijfelijk
Wanneer hij afstand neemt, loopt zij letterlijk achter hem aan. Hij loopt bijvoorbeeld een andere kamer in en zij loopt hem achterna. Of zoals bij Lisa en Jim, zij doet niet wat ze eigenlijk wil, om maar bij haar partner te kunnen zijn.

2. Emotioneel
Wanneer hij afstand neemt, volgt ze hem in emotioneel opzicht. Ze maakt zich bezorgd om hem. Ze wil hem helpen zodat hij zich beter zal voelen. Ze heeft medelijden met hem. Ze verstikt hem met haar aandacht en loftuitingen.
Ze kan hem ook in emotioneel opzicht ervan weerhouden afstand te nemen, doordat ze zijn behoefte aan alleen-zijn afkeurt. Haar afkeuring is ook een emotioneel middel om hem terug te fluiten.
Ze kan ook verlangend of gekwetst kijken wanneer hij afstand neemt. Zo smeekt ze om intimiteit en geeft hem een onvrij gevoel.

3. Geestelijk
Ze kan hem in geestelijk opzicht terughalen door hem vragen te stellen die schuldgevoelens oproepen, zoals: 'Hoe kun je me dit aandoen?' of: 'Wat heb jij toch?' of: 'Snap je niet hoeveel pijn het me doet als je je terugtrekt?'
Ze kan hem ook proberen terug te halen door het hem naar de zin te maken. Ze probeert zo inschikkelijk mogelijk te zijn, volmaakt, zodat hij helemaal geen reden heeft tot afstand nemen.
Ze geeft haar identiteit op en probeert zo te worden zoals hij haar ziet.
Ze wil niet te veel risico's nemen uit angst dat hij afstand neemt en onderdrukt haar ware gevoelens en mijdt alles wat hem van streek kan maken.

De tweede belangrijke manier waarop een vrouw onbewust de intimiteitscyclus van de man kan verstoren is hem straffen voor het feit dat hij afstand neemt.

Bestraffend gedrag

1. Lijfelijk

Als hij naar haar verlangt wijst ze hem af. Ze negeert zijn lijfelijke genegenheid. Ze kan hem in seksueel opzicht afwijzen. Ze staat niet toe dat hij haar aanraakt of te dichtbij komt. Ze kan hem slaan of iets kapot maken om uiting te geven aan haar ongenoegen.

Wanneer een man gestraft wordt voor het feit dat hij afstand neemt, kan hij bang worden, zodat hij voortaan geen afstand meer durft te nemen. Zijn natuurlijke cyclus is doorbroken. Ook kan het hem zo boos maken dat zijn verlangen naar intimiteit geblokkeerd raakt. Hij kan zich ook helemáál losmaken.

2. Emotioneel

Wanneer hij terugkomt, is ze ongelukkig en maakt hem verwijten. Ze vergeeft hem niet dat hij haar verwaarloosd heeft. Het lukt hem niet haar een plezier te doen of gelukkig te maken. Hij voelt zich niet in staat haar behoeften te vervullen en geeft het op.

Als hij terugkomt, geeft ze uiting aan haar afkeuring door middel van woorden, de toon van haar stem en gekwetste blikken.

3. Geestelijk

Wanneer hij terugkomt, weigert ze zich open te stellen en over haar gevoelens te praten. Ze wordt kil en neemt hem kwalijk dat hij zich uit en praat.

Ze vertrouwt er niet langer op dat hij echt om haar geeft en straft hem door hem niet de kans te geven te luisteren en iets goed te doen. Wanneer hij vrolijk terugkomt, mag hij naar het verdomhoekje.

Als een man zich gestraft voelt voor zijn gedrag kan hij bang worden dat hij haar liefde kwijtraakt als hij afstand neemt. Hij krijgt het gevoel dat hij haar liefde niet waard is als hij zich terugtrekt. Hij durft niet meer om haar liefde te vragen omdat hij zich onwaardig voelt: hij wordt toch afgewezen. Deze angst voor afwijzing kan ervoor zorgen dat hij niet meer uit zijn afzondering komt.

De invloed van het verleden op de intimiteitscyclus van de man

De natuurlijke cyclus van een man kan al in zijn jeugd verstoord zijn geraakt. Hij kan bang zijn om zich los te maken, omdat hij heeft meegemaakt dat zijn moeder het zijn vader kwalijk nam als die in emotioneel opzicht afstand nam. Zo'n man weet misschien niet eens dat hij zich af en toe los moet maken. Hij kan onbewust argumenten bedenken om te rechtvaardigen dat hij afstand neemt.
Dit soort man ontwikkelt vanzelf meer zijn vrouwelijke kant, maar hij onderdrukt daarbij een gedeelte van zijn mannelijke kracht. Hij is een gevoelige man. Hij doet hevige pogingen zijn partner te behagen en liefdevol te zijn, maar een deel van zijn mannelijkheid schiet er daarbij in. Hij voelt zich schuldig als hij afstand wil nemen. Zonder te weten wat er gebeurt verliest hij zijn verlangen, zijn kracht en zijn hartstocht; hij wordt passief of zeer afhankelijk. Hij kan angst hebben om alleen te zijn of zich af te zonderen. Hij denkt misschien dat hij het niet prettig vindt om alleen te zijn, omdat hij diep van binnen bang is de liefde van zijn partner te verspelen. Hij heeft in zijn jeugd al meegemaakt dat zijn moeder zijn vader afwees of hemzelf afwees.
Sommige mannen weten dan misschien niet hoe ze afstand moeten nemen, anderen weten weer niet hoe ze intiem moeten raken. Het macho-type heeft geen moeite met afstand nemen, maar wel met terugkomen en zich openstellen. Diep van binnen is hij misschien bang dat hij geen liefde waard is. Hij is bang voor nabijheid en diepe gevoelens. Hij kan zich er geen voorstelling van maken hoe welkom hij zou zijn als hij dichterbij kwam. Zowel bij het gevoelige als bij het macho-achtige type ontbreekt een positief ervaringsbeeld in hun natuurlijke intimiteitscyclus.

Het is van groot belang dat zowel vrouwen als mannen deze intimiteitscyclus begrijpen. Sommige mannen voelen zich schuldig als ze er behoefte aan hebben zich een poosje af te zonderen, of ze raken in de war als ze afstand nemen en vervolgens weer 'terugveren'. Ze kunnen denken dat er iets mis is met hen. Het is voor beide partijen een hele opluchting als ze weten hoe dat proces bij mannen verloopt.

Wijze mannen en vrouwen

Mannen realiseren zich doorgaans niet wat voor uitwerking het proces van afstand nemen en terugkeren op vrouwen heeft. Als een man eenmaal weet welke invloed het op een vrouw heeft, zal hij het belang gaan inzien van oprecht luisteren als zij iets zegt. Hij begrijpt en respecteert haar behoefte aan geruststelling: ze wil weten of hij nog in haar geïnteresseerd is en nog om haar geeft. Een man die verstandig is, neemt, als hij geen behoefte aan afzondering heeft, er de tijd voor om een gesprek te beginnen door aan zijn partner te vragen hoe zij zich voelt.
Hij krijgt zo meer inzicht in zijn eigen cyclus en geeft haar als hij zich terugtrekt de geruststelling dat hij weer terugkomt. Hij kan dan zeggen: 'Ik moet even alleen zijn. Daarna kunnen we een poosje samen zijn zonder ergens door afgeleid te worden.' Of als hij behoefte aan afstand krijgt terwijl ze aan het praten is, kan hij zeggen: 'Ik moet er even over nadenken. Daarna kunnen we weer verder praten.'

> *Hij krijgt zo meer inzicht in zijn cyclus en geeft haar als hij zich terugtrekt de geruststelling dat hij weer terugkomt*

Als hij terugkomt om verder te praten, kan zij proberen uit te zoeken waarom hij is weggegaan. Als hij dat niet goed weet, wat vaak het geval is, kan hij zeggen: 'Ik weet het niet zeker. Ik moest gewoon even alleen zijn. Maar laten we verder gaan met ons gesprek.'
Hij is zich er beter van bewust dat zij er behoefte aan heeft dat hij luistert wanneer hij er weer helemaal bij is. Bovendien weet hij dat luisteren hem helpt te ontdekken wat hij zelf kwijt wil.
Als een vrouw een gesprek wil beginnen, doet zij er verstandig

aan niet te eisen dat een man iets zegt, maar te vragen of hij goed naar haar wil luisteren. Aangezien de nadruk dan ergens anders ligt, valt de druk van hem af. Zij leert zich uiten en over haar gevoelens praten zonder van hem te eisen dat hij hetzelfde doet.
Zij vertrouwt erop dat hij zich geleidelijk aan meer zal gaan uiten als hij zich meer geaccepteerd voelt en meer naar haar geluisterd heeft. Ze straft hem niet en holt niet achter hem aan. Ze begrijpt dat haar vertrouwelijke gevoelens bij hem soms een behoefte aan afzondering doen ontstaan, terwijl hij op andere momenten (als hij op de weg terug is) juist weer heel goed naar haar gevoelens kan luisteren. Deze wijze vrouw geeft het niet op. Omdat ze iets weet dat weinig vrouwen weten, houdt ze geduldig en liefderijk vol.

7. *Vrouwen zijn net golven*

Een vrouw is als een golf: als ze zich bemind voelt, maakt haar gevoel van eigenwaarde een op- en neergaande golfbeweging door. Als ze zich echt goed voelt bereikt ze een piek, maar haar stemming kan ineens omslaan en dan stort de golf neer. Dan zit ze in een tijdelijk dieptepunt. Nadat ze op het laagste punt is aangekomen, komt er weer verandering in haar stemming en zal ze weer een positiever zelfbeeld krijgen. Haar golf gaat vanzelf weer omhoog.
Als de vrouw in een opwaartse beweging zit, voelt ze een overvloed aan liefde in zich, maar als hij dalend is voelt ze een innerlijke leegte en moet weer liefde 'bijtanken'. Zo'n dieptepunt is een goed tijdstip voor een emotionele schoonmaak.

Het gevoel van eigenwaarde van de vrouw stijgt en daalt in een golfbeweging. Het dieptepunt is een goed moment voor een emotionele schoonmaak

Als ze negatieve gevoelens heeft onderdrukt of zich iets heeft ontzegd om meer te kunnen geven toen ze aan haar piek zat, begint ze die negatieve gevoelens en onvervulde behoeften te voelen als ze in de neerwaartse beweging zit. Vooral tijdens zo'n dieptepunt heeft ze er behoefte aan over haar problemen te praten, gehoor te vinden en begrepen te worden.
Mijn vrouw, Bonnie, zegt dat ze deze neerwaartse beweging voelt als afdalen in een diepe put. Als een vrouw in de put zit zakt ze weg in haar onbewuste, in duisternis en verwarrende gevoelens. Ze kan plotseling een massa onduidelijke emoties en vage gevoelens over zich heen krijgen. Ze kan zich wanhopig voelen, denken dat ze er helemaal alleen voor staat. Maar zodra ze zich bemind en gesteund voelt, zal ze zich vanzelf weer beter gaan voelen en weer liefde uitstralen in haar vriendschappen en relaties.
Het vermogen van een vrouw om liefde te geven en te ontvangen

in relaties is meestal een afspiegeling van haar zelfbeeld. Als ze niet zo'n goed gevoel over zichzelf heeft, kan ze ook niet zo veel acceptatie en waardering voor haar partner opbrengen. Als het haar niet goed gaat kan ze niet veel aan en reageert zeer emotioneel. Als haar golfbeweging het laagste punt heeft bereikt, is ze kwetsbaarder en heeft ze meer liefde nodig. Het is van groot belang dat haar partner begrijpt wat ze op zo'n moment nodig heeft, anders kan hij onredelijke eisen aan haar stellen.

Hoe mannen op de golfbeweging reageren

Als een man van een vrouw houdt, begint ze liefde en tevredenheid uit te stralen. De meeste mannen verwachten domweg dat ze eeuwig zo blijft stralen. Als hij denkt dat haar liefdevolle aard constant is, is dat echter ongeveer hetzelfde als denken dat het weer nooit verandert en de zon altijd blijft schijnen. Het leven kent vele ritmes: dat van dag en nacht, warm en koud, zomer en winter, lente en herfst, bewolkt en onbewolkt. Zo gaat het ook in relaties: mannen en vrouwen hebben ritmes, cycli. Mannen trekken zich terug en komen weer dichterbij, terwijl vrouwen een golfbeweging kennen in hun vermogen zichzelf en anderen lief te hebben.

In relaties nemen mannen afstand en komen weer dichtbij, terwijl bij vrouwen het vermogen om zichzelf en anderen lief te hebben toe- en afneemt.

Een man denkt dat de plotselinge verandering in haar stemming alleen uit zijn gedrag voortkomt. Als ze gelukkig is is dat zijn verdienste, maar als ze ongelukkig is voelt hij zich ook verantwoordelijk. Hij kan zich uiterst gefrustreerd voelen, omdat hij niet weet wat hij eraan kan doen. Het ene moment lijkt ze blij, zodat hij denkt dat hij het goed doet, het volgende moment is ze ongelukkig. Dat is een klap voor hem, want hij dacht dat hij het zo goed deed.

Niet proberen er iets aan te doen

Bill en Mary waren al zes jaar getrouwd. Bill had die golfbeweging bij Mary wel opgemerkt, maar omdat hij er niets van begreep, probeerde hij er iets aan te doen, waardoor het juist allemaal erger werd. Hij dacht dat haar neiging om zich de ene keer heel goed te

voelen en dan weer stukken minder, niet goed was. Hij legde haar altijd uit dat ze zich nergens druk om hoefde te maken. Mary voelde zich dan nog meer onbegrepen en dus nog ellendiger.
Hoewel hij dacht dat hij er iets aan deed, voorkwam hij in feite dat zij zich beter ging voelen. Wat hij moest leren is dat als een vrouw in de put zit, zij hem meer dan ooit nodig heeft, en dat het geen probleem is dat opgelost of verholpen moet worden, maar een gelegenheid om haar met onvoorwaardelijke liefde te steunen.

> Bill zei: 'Ik begrijp niets van mijn vrouw. Wekenlang is ze een fantastische vrouw. Ze geeft mij en iedereen onvoorwaardelijk haar liefde. En dan ineens wordt alles wat ze voor iedereen doet haar te veel en kan ze niets goeds meer aan me ontdekken. Ik kan het niet helpen dat ze ongelukkig is. Ik leg dat aan haar uit en dan krijgen we de grootste ruzie.'

Zoals zo veel mannen maakte Bill de fout dat hij probeerde zijn partner ervan te weerhouden weg te zakken of in de put te zitten. Hij probeerde haar uit alle macht omhoog te trekken. Hij wist nog niet dat zijn vrouw bij zo'n neergaande beweging eerst het dieptepunt moest bereiken om dan weer op te kunnen krabbelen.
Als Mary, zijn vrouw, begon in te storten was haar eerste symptoom dat alles haar te veel werd. In plaats van met zorg, warmte en medeleven naar haar te luisteren, begon hij haar op te monteren door haar uit te leggen waarom ze niet overstuur hoefde te zijn.
Het laatste waar een vrouw behoefte aan heeft als ze in de put zit, is iemand die haar vertelt waarom ze dat niet moet doen. Wat ze nodig heeft is iemand die bij haar is als ze wegzakt, naar haar luistert als ze vertelt wat ze voelt, en zich inleeft. Al kan een man niet altijd begrijpen waarom het een vrouw te veel wordt, hij kan haar in ieder geval zijn liefde, aandacht en steun bieden.

Waardoor mannen in de war raken

Toen Bill had geleerd hoe die golfbeweging bij de vrouw werkt, was hij toch nog verward. De volgende keer dat zijn vrouw in de put leek te zitten, deed hij zijn best naar haar te luisteren. Terwijl ze praatte over een aantal dingen die haar dwars zaten, oefende hij zich erin niets te doen om het te verhelpen of haar zich beter te la-

ten voelen. Na een minuut of twintig raakte hij van slag omdat ze zich nog niet beter voelde.
Hij zei tegen me: 'Eerst luisterde ik, en toen leek ze los te komen en meer te vertellen. Maar toen raakte ze nog meer van streek. Het leek wel of ze meer van streek raakte naarmate ik langer luisterde. Ik zei tegen haar dat ze zich niet nog meer van streek moest maken en toen kregen we een enorme ruzie.'
Hoewel Bill naar Mary luisterde, probeerde hij nog steeds alles voor haar op te lossen. Hij verwachtte dat ze meteen zou opknappen. Wat Bill niet wist was dat als een vrouw in de put zit en iemand haar steunt, dat nog niet betekent dat ze zich direct beter voelt. Ze kan zich zelfs slechter gaan voelen. Maar dat kan een teken zijn dat de hulp aanslaat. Door zijn steun kan ze juist sneller een dieptepunt bereiken, waarna ze zich beter kan en zal voelen. Om er weer bovenop te komen moet ze eerst heel diep zijn gegaan. Zo verloopt die cyclus.
Bill was in de war, omdat ze toen hij luisterde niets aan zijn hulp leek te hebben. Het leek wel of ze juist dieper wegzakte. Om die verwarring te vermijden moet een man goed onthouden dat als hij erin slaagt een vrouw te helpen, zij soms eerst nog meer van streek raakt. Door te begrijpen dat haar golf eerst een dieptepunt bereikt moet hebben om daarna weer te kunnen stijgen, kan hij de verwachting loslaten dat zij als reactie op zijn hulp onmiddellijk opknapt.

Ook al slaagt een man erin een vrouw te steunen, toch kan ze eerst nog meer van streek raken

Toen hij dat eenmaal wist, kon Bill meer begrip en geduld voor Mary opbrengen. Nadat hij Mary beter had leren steunen als ze in de put zat, leerde hij ook dat het niet te voorspellen was hoe lang ze van streek zou blijven; de ene keer zat ze dieper in de put dan de andere keer.

Steeds terugkerende gesprekken en ruzies

Als een vrouw er weer bovenop krabbelt wordt ze meestal weer haar liefdevolle zelf. Deze verschuiving in positieve richting wordt door mannen meestal verkeerd begrepen. Een man denkt steevast dat datgene wat haar dwars zat nu helemaal over of opge-

lost is, maar dat is niet zo. Dat is een illusie. Omdat ze plotseling liefdevoller en positiever is, gaat hij van de verkeerde veronderstelling uit dat alles nu verwerkt is.
Bij de volgende neerwaartse beweging komen dezelfde zaken weer naar voren. Als haar problemen weer gaan spelen wordt hij ongeduldig, omdat hij denkt dat ze al waren opgelost. Zolang hij de golfbeweging niet begrijpt, valt het hem moeilijk haar serieus te nemen en te ontzien als ze in de put zit.

Mannen kunnen als volgt reageren wanneer onverwerkte problemen of gevoelens weer gaan spelen:

1. 'Hoe vaak moeten we het daar nog over hebben?'
2. 'Ik weet het nou wel.'
3. 'Ik dacht dat we dat allemaal al geregeld hadden.'
4. 'Wanneer hou je daar nu eens over op?'
5. 'Ik wil het hier niet meer over hebben.'
6. 'Wat een waanzin! We hebben alwéér dezelfde ruzie!'
7. 'Wat heb je toch altijd een problemen!'

Als een vrouw in een dal raakt, komt dat wat het diepst zit naar boven. Het kunnen relatieproblemen zijn, maar meestal zijn het zwaar emotioneel beladen kwesties die al speelden in vorige relaties of in haar jeugd. Dan komt alles uit het verleden dat niet geheeld of verwerkt is weer naar boven.

Tekenen die erop wijzen dat ze in de put raakt of dat ze zijn liefde heel hard nodig heeft

ze heeft het gevoel dat ze het niet aankan	'Er is zo veel te doen.'
ze voelt zich onzeker	'Ik heb meer nodig.'
ze voelt wrok	'Ik doe álles hier.'
ze is bezorgd	'Maar ... dan?'
ze is in de war	'Ik begrijp niet waarom...'
ze is doodmoe	'Ik ben doodop.'
ze voelt zich wanhopig	'Ik weet niet wat ik moet doen.'
ze is passief	'Het kan me niet schelen, doe maar wat je wilt.'

ze is veeleisend	'Je moest eens...'
ze is afwerend	'Nee, ik wil niet...'
ze voelt wantrouwen	'Wat bedoel je daarmee?'
ze is bazig	'En, heb je...?'
ze is afkeurend	'Hoe kon je... nou vergeten?'

Naarmate ze zich op zulke moeilijke momenten meer gesteund weet, zal ze meer vertrouwen in de relatie krijgen en als ze in de put zit, er weer uit kunnen komen zonder conflicten en al te veel strijd. Dat zijn de zegeningen van een liefdevolle relatie.
Een vrouw zal steun tijdens haar depressies hogelijk waarderen. Ze zal zich langzamerhand los weten te maken van de greep van het verleden. Ze zal nog wel haar ups en downs hebben, maar die zullen niet meer zo extreem zijn dat ze een schaduw werpen op haar liefdevolle aard.

Begrip voor de behoeften van de vrouw

Tijdens een van mijn relatiecursussen uitte Tom de volgende klacht: 'In het begin van onze relatie leek Susan zo sterk, maar toen sloeg dat plotseling om. Ik weet nog dat ik haar ervan probeerde te overtuigen dat ik van haar hield en dat ze belangrijk voor me was. Na heel veel praten hadden we die hindernis genomen, maar een maand later ging ze weer door die hele fase van onzekerheid heen. Het leek wel of ze me de eerste keer gewoon niet gehoord had. Ik raakte daar zo gefrustreerd van dat we een enorme ruzie kregen.'

Het verbaasde Tom dat zo veel andere mannen hetzelfde ervaren hadden in hun relatie. Toen Tom Susan ontmoette, zat zij in een opwaartse beweging. Naarmate hun relatie voortschreed, nam Susans liefde voor Tom toe. Toen ze het hoogtepunt voorbij was, werd ze echter plotseling zwak en bezitterig. Ze werd onzeker en vroeg meer aandacht.
Dat was het begin van haar neerwaartse beweging. Tom begreep maar niet waarom ze zo veranderd was, maar na een nogal intense discussie die uren duurde, voelde Susan zich veel beter. Tom had haar verzekerd dat hij van haar hield en haar wilde steunen, en Susan 'zat' nu weer in de 'lift'. Ze voelde zich van binnen opgelucht.
Na deze gesprekken dacht Tom dat hij erin geslaagd was dit pro-

bleem in hun relatie uit te weg te ruimen. Maar een maand later stortte Susan weer in en dezelfde gevoelens keerden terug. Deze keer begreep en accepteerde Tom haar veel minder. Hij werd ongeduldig. Hij was beledigd dat ze hem wéér wantrouwde, terwijl hij haar een maand geleden nog van zijn liefde overtuigd had. Uit zelfverdediging beoordeelde hij haar steeds terugkerende behoefte aan geruststelling negatief. Het gevolg was ruzie.

Geruststellende inzichten

Toen hij de 'golfcyclus' van de vrouw begreep, realiseerde Tom zich dat Susans steeds weerkerende momenten van zwakte en onzekerheid niet te vermijden en van tijdelijke aard waren. Hij realiseerde zich hoe naïef hij was geweest te denken dat zijn liefdevolle respons op Susans diepst zittende problemen haar voorgoed zouden kunnen genezen. Toen Tom erin slaagde Susan te steunen als ze in de put zat, viel het haar niet alleen gemakkelijker om van binnen te genezen, maar kregen ze op die momenten ook geen ruzie meer. Tom putte moed uit de volgende drie inzichten:

1. De liefde en steun van een man kunnen niet zomaar alles waar een vrouw mee zit uit de weg ruimen. Wel kan zijn liefde het er voor haar gemakkelijker op maken 'dieper te gaan'. Het is naïef te verwachten dat een vrouw altijd een toonbeeld van liefde is. Hij mag verwachten dat deze problemen steeds weer naar boven zullen komen. Hij zal haar echter steeds beter leren steunen.

2. Als een vrouw in de put zit is dat niet de schuld van de man, heeft hij niet gefaald. Door haar meer steun te geven kan hij níet voorkomen dat het gebeurt, maar hij kan haar wel door deze moeilijke perioden heen helpen.

3. Een vrouw heeft genoeg veerkracht in zich om spontaan weer op te krabbelen na een dieptepunt. Een man hoeft haar niet te 'repareren'. Ze is niet kapot, ze heeft alleen maar behoefte aan zijn liefde, geduld en begrip.

Wanneer een vrouw zich in de put niet veilig voelt...

Deze golfneiging neemt toe wanneer een vrouw een intieme relatie heeft. Om goed door de cyclus heen te komen moet ze zich veilig voelen, anders zal ze doen alsof er niets aan de hand is en onderdrukt ze haar negatieve gevoelens.
Als een vrouw zich niet veilig genoeg voelt om een dieptepunt te beleven, is haar enige alternatief intimiteit en seks mijden, of haar gevoelens onderdrukken en het zwijgen opleggen door middel van drank, te veel eten, werken of zorgen. Maar ook mét verslavingen kan ze in de put raken, en dan de greep op haar gevoelens helemaal verliezen.
U kent waarschijnlijk die verhalen wel over echtparen die nooit vechten of ruzie maken en dan ineens tot een ieders verbazing besluiten te gaan scheiden. In veel van deze gevallen heeft de vrouw haar negatieve gevoelens onderdrukt om hevige ruzie te voorkomen. Dientengevolge stompt ze af en kan geen liefde meer voelen. Als negatieve gevoelens onderdrukt worden, gebeurt hetzelfde met positieve gevoelens, en verdwijnt de liefde. Het is gezond woordenwisselingen en ruzie te vermijden, maar niet door het onderdrukken van gevoelens. In hoofdstuk 9 onderzoeken we hoe ruzie vermeden kan worden zonder gevoelens te onderdrukken.

Als negatieve gevoelens onderdrukt worden, gebeurt hetzelfde met positieve gevoelens en verdwijnt de liefde

De emotionele schoonmaak

Als de vrouw in een dal komt te zitten, is het tijd voor een emotionele schoonmaak of opruiming. Zonder deze schoonmaak of reiniging raakt een vrouw langzaam maar zeker haar vermogen lief te hebben en te groeien in de liefde kwijt. Door een systematische verdringing van haar gevoelens raakt de natuurlijke golfbeweging geblokkeerd en wordt ze mettertijd gevoelloos en zonder hartstocht.
Sommige vrouwen die niets met hun negatieve gevoelens doen en zich verzetten tegen de natuurlijke golfbeweging in hun gevoel, hebben last van het premenstruele syndroom (PMS). Er is een sterk verband tussen PMS en het onvermogen om op een positieve manier met negatieve gevoelens om te gaan. In sommige gevallen waarin vrouwen leerden met hun gevoelens om te gaan, verdween het PMS. In hoofdstuk 11 zullen we enkele genezings-

methoden voor het aanpakken van negatieve gevoelens bekijken.
Zelfs een sterke, succesrijke vrouw met veel zelfvertrouwen heeft haar dieptepunten. Mannen maken meestal de fout te denken dat als hun vrouwelijke partner succes heeft in het zakenleven, zij deze emotionele opruiming niet kent. Het tegendeel is waar.
In haar werkkring staat een vrouw meestal bloot aan spanningen en emotionele vervuiling. Haar behoefte aan emotionele zuivering neemt toe. Zo neemt ook de behoefte van een man aan afstand toe wanneer de druk op zijn werk toeneemt.
In een studie wordt aangetoond dat het gevoel van eigenwaarde van de vrouw in het algemeen een golfbeweging van tussen de eenentwintig en vijfendertig dagen vertoont. Er is geen onderzoek verricht naar hoe vaak een man de behoefte heeft om zich terug te trekken, maar mijn ervaring is dat dat ongeveer even vaak is. De eigenwaarde-cyclus van de vrouw loopt niet noodzakelijkerwijs synchroon met haar menstruatiecyclus, maar het komt wel neer op een gemiddelde van achtentwintig dagen.
Als een vrouw haar mantelpakje aantrekt, kan ze deze emotionele schommeling van zich afzetten, maar als ze weer thuiskomt, heeft ze de tedere, liefdevolle steun van haar partner nodig, zoals elke vrouw op zulke momenten.
Men moet zich wel realiseren dat de neiging bij tijd en wijle in een dal te zitten niet hoeft te betekenen dat een vrouw haar werk niet aankan, maar het heeft wel veel invloed op haar communicatie met de mensen in haar naaste omgeving, van wie ze houdt en die ze nodig heeft.

Hoe een man een vrouw kan steunen als ze in de put zit

Een verstandig man doet er alles aan om een vrouw de ruimte te geven voor deze op- en neergaande golfbeweging. Hij schort zijn oordelen en eisen op en leert hoe hij de benodigde steun moet geven. Hij krijgt daarvoor een relatie terug die met de jaren wint aan liefde en hartstocht.
Hij moet misschien een paar emotionele stormen of perioden van droogte doorstaan, maar de beloning is des te groter. De niet-ingewijde man lijdt nog onder stormen en droogteperioden, maar omdat hij niet de kunst verstaat zijn vrouw te steunen als zij in de put zit, groeit hun liefde niet en wordt langzamerhand verdrongen.

Als zij in de put zit en hij in het hol

Harris vertelde: 'Ik heb alles dat ik op de cursus heb geleerd geprobeerd. Het werkte echt. We waren zo dicht bij elkaar. Ik voelde me in de zevende hemel. Toen begon Cathy, mijn vrouw, plotseling te klagen dat ik te veel tv keek. Ze begon me te behandelen alsof ik een kind was. We kregen een gigantische ruzie. Ik weet niet wat er nou eigenlijk was. Het ging zo goed.'

Dit is een voorbeeld van wat er kan gebeuren als de golf en het elastiek tegelijk in beweging komen. Na de cursus was Harris erin geslaagd zijn vrouw en gezin meer te geven dan hij ooit gedaan had. Cathy was verrukt. Ze kon het niet geloven. Ze waren dichter bij elkaar dan ze ooit geweest waren. Het was voor haar een piekervaring. Dat duurde zo een paar weken en toen besloot Harris op een avond wat langer op te blijven en tv te kijken. Zijn elastiek begon wat minder strak te staan. Hij had er behoefte aan zich terug te trekken in zijn hol.

Toen hij afstand nam, was Cathy zwaar gekwetst. Ze kwam in een neerwaartse beweging. Ze zag zijn neiging tot afzondering als het einde van haar pasverworven intimiteit met hem. De paar voorafgaande weken waren helemaal geweest zoals ze zich maar wensen kon en ze dacht dat ze dat nu ging verliezen. Al sinds ze heel klein was had ze van dit soort intimiteit gedroomd. Dat hij zich terugtrok schokte haar enorm. Op het kwetsbare kind in haar kwam dit over als een peuter een snoepje geven en het dan weer afpakken. Ze raakte erg overstuur.

De logica der Mars- en Venusbewoners

Cathy's gevoel dat ze in de steek gelaten werd zou voor een Marsbewoner moeilijk te begrijpen zijn. Zijn logica zou hem zeggen: 'Ik heb het de afgelopen twee weken zo goed gedaan. Zou ik nu niet eventjes vrij mogen hebben? Ik heb je steeds maar gegeven, nu mag ík even. Je zou je veiliger en zekerder van mijn liefde moeten voelen dan ooit.'

De logica der Venusbewoners zet deze ervaring in een ander licht: 'Deze afgelopen paar weken zijn zo fantastisch geweest. Ik heb me meer dan ooit tegenover je geuit. Je liefdevolle aandacht kwijtraken is nu pijnlijker dan ooit. Ik begon net eruit los te komen en nu trek je je terug.'

Als oude gevoelens weer bovenkomen

Door niet haar volledige vertrouwen te schenken en zich niet volledig te uiten, had Cathy er jaren lang voor gewaakt niet gekwetst te worden. Maar toen ze twee weken door liefde omringd werd, begon ze zich meer te geven dan ze ooit als volwassene gedaan had. De steun van Harris gaf haar zo'n veilig gevoel dat haar oude gevoelens weer konden bovenkomen.

Plotseling voelde ze zich weer als toen ze een kind was en haar vader het te druk voor haar had. Haar niet-verwerkte gevoelens van woede en hulpeloosheid werden geprojecteerd op de tv-kijkende Harris. Als ze die gevoelens niet had gekregen, had Cathy er totaal geen moeite mee gehad dat Harris tv wilde kijken.

Omdat haar gevoelens van vroeger weer boven kwamen, voelde ze zich gekwetst toen hij tv keek. Als ze de kans had gekregen om over haar pijn te praten en er dieper op in te gaan, zouden er hevige emoties losgekomen zijn. Cathy zou in een diep dal terecht zijn gekomen en daarna zou ze zich aanmerkelijk beter hebben gevoeld. Ze zou weer in de intimiteit geloofd hebben, ondanks de wetenschap dat hij zich af en toe even los moet maken en dat dat pijnlijk is.

Als gevoelens gekwetst worden...

Harris begreep dus niet waarom ze gekwetst was. Hij zei tegen haar dat het niet nodig was. En toen begon de ruzie. Tegen een vrouw zeggen dat ze niet gekwetst moet zijn is zo'n beetje het ergste dat een man kan doen. Ze raakt nog meer gekwetst, alsof iemand zout in een open wond wrijft.

Als een vrouw zich gekwetst voelt, kan ze verwijtend overkomen, maar als ze liefde en begrip krijgt, verdwijnt haar verwijtende houding. Probeer haar niet uit te leggen waarom ze zich niet gekwetst hoeft te voelen, want dat maakt de zaak er alleen maar erger op.

Soms kan een vrouw die zich gekwetst voelt, verstandelijk wel inzien dat ze daar geen reden toe heeft, maar gevoelsmatig ervaart ze het toch zo en dan wil ze niet horen dat ze zich niet gekwetst moet voelen. Wat ze nodig heeft is begrip voor de reden waaróm.

Harris begreep Cathy's reactie van gekwetst zijn helemaal verkeerd. Hij dacht dat zij van hem eiste dat hij nooit meer tv zou kijken. Dat was niet het geval. Ze wilde alleen maar dat hij wist hoe pijnlijk het voor haar was.

Vrouwen vertrouwen er instinctief op dat als ze nu maar gehoor vinden voor hun klacht, hun partner er wel iets aan zal doen. Toen Cathy vertelde hoe gekwetst ze was, hoefde haar partner alleen maar te luisteren en haar gerust te stellen door te zeggen dat hij niet meer de oude Harris zou worden, die aan de tv verslaafd was en niet emotioneel aanspreekbaar.

Harris had er natuurlijk recht op om tv te kijken, maar Cathy had er ook recht op overstuur te zijn. Ze had recht op aandacht, begrip en geruststelling. Harris deed er niet fout aan tv te kijken, en Cathy deed er niet fout aan van streek te zijn.

Omdat Harris Cathy's golfbeweging niet begreep, vond hij haar reactie oneerlijk. Hij dacht dat hij haar gevoelens ontkende als hij tv wilde kijken. Hij werd geïrriteerd en dacht: ik kan toch niet de hele tijd liefdevol en intiem zijn!

Harris dacht dat hij, als hij haar gevoelens serieus nam, nooit meer tv mocht kijken en niet zijn eigen leven kon leiden en zichzelf zijn. Hij maakte ruzie om tv te mogen kijken, terwijl Cathy alleen maar wilde dat hij naar haar luisterde. Ze maakte ruzie om gekwetst en overstuur te mogen zijn.

Mannen maken ruzie om het recht op vrijheid, en vrouwen om het recht van streek te zijn. Mannen willen ruimte en vrouwen willen begrip

Het oplossen van conflicten door wederzijds begrip

Het was naïef van Harris te denken dat Cathy's woede, wrok en haar gevoel van machteloosheid die het gevolg waren van twaalf jaar verwaarlozing, na twee weken van verliefdheid zomaar zouden verdwijnen.

Het was van Cathy net zo naïef te denken dat Harris op haar en het gezin gericht zou kunnen blijven zonder zich af en toe terug te trekken en tijd voor zichzelf te nemen.

Toen Harris afstand nam, begon Cathy's golf over zijn hoogste punt heen te raken. Haar onverwerkte gevoelens begonnen boven

te komen. Haar reactie werd niet veroorzaakt door het feit dat Harris die avond tv keek, maar door de jaren van verwaarlozing. Hun woordenwisseling eindigde in geschreeuw.
Door wat er gebeurd was in een groter verband te plaatsen konden ze hun conflict oplossen en de ruzie bijleggen. Harris begreep dat Cathy aandrang kreeg emotionele opruiming te houden toen hij zich terugtrok. Ze moest over haar gevoelens praten en serieus genomen worden. Harris putte moed uit het besef dat ze vocht om aandacht, zoals hij vocht voor zijn vrijheid. Hij leerde dat zij hem kon steunen in zijn behoefte aan vrijheid, als hij haar steunde in haar behoefte aan aandacht.

Doordat hij haar meer aandacht gaf, kon zij hem meer ruimte geven

Cathy begreep dat Harris niet de bedoeling had haar gevoelens te ontkennen. Bovendien begreep ze dat hij, ook al nam hij afstand, zou terugkomen en dat de intimiteit ook zou terugkeren. Ze ging begrijpen dat hij door de toenemende intimiteit behoefte aan afstand had gekregen. Zij kwam erachter dat hij zich onder druk gezet voelde toen ze gekwetst was en hij raakte ervan doordrongen dat het niet haar bedoeling was geweest hem te zeggen wat hij moest doen.

Wat een man kan doen als hij niet in staat is te luisteren

Harris vroeg: 'Wat moet ik doen als ik niet luisteren kán en ik behoefte heb aan afzondering? Soms begin ik te luisteren en dan word ik rázend.'
Ik verzekerde hem dat dit normaal is. Als zij in de put dreigt te raken en veel behoefte aan aandacht heeft, komt zijn elastiek in beweging en krijgt hij behoefte aan afstand. Hij kan haar niet geven wat zij nodig heeft. Harris herkende dat helemaal en zei: 'Ja, dat klopt. Wanneer ik afstand wil nemen, wil zij praten.'
Wanneer een man behoefte heeft aan afstand en een vrouw aan praten, wordt de situatie er alleen maar slechter op als hij probeert te luisteren. Na een poosje begint hij haar te veroordelen en klapt hij uit elkaar van woede, óf hij wordt ongelooflijk moe of afgeleid, en dan raakt zij nog meer van streek. Als een man niet in staat is aandachtig, en met liefde, begrip en respect te luisteren kan hij drie dingen doen.

De drie dingen die een man kan doen als hij even afstand wil

1. Aanvaard uw beperkingen

Het eerste dat u moet doen is aanvaarden dat u behoefte heeft aan afstand en niets hebt te bieden. Hoe liefdevol u ook wilt zijn, u kunt niet aandachtig luisteren. Probeer niet te luisteren als u dat niet kunt.

2. Begrijp haar verdriet

Vervolgens moet u begrijpen dat ze meer nodig heeft dan u op dit ogenblik kunt geven. Haar verdriet heeft bestaansrecht. Wrijf haar niet aan dat ze meer nodig heeft of gekwetst is. Het doet pijn om je in de steek gelaten te voelen als je liefde nodig hebt. Het is niet verkeerd dat u ruimte nodig hebt of dat zij nabijheid wil. U bent misschien bang dat ze het u niet zal vergeven of u niet zal vertrouwen. De kans daarop is minder als u zorgzaam bent en begrip heeft voor haar verdriet.

3. Vermijd ruzie en stel haar gerust

Door te begrijpen dat ze gekwetst is keurt u haar gedrag niet af. Hoewel u haar niet de steun kunt geven die ze nodig heeft, kunt u erger voorkomen door geen ruzie te maken. Stel haar gerust door te zeggen dat u terugkomt en haar dan de steun kunt geven die ze verdient.

Wat hij kan zeggen in plaats van ruzie maken

Er was niets fout aan de behoefte van Harris om alleen te zijn of tv te kijken; het was ook niet fout dat Cathy gekwetst was. In plaats van ruzie te maken om tv te mogen kijken, had hij bijvoorbeeld tegen haar kunnen zeggen: 'Ik begrijp dat je van slag bent, maar ik heb er nu echt behoefte aan om tv te kijken en me even te ontspannen. Als ik me beter voel kunnen we praten.' Zo krijgt hij de tijd om tv te kijken en heeft meteen gelegenheid om wat af te koelen en zich voor te bereiden op wat hij te horen krijgt over haar gekwetste gevoelens, zonder haar die gevoelens kwalijk te nemen.

Ze vindt zijn reactie misschien niet leuk, maar ze zal die respecteren. Ze wil natuurlijk dat hij zijn gewone liefdevolle zelf is, maar als hij behoefte aan even alleen zijn heeft, is dat een geldige behoefte. Hij kan haar niet geven wat hij niet heeft. Zo voorkomt hij erger. De oplossing ligt in het respecteren van zijn én haar behoeften. Hij moet tijd voor zichzelf nemen en dan terugkomen en haar geven wat zij nodig heeft.

Wanneer een man niet kan luisteren omdat hij even afstand wil nemen, kan hij zeggen: 'Ik begrijp dat je je gekwetst voelt, maar ik heb wat tijd nodig om erover na te denken. Laten we het gesprek even opschorten.' Het is veel beter dat een man zich op deze manier verontschuldigt en ophoudt met luisteren, dan dat hij probeert haar gevoelens weg te praten.

Wat zij kan doen in plaats van ruzie maken

Toen ze deze suggestie hoorde zei Cathy: 'Als hij eenmaal in zijn hol zit, wat moet ik dan? Ik geef hem de ruimte, maar wat krijg ik?'

Wat Cathy krijgt is het beste dat haar partner haar op een gegeven ogenblik te bieden heeft. Door niet van hem te eisen dat hij luistert als zij wil praten, kan ze voorkomen dat de situatie verslechtert door een enorme ruzie. Bovendien krijgt ze steun als hij terugkomt, wanneer hij écht in staat is haar steun te geven.

Bedenk dat een man die even de ruimte wil en zich afzondert, daarna met veel meer liefde terugkomt. Dan kan hij luisteren. Dat is het beste tijdstip om een gesprek te beginnen.

Dat een vrouw accepteert dat een man zijn hol induikt betekent nog niet dat zij de behoefte aan praten hoeft op te geven. Het betekent dat ze niet eist dat hij luistert wanneer zij wil praten. Cathy leerde accepteren dat een man op sommige momenten niet kan luisteren of praten en op andere weer wel. Het was van belang het juiste tijdstip te kiezen. Ze werd aangemoedigd wél een gesprek te blijven beginnen, maar dat dan te doen op de momenten dat hij kon luisteren.

Als een man afstand neemt, is het tijd om meer steun bij vriend(inn)en te gaan halen. Als Cathy behoefte heeft om te praten, maar Harris niet kan luisteren, kan Cathy meer met haar vriend(inn)en gaan praten. Het is voor een man een te zware belasting als hij de enige bron van liefde en steun moet zijn. Als een vrouw in de put raakt, terwijl haar partner zich afzondert, is het van vitaal belang dat ze andere mensen heeft die haar kunnen steunen, want ze zal zich anders machteloos gaan voelen en wrok tegen haar partner gaan koesteren.

Het is te belastend voor een man als hij de enige bron van liefde en steun vormt

Hoe geld tot problemen kan leiden...

Chris zei: 'Ik ben helemaal in de war. Toen we trouwden waren we arm. We werkten allebei hard, maar we hadden nauwelijks genoeg geld voor de huur. Soms klaagde mijn vrouw Pam dat ze zo'n zwaar leven had. Daar kon ik inkomen. Maar nu zijn we rijk. We hebben allebei een geslaagde carrière. Waarom is ze dan nog steeds ongelukkig en klaagt ze nog steeds? Andere vrouwen zouden er alles voor over hebben om in haar schoenen te staan. We hebben alleen maar ruzie. We waren gelukkiger toen we arm waren. Nu willen we scheiden.'

Chris begreep niet dat vrouwen net golven zijn. Toen hij met Pam trouwde, zat ze soms in een neergaande golfbeweging. Op die momenten luisterde hij en begreep hij waarom ze ongelukkig was. Het was voor hem gemakkelijk haar negatieve gevoelens te erkennen, want hij had dezelfde. Ze had in zijn ogen alle reden om van streek te zijn: ze hadden niet veel geld.

Geld voorziet niet in emotionele behoeften

Marsbewoners hebben de neiging te denken dat geld het antwoord op alle problemen is. Toen Chris en Pam nog arm waren en worstelden om het hoofd boven water te houden, luisterde hij en voelde met haar mee en was vastbesloten meer geld te verdienen om haar gelukkig te maken. Pam had het gevoel dat hij echt om haar gaf.

Maar toen alles er in financieel opzicht wat rooskleuriger voorstond, was ze van tijd tot tijd toch nog van streek. Hij begreep maar niet waarom ze nog steeds niet gelukkig was. Hij dacht dat ze nu altijd gelukkig zou zijn omdat ze zo veel geld hadden. Pam had het gevoel dat hij niet om haar gaf.

Chris besefte niet dat geld niet kon voorkomen dat Pam nog wel eens van streek was. Als ze in de put zat hadden ze ruzie, omdat hij haar niet de ruimte liet om van streek te zijn. Ironisch genoeg kregen ze meer ruzie naarmate ze meer geld hadden.
Toen ze nog arm waren, was geld haar belangrijkste zorg, maar toen ze meer financiële zekerheid kregen werd ze zich meer bewust van wat ze miste in emotioneel opzicht. Zo'n ontwikkeling is logisch, normaal en voorspelbaar.

Als de financiële behoeften van de vrouw vervuld zijn, wordt ze zich meer bewust van de emotionele

Rijke vrouwen zijn niet altijd gelukkig

Ik herinner me dat ik het volgende eens in een artikel las: 'Een rijke vrouw kan alleen medeleven krijgen van een rijke psychiater.' Als een vrouw veel geld heeft, ontzeggen de mensen (en dan met name haar echtgenoot) haar het recht om van streek te zijn. Ze krijgt niet de kans haar golfcyclus te doorlopen en af en toe in een dal te zitten. Ze mag haar gevoelens niet verkennen en geen behoeften van wat voor aard dan ook hebben.
Men verwacht van een vrouw met geld dat ze aldoor gelukkig is, omdat haar leven zonder financiële overvloed er veel slechter zou uitzien. Dit te verwachten getuigt van weinig realiteitszin en respect. Een vrouw heeft, ongeacht rijkdom, status, bevoorrechte positie of omstandigheden het recht ergens mee te zitten en een dieptepunt te beleven.
Chris putte moed uit het besef dat hij zijn vrouw gelukkig kon maken. Hij wist nog dat hij de gevoelens van zijn vrouw niet ontkend had toen ze arm waren, en dat kon hij nog steeds, ook al hadden ze nu veel geld. Hij voelde zich niet langer wanhopig, maar besefte dat hij wist hoe hij haar moest steunen. Hij was het spoor bijster geraakt door de gedachte dat geld haar gelukkig zou maken, terwijl de ware bron van haar tevredenheid zijn liefde en begrip waren geweest.

Gevoelens zijn belangrijk

Als een vrouw geen steun krijgt wanneer ze ongelukkig is, kan ze nooit echt gelukkig zijn. Om echt gelukkig te zijn moet een vrouw

de kans krijgen in een dal te geraken, zodat ze haar gevoelens kan uiten, laten helen en zuiveren. Het is een natuurlijk en gezond proces.
Als we positieve emoties als liefde, geluk, vertrouwen en dankbaarheid willen ervaren, moeten we af en toe ook boosheid, droefheid, angst en verdriet voelen. Als een vrouw afdaalt in haar put, kan ze van deze negatieve gevoelens genezen.
Mannen moeten hun negatieve gevoelens ook verwerken om hun positieve te kunnen ervaren. Als een man zijn hol ingaat, beleeft en verwerkt hij in stilte zijn negatieve gevoelens. In hoofdstuk 11 zullen we nader ingaan op een techniek voor het kwijtraken van negatieve gevoelens, die zowel bij mannen als bij vrouwen zijn waarde bewezen heeft.
Als een vrouw in 'de lift zit', kan ze weer tevreden zijn met wat ze heeft. Maar zit ze in een neerwaartse beweging, dan zal ze zich gaan realiseren wat ze allemaal mist. Als ze zich goed voelt, ziet ze de positieve kanten van haar bestaan en doet daar iets mee, maar als ze zich down begint te voelen, vertroebelt dat mooie visioen en begint ze zich te richten op wat ze mist.
Denk aan een glas water dat half gevuld is: het kan als half vol en als half leeg worden beschouwd. Als een vrouw zich goed voelt ziet ze hoe rijk haar leven is; zit ze in de put dan ervaart ze de leegte. De leegte die ze niet ziet als het goed met haar gaat, komt meer in beeld als ze in de put komt te zitten.
Als mannen niet weten dat vrouwen net golven zijn, kunnen ze hun vrouw niet begrijpen en geen steun geven. Ze raken in de war omdat alles zo op het oog beter lijkt te gaan, maar het slechter gaat met de relatie. Als hij zich echter realiseert dat ze hierin anders is dan hij, dan kan hij zijn partner alle liefde geven waar ze recht op heeft op die momenten waarop ze die het hardst nodig heeft.

8. Het verschil in emotionele behoeften

Mannen en vrouwen zijn zich er meestal niet van bewust dat ze verschillende emotionele behoeften hebben. Daardoor weten ze niet instinctief hoe ze elkaar moeten helpen. Typerend hiervoor is dat mannen in een relatie geven wat mannen hebben willen, terwijl vrouwen geven wat vrouwen hebben willen. Ze denken ten onrechte dat de ander dezelfde behoeften en verlangens heeft als zij zelf hebben. Dientengevolge zijn beide partijen uiteindelijk ontevreden en verongelijkt.

Zowel mannen als vrouwen hebben het gevoel dat ze alleen maar geven en niets terugkrijgen. Ze hebben de indruk dat hun liefde niet erkend en gewaardeerd wordt. In feite geven ze allebei liefde, maar niet op de gewenste manier.

Zo denkt een vrouw bijvoorbeeld dat ze liefdevol is als ze heel veel vragen stelt uit zorgzaamheid, of uiting geeft aan haar bezorgdheid. Zoals we al eerder gezien hebben, kan dat voor een man heel irritant zijn. Hij kan het als beklemmend ervaren en ruimte willen. Zij raakt in de war, want als zíj dit soort steun kreeg zou ze dat waarderen. In het beste geval negeert hij haar pogingen tot liefdevol gedrag en in het ergste geval irriteert het hem.

Zo denken mannen ook wel dat ze liefdevol zijn, terwijl de manier waarop ze hun liefde uiten een vrouw het gevoel geeft dat ze niet serieus wordt genomen en geen steun krijgt. Als een vrouw bijvoorbeeld van streek raakt, denkt hij dat hij liefdevol en behulpzaam is als hij iets zegt om haar problemen wat minder ernstig te doen lijken. Hij zou kunnen zeggen: 'Maak je niet druk, het heeft niet zo veel om het lijf.' Of hij negeert haar helemaal, in de veronderstelling dat hij haar op die manier ruimte geeft om stoom af te blazen in haar hol. Wat híj voor steun aanziet geeft háár het gevoel dat haar problemen gebagatelliseerd worden, dat hij niet van haar houdt en haar negeert.

Zoals we al eerder besproken hebben, wil een vrouw als ze van streek is, gehoor vinden en begrip. Een man begrijpt niet waarom zijn pogingen haar te helpen falen, zolang hij geen inzicht heeft in het verschil tussen de behoeften van de man en die van de vrouw.

De twaalf soorten liefde

De meeste van onze complexe emotionele behoeften kunnen worden samengevat als de behoefte aan liefde. Mannen en vrouwen hebben ieder zes unieke behoeften die allemaal even belangrijk zijn. Mannen hebben voornamelijk vertrouwen, acceptatie, waardering, bewondering, goedkeuring en aanmoediging nodig. Vrouwen hebben voornamelijk behoefte aan zorgzaamheid, begrip, respect, toewijding, bevestiging en geruststelling. De enorme taak uit te zoeken wat onze parter nodig heeft wordt er aanzienlijk eenvoudiger op als we inzicht krijgen in deze twaalf verschillende soorten liefde.

Als u de volgende opsomming doorneemt, zult u direct zien waarom uw partner eventueel liefde te kort komt. Maar wat belangrijker is: dit lijstje kan u bij gebrek aan inspiratie een idee geven hoe u uw relatie met de andere sekse kunt verbeteren.

De voornaamste liefdesbehoeften van mannen en vrouwen

Hier volgt een overzicht van de verschillende soorten liefdesbehoeften:

Wat vrouwen nodig hebben	Wat mannen nodig hebben
1. Zorgzaamheid	1. Vertrouwen
2. Begrip	2. Acceptatie
3. Respect	3. Waardering
4. Toewijding	4. Bewondering
5. Bevestiging	5. Goedkeuring
6. Geruststelling	6. Aanmoediging

Inzicht in de primaire behoeften

Iedere man en iedere vrouw heeft uiteindelijk behoefte aan alle twaalf soorten liefde. Als we erkennen dat vrouwen hoofdzakelijk behoefte hebben aan zes soorten liefde, betekent dat nog niet dat mannen deze soorten niet nodig hebben. Mannen hebben ook behoefte aan zorgzaamheid, begrip, respect, toewijding, bevestiging en geruststelling. Wat we bedoelen met 'primaire behoefte' is dat zo'n behoefte vervuld moet worden voordat men in staat is voor de andere soorten liefde volledig open te staan en die te waarderen.

Een primaire behoefte moet vervuld worden voor men volledig in staat is de andere soorten liefde te waarderen en ervoor open te staan

Een man zal pas helemaal ontvankelijk zijn en waardering krijgen voor de zes soorten liefde die de vrouw hoofdzakelijk nodig heeft (zorgzaamheid, begrip, respect, toewijding, bevestiging en geruststelling), wanneer zijn eigen primaire behoeften vervuld zijn. Zo heeft een vrouw ook behoefte aan vertrouwen, acceptatie, waardering, bewondering, goedkeuring en aanmoediging. Maar alvorens ze deze soorten liefde op hun juiste waarde kan schatten, moeten ook háár primaire behoeften vervuld worden. Wanneer u de primaire behoeften van uw partner begrijpt, hebt u een belangrijk wapen in handen voor het verbeteren van uw relaties hier op aarde. Als u niet vergeet dat mannen van Mars komen, zult u beter onthouden en accepteren dat mannen hun eigen primaire behoeften hebben.

Een vrouw geeft vaak wat zijzelf nodig heeft zonder te bedenken dat haar geliefde Marsman behoefte aan iets anders kan hebben. Zo zijn mannen ook op hun eigen behoeften gericht, en verliezen ze daarbij uit het oog dat het soort liefde dat zij nodig hebben niet altijd geschikt is voor of steun biedt aan hun geliefde Venusvrouw.

Wat dit nieuwe inzicht in de liefde zo krachtig en praktisch maakt, is dat deze verschillende soorten liefde een wisselwerking hebben. Als een Marsbewoner bijvoorbeeld zorg en begrip uitstraalt, geeft de Venusbewoner hem vanzelf het vertrouwen en de acceptatie die voor hem een basisbehoefte vormen. Hetzelfde gebeurt als een Venusbewoner vertrouwen uitstraalt: de Marsbewoner zal haar in ruil vanzelf de liefdevolle zorg geven die zij nodig heeft.

In de volgende zes paragrafen zullen we in praktische bewoordingen de twaalf soorten liefde toelichten en laten zien welke wisselwerking zij hebben.

1. Zij heeft zorgzaamheid nodig en hij vertrouwen

Wanneer een man belangstelling toont voor de gevoelens van een vrouw en welgemeende bezorgdheid voor haar welzijn, voelt ze zich met liefdevolle zorg omringd. Wanneer hij haar op deze zorgzame wijze het gevoel geeft dat ze iets voor hem betekent, slaagt hij erin haar eerste primaire behoefte te vervullen. Als vanzelf gaat ze hem meer vertrouwen. Als ze vertrouwen in hem heeft, zal ze zich meer uiten en ontvankelijker zijn.

Als een vrouw zich uit tegenover een man en voor hem openstaat heeft hij het gevoel dat ze hem vertrouwt. Een man vertrouwen is geloven dat hij zijn best doet en dat hij het beste met zijn partner voor heeft. Als de reacties van de vrouw een positief geloof in zijn bekwaamheid en bedoelingen uitstralen, is zijn eerste liefdesbehoefte vervuld. Hij wordt vanzelf zorgzamer en attenter waar het haar gevoelens en behoeften betreft.

2. Zij heeft begrip nodig en hij acceptatie

Wanneer een man zonder vooringenomenheid, maar met medeleven en invoelingsvermogen naar een vrouw luistert als ze over haar gevoelens praat, heeft zij het gevoel dat ze aandacht en begrip krijgt. Begrip tonen betekent nog niet dat je iemands gedachten en gevoelens al kent: ze worden duidelijker naarmate je meer te horen krijgt en ze krijgen geldigheid door het simpele feit dat ze geuit worden. Hoe meer de behoefte aan aandacht en begrip van een vrouw vervuld wordt, des te gemakkelijker is het voor haar haar man de acceptatie te geven die hij nodig heeft.

Wanneer een vrouw een man liefdevol ontvangt zonder te proberen hem te veranderen, voelt hij zich geaccepteerd. Acceptatie betekent dat hij niet wordt afgewezen, maar positief wordt onthaald. Het betekent niet dat een vrouw denkt dat hij volmaakt is, maar geeft aan dat ze niet probeert hem te verbeteren, dat ze erop vertrouwt dat hij zichzelf verbetert. Wanneer een man zich geaccepteerd voelt, is het veel gemakkelijker voor hem om te luisteren en haar het begrip te geven dat ze nodig heeft en waar ze recht op heeft.

3. Zij heeft behoefte aan respect en hij aan waardering

Als een man op een vrouw reageert op een manier die haar rechten, wensen en behoeften vooropstelt, voelt ze zich gerespecteerd.

Als hij zich zodanig gedraagt dat met haar gedachten en gevoelens rekening wordt gehouden, zal zij zich zéker gerespecteerd voelen. Voor het vervullen van de derde primaire behoefte van de vrouw zijn concrete, tastbare blijken van respect nodig, zoals het geven van bloemen en het denken aan speciale gelegenheden. Als ze zich gerespecteerd voelt, is het voor haar veel makkelijker haar man de waardering te geven die hem toekomt.
Als een vrouw toont dat ze wel vaart bij de inspanningen en het gedrag van een man en er een gevoel van eigenwaarde aan ontleent, voelt hij zich gewaardeerd. Waardering is de natuurlijke reactie op steun krijgen. Als een man gewaardeerd wordt weet hij dat zijn moeite niet voor niets is geweest en dat moedigt hem aan meer te geven. Als een man gewaardeerd wordt, kan en wil hij zijn partner vanzelf meer respect geven.

4. Zij heeft toewijding nodig en hij bewondering

Als een man voorrang geeft aan de behoeften van een vrouw en zich vol trots verplicht om haar te steunen en gelukkig te maken, is haar vierde primaire behoefte vervuld. Een vrouw bloeit op als ze het gevoel heeft dat zij het belangrijkste in zijn leven is. Een man vervult haar behoefte bemind te worden, als hij haar gevoelens en behoeften boven zijn andere belangen, zoals werk, studie en ontspanning, stelt. Als een vrouw het gevoel heeft dat ze nummer één is in zijn leven, zal ze hem als vanzelf bewonderen.
Zoals een vrouw wil voelen dat een man haar toegewijd is, zo heeft een man primair behoefte aan de bewondering van een vrouw. Een man bewonderen is hem bezien met ontzag, verrukking en vergenoegde goedkeuring. Een man voelt zich bewonderd, wanneer ze blij verrast is door zijn unieke eigenschappen of talenten, zoals humor, kracht, doorzettingsvermogen, integriteit, eerlijkheid, gevoel voor romantiek, vriendelijkheid, liefde, begrip en andere zogenaamd ouderwetse deugden. Als een man zich bewonderd voelt, voelt hij zich zeker genoeg om zich geheel te wijden aan zijn vrouw en haar te aanbidden.

5. Zij heeft bevestiging nodig en hij goedkeuring

Als een man zich niet verzet of ingaat tegen de gevoelens en behoeften van de vrouw, maar hun geldigheid aanvaardt en bevestigt, voelt een vrouw zich werkelijk bemind, omdat haar vijfde primaire behoefte is vervuld. Wanneer een man een vrouw serieus neemt, bevestigt hij haar recht op haar eigen gevoelens. (Bedenk dat haar mening serieus nemen, niet automatisch betekent hetzelfde standpunt huldigen.) Wanneer een man leert hoe hij een vrouw moet laten weten dat hij zich zo opstelt, zal zij zijn primaire behoefte aan goedkeuring vanzelf vervullen. Diep van binnen wil iedere man de stralende held of ridder voor een vrouw zijn. Haar goedkeuring is het teken dat hij hierin geslaagd is. Wanneer een vrouw goedkeuring uitstraalt, betekent dat dat zij goedheid in hem ziet en over het geheel genomen tevreden met hem is. (Bedenk dat een man goedkeuring schenken niet hetzelfde is als het met hem eens zijn.) Een goedkeurende houding ziet of zoekt naar zijn goede bedoelingen. Wanneer hij de goedkeuring krijgt die hij nodig heeft, wordt het voor hem gemakkelijker haar gevoelens serieus te nemen.

6. Zij heeft behoefte aan geruststelling en hij aan aanmoediging

Als een man regelmatig laat merken dat hij om zijn partner geeft, haar respecteert, serieus neemt, en haar toegewijd is, is haar primaire behoefte aan geruststelling vervuld. Van een geruststellende houding gaat de boodschap uit dat hij voortdurend van haar houdt. Een man maakt meestal de fout te denken dat als alle primaire behoeften van de vrouw zijn vervuld, en ze zich gelukkig en veilig voelt, ze voortaan weet dat ze bemind wordt. Zo werkt dat niet. Om haar zesde primaire behoefte te vervullen, moet hij haar steeds weer geruststellen.

Een man maakt meestal de fout te denken dat als de primaire behoeften van de vrouw eenmaal vervuld zijn, en ze zich gelukkig en veilig voelt, ze voortaan wel weet dat hij van haar houdt

Zo is het een basisbehoefte van de man aangemoedigd te worden door de vrouw. Een bemoedigende houding van de vrouw geeft een man hoop en moed, omdat ze zo vertrouwen in zijn kunnen en zijn karakter tot uitdrukking brengt. Wanneer een vrouw vertrouwen, acceptatie, waardering, bewondering en goedkeuring uitstraalt, moedigt dat een man aan alles te geven wat hij heeft. Het motiveert hem haar de liefdevolle geruststelling te geven die zij nodig heeft.

Wanneer de zes basisbehoeften op het gebied van de liefde vervuld zijn, komt het beste in een man naar boven. Maar als een vrouw die behoeften niet kent, en hem liefde schenkt die eerder zorgzaamheid dan vertrouwen uitstraalt, kan ze hun relatie zonder het te weten in gevaar brengen. Het volgende verhaal illustreert dit.

De nobele ridder

In elke man zit diep verborgen een held of nobele ridder. Het liefst wil hij de vrouw van wie hij houdt dienen en beschermen. Als hij het gevoel heeft dat zij hem vertrouwt, is hij in staat deze nobele kant van zichzelf te laten zien. Hij wordt zorgzamer. Heeft hij dat gevoel niet, dan wordt hij minder levendig en energiek, en kan na een poosje zelfs helemaal zijn interesse verliezen.

Stel u een ridder voor die in glanzende wapenrusting door het land trekt. Hij hoort plotsklaps in de verte een vrouw om hulp roepen. Meteen komt hij in actie. Hij zet zijn paard aan en snelt naar het kasteel, waar hij haar aantreft in de klauwen van de draak. De nobele ridder trekt zijn zwaard en doodt de draak. Dientengevolge ontvangt de prinses hem met liefde.

De poorten openen zich en hij wordt verwelkomd en feestelijk onthaald door de familie van de prinses en de dorpelingen. Ze nodigen hem uit in het dorp te komen wonen en hij wordt als een held ingehaald. De prinses en hij worden verliefd op elkaar.

Een maand later maakt de edele ridder weer een tocht. Op de terugweg hoort hij zijn geliefde prinses weer om hulp roepen. Het kasteel is weer door een draak aangevallen. Wanneer de ridder ter plaatse komt, trekt hij zijn zwaard om de draak te doden.

Voor hij kan toeslaan roept de prinses vanuit de toren: ‘Nee, nee, niet met je zwaard. Neem dit touw, dat gaat veel beter.’

Ze werpt hem een touw met een lus toe en maakt met gebaren duidelijk wat hij moet doen. Aarzelend volgt hij haar instructies op. Hij werpt de lus om de nek van de draak en trekt uit alle macht. De draak gaat dood en iedereen is blij.

Tijdens het eremaal heeft de ridder het gevoel dat hij eigenlijk niets heeft gedaan. Op de een of andere manier voelt hij zich het vertrouwen en de bewondering van de dorpelingen niet waardig, omdat hij haar touw heeft gebruikt en niet zijn zwaard. Na afloop voelt hij zich licht gedeprimeerd en vergeet zijn harnas op te poetsen.

Na een maand gaat hij weer een poosje weg. Als hij er met zijn zwaard op uittrekt, maant de prinses hem tot voorzichtigheid en zegt dat hij het touw moet meenemen. Als hij op weg naar huis is, ziet hij dat het kasteel opnieuw ten prooi is gevallen aan een draak. Ditmaal snelt hij met getrokken zwaard voorwaarts, maar aarzelt dan, omdat hij niet weet of hij misschien beter de lus kan gebruiken. In dat ene moment van besluiteloosheid spuwt de draak vuur en hij verbrandt zijn rechterarm. Verward kijkt hij op en ziet de prinses zwaaien uit het kasteelraam.

'Gebruik het vergif!' gilt ze. 'Het touw werkt niet!' Ze werpt hem het vergif toe, hij giet het in de bek van de draak, en de draak sterft. Iedereen is blij en viert feest, maar de ridder schaamt zich.

Een maand later trekt hij er weer op uit. Hij heeft zijn zwaard bij zich, maar de prinses zegt hem dat hij voorzichtig moet zijn en het touw en het vergif moet meenemen. Hij ergert zich aan haar suggesties, maar neemt ze toch mee.

Deze keer hoort hij onderweg een andere vrouw om hulp roepen. Terwijl hij haar te hulp schiet, verdwijnt zijn gedeprimeerdheid als sneeuw voor de zon en voelt hij zich krachtig en vol zelfvertrouwen. Maar als hij zijn zwaard trekt om de draak te doden, aarzelt hij weer. Hij vraagt zich af: moet ik nu mijn zwaard gebruiken, het touw of het vergif? Wat zou de prinses zeggen?

Eventjes is hij in de war. Dan herinnert hij zich echter hoe hij zich voelde vóór hij de prinses kende, toen hij nog alleen maar zijn zwaard bij zich had. Met hernieuwd zelfvertrouwen werpt hij het touw en het vergif weg en gaat de draak met zijn oude getrouwe zwaard te lijf. Hij doodt de draak en de dorpelingen zijn blij.

De nobele ridder kwam nooit meer bij zijn prinses terug. Hij bleef in dit andere dorpje en leefde nog lang en gelukkig. Hij trouwde na verloop van tijd, maar vergewiste zich er eerst van dat zijn nieuwe partner niets van touwen en vergif wist.

Als u goed onthoudt dat er in iedere man een nobele ridder schuilt, heeft u een duidelijk beeld bij de hand om u aan de primaire behoeften van een man te herinneren. Hoewel een man af en toe blij zal zijn met zorgzaamheid en hulp, zal een teveel daaraan zijn zelfvertrouwen aantasten of hem afstoten.

Hoe u onbewust uw partner kunt afstoten

Als mannen en vrouwen niet weten wat belangrijk is voor de andere sekse, realiseren ze zich soms niet hoezeer ze hun partner kwetsen.

Mannen en vrouwen communiceren soms onbewust op een manier die niet alleen averechts werkt, maar hun partner zelfs kan afstoten. Mannen en vrouwen voelen zich het snelst gekwetst wanneer ze niet het soort primaire liefde krijgen dat ze nodig hebben. Vrouwen beseffen doorgaans niet dat de manier waarop ze communiceren hun partner geen steun geeft en kwetsend is voor het mannelijke ego. Een vrouw probeert misschien wel open te staan voor wat de man voelt, maar omdat zijn primaire behoeften verschillen van de hare, kan ze niet instinctief op zijn behoeften inspelen.
Door inzicht in de primaire liefdesbehoeften van de man, kan een vrouw beter weten en aanvoelen wat de bron van eventueel misnoegen is.
Er volgt nu een overzicht van veel voorkomende fouten die vrouwen in de communicatie maken betreffende die primaire behoeften van de man.

Fouten die vrouwen vaak maken	**Waarom hij het gevoel heeft dat zij niet van hem houdt**
1. Ze probeert zijn gedrag te verbeteren of hem te helpen door ongevraagd advies te geven.	1. Omdat ze hem niet meer *vertrouwt.*
2. Ze probeert zijn gedrag te veranderen of voor te schrijven hoe hij zich gedragen moet door de manier waarop ze haar negatieve gevoelens uit. (Uiting geven aan je gevoel mag, maar niet om anderen te manipuleren of te straffen.)	2. Omdat ze hem niet *neemt zoals hij is.*
3. Ze is niet erkentelijk voor wat hij voor haar doet, maar klaagt over wat hij níet doet.	3. Hij heeft het gevoel dat hij er maar wat bijbengelt, omdat ze niet *waardeert* wat hij doet.
4. Ze corrigeert zijn gedrag en zegt wat hij moet doen, alsof hij een kind is.	4. Omdat hij niet de indruk heeft dat ze hem *bewondert.*

5. Ze geeft indirect uiting aan haar negatieve gevoelens door middel van retorische vragen in de trant van 'Hoe kon je dat nou doen?'.	5. Omdat hij het gevoel heeft dat ze niet meer *goedkeurt* wat hij doet. Hij krijgt de indruk dat hij geen goed meer kan doen.
6. Als hij besluiten of initiatieven neemt, corrigeert of bekritiseert zij hem.	6. Omdat ze hem niet meer *aanmoedigt* om zelf iets te doen.

Zoals vrouwen gauw iets fout doen als ze de primaire behoeften van mannen niet kennen, maken mannen ook fouten. Mannen zien vaak niet in dat de manier waarop ze communiceren niet van steun getuigt. Een man weet misschien wel dat een vrouw niet gelukkig met hem is, maar kan zijn manier van doen niet veranderen omdat hij niet begrijpt waaróm ze zich niet bemind voelt, of wát ze nodig heeft.
Door inzicht te hebben in de primaire behoeften van de vrouw kan een man meer openstaan en meer respect opbrengen voor haar behoeften. Hier volgt een overzicht van fouten die mannen in de communicatie maken met betrekking tot de primaire emotionele behoeften van de vrouw.

Fouten die mannen vaak maken	**Waarom zij het gevoel heeft dat hij niet van haar houdt**
1. Hij luistert niet, is snel afgeleid, stelt geen vragen waaruit interesse of bezorgdheid spreekt.	1. Omdat hij niet oplet of laat zien dat *hij het zich aantrekt.*
2. Hij neemt wat ze over haar gevoelens zegt letterlijk en corrigeert haar. Hij denkt dat ze om oplossingen vraagt, dus geeft hij advies.	2. Omdat hij haar niet *begrijpt.*
3. Hij luistert wel, maar wordt boos en verwijt haar dat ze hem van streek of gedeprimeerd maakt.	3. Omdat hij geen *respect* voor haar gevoelens toont.

4. Hij bagatelliseert haar gevoelens en behoeften. Hij doet meer moeite voor zijn kinderen of zijn werk.	4. Omdat hij haar niet *toegewijd* is en haar geen *voorkeursbehandeling* geeft.
5. Als ze van streek is, legt hij uit waarom hij gelijk heeft als hij zegt dat ze niet van streek moet zijn.	5. Omdat hij haar gevoelens niet *bevestigt*, maar ze haar aanrekent en haar niet steunt.
6. Na geluisterd te hebben zegt hij niets of loopt gewoon weg.	6. Ze voelt zich onzeker, omdat ze niet de *geruststelling* krijgt die ze nodig heeft.

Als liefde niet mag baten...

Liefde helpt vaak niet omdat mensen instinctief datgene geven dat ze zelf willen hebben. Omdat de vrouw er in eerste instantie behoefte aan heeft verzorgd en begrepen te worden, omringt ze haar man automatisch met veel zorgzaamheid en begrip. Die zorgzame steun geeft een man vaak het idee dat een vrouw niet in hem gelooft. Hij heeft primair behoefte aan haar vertrouwen, en niet aan haar zorgzaamheid.
Wanneer hij niet positief op haar zorg reageert, heeft ze dan ook geen idee waarom hij haar soort steun niet weet te waarderen. En hij geeft uiteraard weer zijn eigen soort liefde, waar zij weer geen behoefte aan heeft. En zo falen ze aan alle kanten bij hun pogingen elkaars behoeften te vervullen.

> Beth uitte de volgende klacht: 'Ik kan niet maar blijven geven zonder iets terug te krijgen. Arthur stelt geen prijs op wat ik geef. Ik houd van hem, maar hij niet van mij.'
> Arthur uitte deze klacht: 'Wat ik ook doe, het is nooit goed genoeg. Ik weet niet wat ik moet doen. Ik heb álles geprobeerd en nog steeds houdt ze niet van me. Ik houd van haar, maar er komt allemaal niets van terecht.'

Beth en Arthur waren al acht jaar getrouwd. Ze wilden er allebei de brui aan geven omdat ze niet het gevoel hadden dat de ander van hen hield. De ironie wil dat ze er allebéi over klaagden meer te geven dan terug te krijgen. Beth dacht dat ze te veel gaf, en Arthur dacht dat hij het allermeest gaf. In feite gaven ze allebei, maar geen van tweeën kreeg wat hij/zij wilde hebben of nodig had.
Ze hielden wel veel van elkaar, maar omdat ze de primaire behoeften van de ander niet begrepen, kwam hun liefde niet over. Beth gaf wat ze zelf wilde krijgen, en Arthur gaf wat híj wilde hebben. Ze putten zichzelf langzaam uit.
Veel mensen geven het op als hun relatie te moeilijk wordt. Relaties verlopen minder moeizaam als we de primaire behoeften van onze partner kennen. We hoeven niet méér te geven, maar we moeten het juiste geven, en dan putten we onszelf niet uit. Door inzicht in de twaalf verschillende soorten liefde kunnen we verklaren waarom onze oprechte pogingen tot liefhebben falen. Om uw partner gelukkig te maken moet u leren datgene te geven waar hij of zij het meest behoefte aan heeft.

Leren luisteren zonder kwaad te worden

De beste manier waarop de man de eerste 'liefdesbehoeften' van de vrouw kan vervullen is door middel van communicatie. Zoals u al eerder hebt gezien, neemt communicatie een zeer bijzondere plaats in op Venus. Door te leren luisteren als de vrouw haar gevoelens uit, kan de man haar omringen met zorgzaamheid, begrip, respect, toewijding, bevestiging en geruststelling.
Een van de grootste problemen die mannen hebben wanneer ze naar vrouwen luisteren, is dat ze gefrustreerd of kwaad worden, omdat ze vergeten dat vrouwen van Venus komen en dat daar nu eenmaal anders gecommuniceerd wordt. Hieronder treft u een overzicht aan van zaken waaraan u moet denken in verband met die verschillen; tevens wordt gesuggereerd hoe u kunt handelen.

Hoe een man naar een vrouw kan luisteren zonder kwaad te worden

Waaraan u moet denken	Wat u wel en wat u niet moet doen
1. Bedenk dat u misschien kwaad wordt omdat u haar standpunt niet begrijpt en dat ze daar niets aan kan doen.	1. Doe uw best haar te begrijpen. Neem haar niet kwalijk dat ze u van slag brengt. Probeer nog eens haar te begrijpen.
2. Bedenk dat gevoelens niet altijd meteen logisch lijken. Desondanks moet u ze serieus nemen en u inleven.	2. Haal diep adem, zeg niets! Ontspan en probeer niet alles in de hand te houden. Probeer u voor te stellen hoe u zich zou voelen als u de wereld door haar ogen zag.
3. Bedenk dat u misschien kwaad bent omdat u niet weet wat u aan de situatie moet doen. Al knapt ze niet meteen op, toch helpen uw aandacht en begrip.	3. Verwijt haar niet dat ze niet opknapt als u met oplossingen komt. Hoe kan ze zich nu beter gaan voelen als ze geen behoefte aan oplossingen heeft? Bied weerstand aan de verleiding met oplossingen te willen komen.
4. Bedenk dat u het niet met haar eens hoeft te zijn om haar standpunt te kunnen begrijpen of gewaardeerd te kunnen worden als een goed luisteraar.	4. Als u een afwijkende mening wilt geven, doe dat dan pas als ze uitgesproken is en vat dan haar mening eerst samen voor u de uwe geeft. Verhef uw stem niet.
5. Bedenk dat u haar standpunt niet helemaal hoeft te begrijpen om tóch goed te kunnen luisteren.	5. Maak haar duidelijk dat u haar niet begrijpt, maar dat wel wil. Neem de verantwoording voor het niet-begrijpen: vel geen oordeel over haar en laat niet doorschemeren dat ze niet te volgen is.
6. Bedenk dat u niet verantwoordelijk bent voor hoe ze zich voelt. Ze komt misschien	6. Verdedig u niet zodat ze het gevoel heeft dat u haar begrijpt en dat het u iets kan schelen.

verwijtend over, maar ze heeft eigenlijk alleen maar behoefte aan begrip.	Dan kunt u voorzichtig met uitleg of excuses komen.
7. Bedenk dat als ze u echt kwaad maakt, ze u waarschijnlijk niet vertrouwt. Binnen in haar zit een bang klein meisje dat zich niet bloot durft te geven uit angst gekwetst te worden, en dat uw vriendelijkheid en mededogen nodig heeft.	7. Ga niet tegen haar gevoel of mening in. Maak u even los en kom er later op terug als er minder emotionele spanning in de lucht hangt. Oefen u in het schrijven van 'liefdesbrieven' zoals beschreven in hoofdstuk 11.

Wanneer een man naar een vrouw kan luisteren zonder kwaad en gefrustreerd te worden, geeft hij haar iets heel moois. Hij verschaft haar de veiligheid die ze nodig heeft om zich te uiten. Hoe beter ze zich kan uiten, hoe meer ze het gevoel heeft dat er naar haar geluisterd wordt en dat ze begrepen wordt, waardoor ze beter in staat is een man het liefdevolle vertrouwen, de acceptatie, waardering, bewondering, goedkeuring en bemoediging te schenken die hij nodig heeft.

Hoe u een man vleugels kunt geven

Zoals een man moet leren luisteren om aan de primaire behoeften van een vrouw tegemoet te komen, zo moeten vrouwen leren hoe ze een man kracht en energie kunnen geven.
Net als in het verhaal over de nobele ridder proberen veel vrouwen hun man te helpen door hem te verbeteren, maar daarmee verzwakken of kwetsen ze hem onbewust. Iedere poging hem te veranderen berooft hem van het liefdevolle vertrouwen, de acceptatie, de bewondering, goedkeuring en aanmoediging waar hij primair behoefte aan heeft.
U maakt een man sterk als u nooit probeert hem te veranderen of te verbeteren. U wilt misschien wel dat hij verandert, maar handel daar nooit naar. Slechts als hij rechtstreeks en nadrukkelijk om raad vraagt staat hij open voor hulp bij het veranderingsproces.

U maakt een man sterk als u nooit probeert hem te veranderen of te verbeteren

Schenk uw vertrouwen in plaats van goede raad

Op Venus beschouwt men het geven van advies als een goede daad, maar op Mars niet. Vrouwen moeten onthouden dat Marsbewoners geen raad geven als daar niet rechtstreeks om verzocht wordt. Een manier van liefde tonen is erop vertrouwen dat die andere Marsbewoner zelf zijn problemen kan oplossen.

Dat wil niet zeggen dat een vrouw haar gevoelens de kop in moet drukken. Ze mag zich gefrustreerd of zelfs kwaad voelen, zolang ze maar niet probeert hem te veranderen. Iedere poging hem te veranderen werkt averechts.

Wanneer een vrouw van een man houdt, wil ze vaak hun relatie verbeteren. In haar overmoed maakt ze hem tot doelwit van haar verbeteringsprogramma. Ze begint een langzaam 'revalidatieproces'.

Waarom mannen niet willen veranderen

Ze probeert hem op allerlei manieren te veranderen of te verbeteren. Ze handelt uit liefde als ze probeert hem te veranderen, maar hij voelt zich onderdrukt, gemanipuleerd, afgewezen en niet bemind. Hij blijft hardnekkig weerstand aan haar bieden omdat hij zich afgewezen voelt. Wanneer een vrouw een man probeert te veranderen, krijgt hij niet het liefdevolle vertrouwen en de acceptatie die hem wél helpen te veranderen en te groeien.

Als ik een zaal met honderden mannen en vrouwen ernaar vraag, hebben ze allemaal dezelfde ervaring: hoe meer een vrouw probeert een man te veranderen, hoe meer hij zich verzet.

Het probleem is dat als een man zich verzet tegen de pogingen van een vrouw om hem te verbeteren, zij zijn reactie verkeerd begrijpt. Ze gaat van de verkeerde veronderstelling uit dat hij niet wíl veranderen, en dat waarschijnlijk omdat hij niet van haar houdt. Het is echter zo, dat hij niet wil veranderen omdat hij denkt dat er niet genoeg van hém gehouden wordt. Als een man het gevoel heeft dat hij liefde, vertrouwen, acceptatie, waardering en dergelijke krijgt, zal hij vanzelf beginnen te veranderen, te groeien en zich te verbeteren.

Twee soorten mannen, één soort gedrag

Er zijn twee soorten mannen: de ene soort neemt een ongelooflijk defensieve houding aan en verzet zich koppig als een vrouw pro-

beert hem te veranderen, de andere soort gaat met haar mee, maar vergeet dat later weer en vervalt weer in zijn oude gedrag. De een verzet zich actief, de ander passief.
Als een man het gevoel heeft dat een vrouw niet van hem houdt zoals hij is, herhaalt hij bewust of onbewust het gedrag dat niet wordt geaccepteerd. Hij voelt een innerlijke drang het gedrag te herhalen totdat hij zich bemind en geaccepteerd voelt.
Voordat een man zich zal verbeteren moet hij eerst het gevoel hebben dat een vrouw van hem houdt zoals hij is. Is dat niet het geval, dan verdedigt hij zich en blijft zoals hij is. Zij moet hem nemen zoals hij is, en dan zal hij pas (op eigen houtje) naar wegen zoeken om een beter mens te worden.

Mannen hebben geen behoefte aan verbetering

Zoals mannen aan een vrouw willen uitleggen waarom ze niet van streek hoeft te zijn, zo willen vrouwen aan een man uitleggen waarom hij zich niet moet gedragen zoals hij zich gedraagt. Mannen maken de fout alles voor een vrouw te willen oplossen, vrouwen maken de fout een man te willen verbeteren.
Mannen zien de wereld door de ogen van de Marsbewoner. Hun motto is: 'Niet repareren als het niet kapot is'. Wanneer een vrouw een man probeert te veranderen, krijgt hij het idee dat zij vindt dat er iets aan hem mankeert. Dat kwetst hem en geeft hem het gevoel dat hij zich verdedigen moet. Hij voelt zich niet bemind en niet geaccepteerd.
Een man moet zich geaccepteerd voelen ongeacht zijn gebreken. Het is niet gemakkelijk iemands fouten te accepteren, vooral als we menen te weten wat eraan te doen zou zijn. Het zal ons echter gemakkelijker vallen wanneer we begrijpen dat we de man het best kunnen helpen groeien als we niet langer proberen hem te veranderen.

De beste manier om een man te laten groeien is helemaal niet proberen hem te veranderen

Het nu volgende overzicht laat zien op welke manieren een vrouw een man kan helpen groeien en veranderen.

Hoe een vrouw kan ophouden met proberen een man te veranderen

Waaraan u moet denken	Wat u zou kunnen doen
1. Onthoud dat u niet te veel vragen moet stellen als hij van streek is, want dan krijgt hij het gevoel dat u hem wilt veranderen.	1. Negeer dat hij van streek is, tenzij hij er met u over wil praten.
2. Denk eraan niet meer te proberen hem te verbeteren. Om te groeien moet hij liefde krijgen, geen afwijzing.	2. Vertrouw erop dat hij voor zijn eigen groeiproces zorgt. Vertel eerlijk wat u voelt, maar vraag niet van hem dat hij verandert.
3. Bedenk dat hij als u hem spontaan advies geeft, het gevoel kan krijgen dat u hem niet vertrouwt of dat hij bij u onder de plak zit of door u wordt afgewezen.	3. Heb geduld en vertrouw erop dat hij zelf zal leren wat hij leren moet. Wacht tot hij u om raad vraagt.
4. Onthoud dat een man die koppig wordt en weigert te veranderen zich niet bemind voelt. Hij is bang zijn fouten toe te geven uit angst niet bemind te worden.	4. Probeer hem steeds te laten zien dat hij niet volmaakt hoeft te zijn om uw liefde te verdienen. Probeer vergevensgezind te zijn. (Zie hoofdstuk 11.)
5. Onthoud dat hij als u offers brengt in de hoop dat hij voor u hetzelfde doet, zich onder druk gezet zal voelen.	5. Probeer dingen voor uzelf te doen en niet uw geluk alleen van hem te laten afhangen.
6. Onthoud dat u negatieve gevoelens kunt overbrengen zonder hiermee te proberen hem te veranderen. Als hij zich geaccepteerd voelt, valt het hem ge-	6. Als u over gevoelens praat, laat hem dan weten dat u hem niet wilt vertellen wat hij moet doen, maar dat u wilt dat hij rekening houdt met uw gevoe-

makkelijker te luisteren.

lens.

7. Bedenk dat hij als u hem aanwijzingen geeft en beslissingen voor hem neemt, zich gecorrigeerd en overheerst voelt.

7. Ontspan uzelf en geef u over. Oefen u in het accepteren van onvolmaaktheid. Stel zijn gevoelens boven perfectie, lees hem niet de les en corrigeer hem niet.

Naarmate mannen en vrouwen elkaar beter leren steunen op de manieren die aansluiten bij hun specifieke behoeften, zullen verandering en groei vanzelf plaatsvinden. Als u de zes primaire behoeften van uw partner beter leert kennen, kunt u uw liefdevolle steun beter op zijn/haar behoeften afstemmen, waardoor uw relatie aanzienlijk gemakkelijker en gelukkiger wordt.

9. Hoe u ruzie kunt vermijden

Een van de moeilijkste dingen van liefdesrelaties is het omgaan met meningsverschillen en onenigheid. Wanneer een stel het met elkaar oneens is, ontaardt de discussie al gauw in ruzie, die bijna als vanzelf overgaat in strijd. Plotseling is er geen liefdevolle communicatie meer en automatisch begint de een de ander te kwetsen met verwijten, klachten, eisen, wrok en twijfel.

Mannen en vrouwen die zo redetwisten kwetsen niet alleen gevoelens, maar schaden ook de relatie. Zoals communicatie de belangrijkste bouwsteen van een relatie is, zo is ruzie het meest destructieve element, want hoe nauwer de band, hoe sneller een wond geslagen wordt.

Zoals communicatie het belangrijkste element in een relatie is, zo is ruzie het meest destructieve element

Om allerlei praktische redenen raad ik (echt)paren ten zeerste aan geen ruzie te maken. Wanneer twee mensen geen seksuele band met elkaar hebben is het veel gemakkelijker om afstand te bewaren en objectief te blijven tijdens een woordenwisseling of een discussie. Maar als er ruzie is tussen twee mensen die een emotionele band met elkaar hebben, en dan met name een seksuele, trekken ze zich alles veel meer persoonlijk aan.

Ga uit van de stelregel: geen ruzie maken. Bespreek in plaats daarvan de voors en tegens. Sla u er doorheen, maar maak geen ruzie. U kunt eerlijk en openhartig zijn en zelfs negatieve gevoelens uiten zonder ruzie of strijd.

Sommige paren strijden doorlopend met elkaar, waardoor de liefde langzaam wegkwijnt. Lijnrecht daartegenover staan paren die hun ware gevoelens onderdrukken om conflicten te vermijden en ruzie uit de weg te gaan, maar daardoor ook het contact met hun liefdesgevoel kwijtraken. Het ene stel voert openlijk oorlog, ter-

wijl het andere zich in een staat van koude oorlog bevindt.
Het is het beste het midden te houden tussen deze twee uitersten. Door te bedenken dat we van verschillende planeten afkomstig zijn, en er dus een goede communicatietechniek op na moeten houden, kunnen we ruzie vermijden zonder negatieve gevoelens of ideeën en wensen die strijdig met elkaar zijn, te onderdrukken.

Wat er gebeurt als we ruzie maken

Als we de verschillen tussen man en vrouw niet begrijpen, kunnen we al gauw in een ruzie belanden waarin we niet alleen onze partner, maar ook onszelf pijn doen. U kunt ruzie alleen maar vermijden door met liefde en respect te communiceren.
De meningsverschillen en de onenigheid zelf doen minder pijn dan de manier waarop we erover communiceren. Eigenlijk hoeft een meningsverschil voor niemand kwetsend te zijn. Het kan zelfs een boeiend gesprek zijn waarin we ons verschil van mening uiten. (Ieder stel heeft wel eens een meningsverschil.) In de praktijk komt het er bij de meeste stellen echter op neer dat ze ruzie krijgen, maar binnen vijf minuten ruzie hebben over de manier waarop ze ruzie maken.
Ongemerkt beginnen ze elkaar te kwetsen. Wat een onschuldige woordenwisseling had kunnen zijn die zo opgelost had kunnen worden met wat wederzijds begrip en acceptatie van de onderlinge verschillen, mondt uit in een ware veldslag. Ze weigeren de mening van hun partner te aanvaarden of te begrijpen vanwege de manier waarop ze benaderd worden.

De meeste stellen beginnen een ruzie en voor ze het weten hebben ze ruzie over de manier waarop ze ruzie maken

Willen we een eind aan de ruzie maken, dan moeten we ons zo soepel opstellen dat de mening van de ander kan samengaan met die van onszelf. Om ons zo te kunnen opstellen moeten we ons gewaardeerd en gerespecteerd voelen. Als uit de houding van onze partner geen liefde spreekt, kan ons gevoel van eigenwaarde een knauw krijgen als we zijn/haar standpunt zouden overnemen.
Hoe intiemer we met iemand omgaan, des te moeilijker is het objectief naar zijn/haar standpunt te luisteren zonder te reageren op

zijn/haar negatieve gevoelens. Om onszelf te beschermen tegen afkeuring of gebrek aan respect verzetten we ons automatisch tegen de mening van de ander. We kunnen zelfs koppig blijven redetwisten terwijl we het met de ander eens zijn.

Waarom ruzie pijn doet

Niet wát we zeggen doet pijn, maar hóe we het zeggen. Het gebeurt heel vaak dat een man zijn liefdevolle houding laat varen als hij zich uitgedaagd voelt. Zijn vermogen om op een zorgzame, respectvolle en geruststellende toon te praten neemt af. Hij weet niet hoe liefdeloos hij klinkt of hoezeer hij zijn partner kwetst. Een simpel meningsverschil kan een vrouw op zo'n moment als een regelrechte aanval in de oren klinken, en een verzoek als een bevel. Ze voelt uiteraard verzet tegen deze liefdeloze aanpak, zelfs als ze op andere momenten zou openstaan voor de inhoud van zijn mededeling.

Een man kwetst zijn partner onbewust door op harde toon te spreken en vervolgens te verklaren dat ze niet van streek hoeft te zijn. Hij gaat er ten onrechte van uit dat ze zich verzet tegen de inhoud van zijn mening, terwijl het in feite de liefdeloze manier van overbrengen is die haar van slag maakt. Omdat hij haar reactie niet begrijpt, houdt hij zich meer bezig met uitleggen wat er goed is aan zijn mening, dan met verbetering brengen in de manier waarop hij die brengt.

Het dringt totaal niet tot hem door dat híj degene is die begint met ruzie maken; hij denkt dat zíj ruzie maakt met hém. Hij verdedigt zijn standpunt, terwijl zij zich verdedigt tegen zijn scherpe toon, die haar kwetst.

Als een man geen aandacht schenkt aan het feit dat de vrouw gekwetst is, ontkent hij haar gevoelens en vergroot zo haar verdriet. Haar pijn is voor hem moeilijk te begrijpen, omdat hij niet zo gevoelig is voor harde woorden en een harde toon. Daardoor kan het gebeuren dat hij helemaal niet beseft hoezeer hij zijn partner kwetst en dat hij weerstand bij haar oproept.

Vrouwen beseffen eveneens niet hoezeer ze mannen kunnen kwetsen. Een vrouw gaat als ze zich uitgedaagd voelt vanzelf met steeds meer wantrouwen en afwijzing spreken. Dit soort afwijzing is weer kwetsend voor een man, vooral als hij emotioneel betrokken is.

Vrouwen beginnen en verergeren ruzie door eerst negatieve gevoelens te uiten over het gedrag van hun partner en dan uit eigen beweging raad te geven. Wanneer een vrouw bij het uiten van de negatieve gevoelens geen signalen van vertrouwen en acceptatie overseint, reageert een man negatief, wat weer verwarring oproept bij de vrouw. Ze is zich er wederom niet van bewust hoezeer haar gebrek aan vertrouwen hem kwetst.
Om ruzie te vermijden moeten wij ons goed inprenten dat onze partner zich niet verzet tegen wát we zeggen, maar tegen hóe we het zeggen. Ruzie maken kun je niet alleen, maar ophouden wel. Het is het beste een ruzie in de kiem te smoren. Durf onder ogen te zien wanneer een meningsverschil op ruzie uitdraait. Hou op met praten en trek u even terug. Denk na over de manier waarop u uw partner benadert. Probeer in te zien of u hem/haar iets onthoudt. Kom na verloop van tijd weer terug en praat verder, maar dan met liefde en respect. Als we ons terugtrekken hebben we even tijd om af te koelen, onze wonden te likken en weer onszelf te worden, voordat we het opnieuw proberen.

De vier manieren waarop we pijn uit de weg gaan

Er zijn vier basishoudingen voor het vermijden van pijn tijdens ruzies: vechten, vluchten, veinzen en toegeven. Al die houdingen bieden even soelaas, maar werken op den duur averechts. Laten we deze houdingen eens nader bekijken.

1. ***Vechten***
Deze houding is een typische Mars-houding. Zodra uit een gesprek de liefde en steun verdwijnen, binden sommige mensen instinctief de strijd aan. Ze nemen direct een offensieve houding aan. Hun motto is: ‘Een sterke aanval is de beste verdediging.’ Ze halen uit met verwijten, oordelen, kritiek en zwartmakerij. Ze schreeuwen gauw en uiten ontzettend veel woede. Wat ze eigenlijk willen is door intimidatie liefde en steun afdwingen. Wanneer hun partner het opgeeft denken ze dat ze gewonnen hebben, maar in werkelijkheid hebben ze verloren.
Intimidatie ondermijnt in een relatie altijd het vertrouwen. Met geweld je zin doordrukken door de schuld op een ander te schuiven leidt alleen maar tot mislukking. Wanneer in een relatie veel strijd wordt geleverd, verliezen de partners langzaam maar zeker hun

vermogen open te staan en zich kwetsbaar op te stellen. Vrouwen klappen dicht uit zelfbescherming, mannen sluiten zich af en tonen niet meer zo veel gevoel. Geleidelijk gaat de intimiteit van het begin verloren.

2. ***Vluchten***

Deze houding komt ook van Mars. Om confrontaties uit de weg te gaan trekken Marsbewoners zich soms terug in hun hol en komen er niet meer uit. Dat is een 'koude-oorloghouding'. Ze weigeren te praten en er wordt niets opgelost. Dit passief-agressieve gedrag is niet hetzelfde als je even terugtrekken en later weer terugkomen om verder te praten en alles op meer liefdevolle wijze uit te zoeken.
Deze Marsbewoners zijn bang voor de confrontatie en houden zich liever koest om gesprekken over onderwerpen die ruzie kunnen veroorzaken te mijden. Ze lopen op eieren in hun relatie. Vrouwen klagen meestal dat zij op eieren moeten lopen, maar mannen doen het ook. Het zit zo bij mannen ingebakken dat ze zich niet eens realiseren dat ze het doen.
Sommige paren houden liever gewoon op met praten over hun meningsverschillen dan dat ze ruzie maken. Hun manier om hun zin te krijgen is de partner straffen door te weigeren liefde te geven. Ze kwetsen hun partner niet openlijk en rechtstreeks, zoals het vechterstype, maar kwetsen de ander indirect door hem/haar de liefde waar hij/zij recht op heeft steeds meer te onthouden. Door onze partners liefde te onthouden zullen zij ons ook steeds minder geven. De winst op korte termijn bestaat uit rust en harmonie, maar als belangrijke kwesties niet worden besproken en er niet over gevoelens wordt gepraat, wordt de wrok steeds groter. Op den duur kunnen de partners de hartstocht of liefde die hen ooit bij elkaar bracht niet meer opbrengen. Door zich te overwerken of te overeten of door middel van een andere verslaving verdooft men de pijn van niet-verwerkte gevoelens.

3. ***Veinzen***

Deze houding komt van Venus. Om te vermijden dat men tijdens een confrontatie gekwetst wordt, doet men alsof er niets aan de hand is. Deze vrouwen glimlachen, lijken prettig in de omgang en vinden alles best. Op den duur stapelt de wrok zich op: ze geven altijd aan hun partner, maar krijgen nooit datgene terug waar ze behoefte aan hebben. Hun wrok staat een natuurlijke uiting van liefde in de weg.

Ze zijn bang eerlijk te zijn over hun gevoelens, dus proberen ze te doen alsof alles 'goed, prima en uitstekend' is. Meestal worden deze woorden door mannen gebruikt, maar voor hen betekenen ze iets heel anders. Als een man zoiets zegt bedoelt hij: 'Het gaat goed, want ik ben het zelf aan het uitzoeken,' of: 'Het gaat prima, want ik weet wat ik moet doen,' of: 'Het gaat uitstekend, want ik werk eraan, en ik heb geen hulp nodig.' Bij een vrouw betekenen deze woorden meestal dat ze een conflict of ruzie probeert te mijden.
Om geen slapende honden wakker te maken kan een vrouw zichzelf wijsmaken dat alles van een leien dakje gaat, terwijl dat helemaal niet het geval is. Ze offert haar behoeften en gevoelens op of ontkent ze, om een eventueel conflict uit de weg te gaan.

4. ***Toegeven***

Deze houding is van Venus afkomstig. Men geeft maar liever toe om ruzie te voorkomen. Men neemt de schuld op zich en de verantwoording voor datgene waar de partner mee zit. Op korte termijn creëren deze mensen een relatie die liefde en steun lijkt te bevatten, maar uiteindelijk trekken ze aan het kortste eind.
Op een keer beklaagde een man zich tegenover mij over zijn vrouw. Hij zei: 'Ik hou zo veel van haar. Ze geeft me alles wat ik nodig heb. Mijn enige klacht is dat ze niet gelukkig is.' Zijn vrouw had zich twintig jaar lang weggecijferd voor haar man. Ze maakten nooit ruzie, en als je haar naar haar relatie vroeg zei ze: 'We hebben een fantastische relatie. Mijn man is zo lief. Ik ben het enige probleem. Ik ben gedeprimeerd en ik weet niet waarom.' Ze is gedeprimeerd omdat ze het twintig jaar lang anderen naar de zin heeft gemaakt.
Om hun partners te behagen voelen deze mensen intuïtief aan wat de verlangens van hun partner zijn en schikken zich daarnaar om het hen zo naar de zin te maken. Uiteindelijk gaan ze wrok voelen omdat ze zich voor de liefde moeten opofferen.
Alle vormen van afwijzing zijn zeer pijnlijk omdat deze mensen zich zelf zo afwijzen. Ze willen koste wat kost afwijzing mijden en bij iedereen geliefd zijn. Daarmee geven ze letterlijk hun identiteit op.
Misschien heeft u uzelf in een van deze vier houdingen, of in meerdere daarvan, herkend. De meeste mensen doorlopen ze allemaal. Bij alle vier genoemde strategieën is het onze bedoeling ons tegen pijn te wapenen. Helaas werkt dat niet. Wat wel werkt is onder ogen zien dat er onenigheid is en dit oplossen. Neem de tijd om af te koe-

len en kom dan weer terug om het gesprek te hervatten. Oefen u erin met meer begrip en respect voor de andere sekse te communiceren en u zult geleidelijk leren ruzie en strijd te vermijden.

Waarom we ruzie maken

Mannen en vrouwen maken meestal ruzie om geld, seks, beslissingen, tijdsindeling, waarden, opvoeding en huishoudelijke taken. Besprekingen en onderhandelingen hierover veranderen echter in pijnlijke ruzies om slechts één reden: we hebben het gevoel dat de ander niet van ons houdt. Uit dit gevoel ontstaat pijn en als iemand pijn voelt is het moeilijk liefdevol te zijn.

Omdat vrouwen niet van Mars afkomstig zijn, realiseren ze zich niet instinctief wat mannen nodig hebben om op een goede manier met meningsverschillen te kunnen omgaan. Een man heeft het heel moeilijk wanneer ideeën, gevoelens en verlangens met elkaar botsen. Hoe dichter hij bij een vrouw staat, hoe moeilijker hij het vindt om met meningsverschillen en onenigheid om te gaan. Als zij iets afkeurt dat hij gedaan heeft, is hij geneigd dat zeer persoonlijk op te vatten en krijgt hij het gevoel dat zij niet om hem geeft.

Een man kan meningsverschillen en onenigheid het beste aan als zijn emotionele behoeften vervuld zijn. Maar als hij liefde te kort komt, gaat hij in de verdediging en komt zijn slechte kant boven: hij trekt instinctief zijn zwaard.

Zo op het oog lijkt hij ruzie te maken over het onderwerp (geld, verantwoordelijkheden, enzovoorts), maar in werkelijkheid trekt hij zijn zwaard omdat hij het gevoel heeft dat zijn partner niet van hem houdt. Als een man ruzie maakt over geld, dagindeling, kinderen of wat dan ook, kan hij inwendig ruzie maken om de volgende redenen:

De verborgen redenen waarom mannen ruzie maken

De verborgen reden	Wat hij nodig heeft
1. 'Ik vind het vervelend dat ze zich druk maakt om de kleinste dingen die ik al dan niet doe. Ik voel me bekritiseerd, afgewezen en niet geaccepteerd.'	1. Hij moet zich geaccepteerd voelen zoals hij is. Nu heeft hij het gevoel dat ze hem probeert te verbeteren.

2. 'Ik vind het vervelend als ze me gaat vertellen hoe ik alles moet doen. Ik voel me niet bewonderd, maar behandeld als een kind.'

2. Hij heeft er behoefte aan bewonderd te worden. Nu voelt hij zich op zijn plaats gezet.

3. 'Ik heb er een hekel aan wanneer ze me verwijt dat ze niet gelukkig is. Zo heb ik er helemaal geen zin in om haar nobele ridder te zijn.'

3. Hij heeft aanmoediging nodig. Nu heeft hij zin er de brui aan te geven.

4. 'Ik vind het vervelend als ze klaagt dat ze zo veel doet of dat het niet genoeg gewaardeerd wordt. Daardoor krijg ik het gevoel dat wat ik doe niet gewaardeerd wordt om de dingen die ik voor haar doe.'

4. Hij heeft behoefte aan waardering. Hij voelt zich nu beschuldigd, miskend en machteloos.

5. 'Ik hou er niet van als ze zich zo druk maakt om wat er allemaal kan misgaan. Ik heb niet het gevoel dat ze in me gelooft.'

5. Hij moet het gevoel hebben dat zij in hem gelooft en zijn bijdrage aan haar zekerheid waardeert, maar nu voelt hij zich mede-schuldig aan haar ongerustheid.

6. 'Ik vind het vervelend als ze van me verwacht dat ik dingen doe of praat als zij dat wil. Ik voel me niet geaccepteerd of gerespecteerd.'

6. Hij wil geaccepteerd worden zoals hij is. Nu voelt hij zich onvrij en gedwongen om te praten en dus heeft hij niets te zeggen. Hij krijgt het gevoel dat hij nooit iets goed kan doen.

7. 'Ik vind het vervelend als ze zich gekwetst voelt door wat ik zeg. Ik heb het gevoel dat ze me niet vertrouwt, me niet begrijpt en me aan de kant zet.'

7. Hij wil dat zij hem accepteert en in hem gelooft; nu heeft hij het gevoel dat zij hem afwijst en hem niet vergeeft.

8. 'Ik heb er een hekel aan als ze van me verwacht dat ik haar gedachten lees. Dat kan ik niet. Daardoor krijg ik het gevoel dat ik het verkeerd doe of te kort schiet.'	8. Hij heeft goedkeuring en acceptatie nodig. Nu voelt hij zich een mislukkeling.

Als de primaire emotionele behoeften van een man vervuld zijn zal hij minder gauw geneigd zijn pijnlijke ruzies te beginnen. Hij zal vanzelf beter in staat zijn te luisteren en met meer respect, begrip en liefde te spreken. Dan kunnen woordenwisselingen, meningsverschillen en negatieve gevoelens uit de weg geruimd worden door middel van gesprekken, onderhandelingen en compromissen, zonder dat er kwetsende ruzies ontstaan.
Vrouwen dragen ook hun steentje bij aan dit soort ruzies, maar om andere redenen. Zo op het oog maakt een vrouw ruzie om geld, verantwoordelijkheden of andere zaken, maar inwendig kan ze verzet voelen tegen haar partner om een van de volgende redenen:

De verborgen redenen waarom vrouwen ruzie maken

De verborgen reden	Wat ze nodig heeft
1. 'Ik vind het niet leuk als hij niet genoeg belang hecht aan mijn gevoelens of verzoeken. Dan heb ik het gevoel dat hij me met een kluitje in het riet stuurt en me niet belangrijk vindt.'	1. Ze moet zich serieus genomen en gekoesterd voelen. Nu voelt ze zich veroordeeld en genegeerd.
2. 'Ik vind het vervelend als hij vergeet te doen wat ik vraag, waardoor ik een zeur lijk. Het geeft me het gevoel dat ik om zijn hulp moet bedelen.'	2. Ze moet zich gerespecteerd voelen en niet voorbijgezien. Nu voelt ze zich verwaarloosd en van weinig belang voor hem.
3. 'Ik houd er niet van als hij me verwijt dat ik van streek ben. Ik heb het gevoel dat hij alleen maar van me houdt als ik	3. Ze wil graag dat hij begrijpt waarom ze van slag is en dat hij haar verzekert van zijn liefde en zegt dat ze niet volmaakt

volmaakt ben. Ik ben niet volmaakt.'

hoeft te zijn. Ze heeft nu het gevoel dat het niet veilig is om zichzelf te zijn.

4. 'Ik vind het vervelend als hij zijn stem verheft of de redenen opsomt waarom hij gelijk heeft. Ik krijg dan het gevoel dat ik ongelijk heb en dat mijn mening hem niet kan schelen.'

4. Ze heeft behoefte aan begrip en respect. Nu heeft ze het gevoel dat er niet naar haar geluisterd wordt, dat ze gekoeioneerd en weggedrukt wordt.

5. 'Ik heb een hekel aan zijn neerbuigende houding als ik vragen stel over beslissingen die we moeten nemen. Ik krijg dan het gevoel dat ik hem tot last ben of dat ik zijn tijd verspil.'

5. Ze wil graag dat haar gevoelens voor hem tellen en dat hij respecteert dat ze informatie wil. Nu heeft ze het gevoel dat hij geen respect en waardering voor haar heeft.

6. 'Ik vind het vervelend als hij niet op mijn vragen of opmerkingen ingaat. Hij geeft me dan het gevoel dat ik niet besta.'

6. Ze wil graag zeker weten dat hij luistert en dat hij geïnteresseerd is. Ze voelt zich nu genegeerd of veroordeeld.

7. 'Ik hou er niet van als hij uitlegt waarom ik me niet gekwetst, bezorgd, boos of wat dan ook moet voelen. Het geeft me het gevoel dat ik niet serieus genomen word en geen steun krijg.'

7. Ze wil serieus genomen en begrepen worden. Nu heeft ze het gevoel dat hij haar geen steun en geen liefde geeft, en koestert ze wrok.

8. 'Ik vind het vervelend als hij van me wil dat ik me afstandelijker opstel. Dat geeft me het gevoel dat het verkeerd of zwak is als je iets voelt.'

8. Ze moet zich gerespecteerd en gekoesterd voelen, vooral wanneer ze haar gevoelens uit. Nu voelt ze zich onveilig en kwetsbaar.

Hoewel al deze pijnlijke gevoelens en deze behoeften geldig zijn, worden ze gewoonlijk niet openlijk gehanteerd en overgebracht. Ze worden opgekropt en zoeken zich een uitweg tijdens een ruzie.

Soms worden ze direct geuit, maar meestal worden ze geuit door middel van gezichtsuitdrukking, lichaamshouding en intonatie.
Mannen en vrouwen moeten elkaars speciale gevoeligheden begrijpen en er rekening mee houden, en zich er niet tegen verzetten. U pakt het probleem bij de kern aan als u probeert te communiceren op een manier die tegemoet komt aan de emotionele behoeften van uw partner. Er ontstaat dan geen ruzie, maar een gesprek waar beide partijen iets aan hebben en dat nodig is voor het oplossen en overwinnen van de meningsverschillen en de onenigheid.

Een analyse van een ruzie

Een kwetsende ruzie heeft meestal een bepaald basispatroon. Misschien herkent u het volgende voorbeeld.
Mijn vrouw en ik maakten een prachtige wandeling en picknickten onderweg. Er leek niets aan de hand tot ik na het eten begon te praten over eventuele investeringen. Plotseling werd ze boos omdat ik overwoog een deel van ons spaargeld te spenderen aan investeringen met een hoog risico. Ik was het alleen nog maar aan het overwegen, maar wat zij hoorde was dat ik het van plan was (zonder haar zelfs maar naar haar mening gevraagd te hebben). Ze werd boos dat ik zoiets wilde doen. Ik werd boos op haar omdat ze boos op mij was en we kregen ruzie.
Ik dacht dat ze mijn keuze van investeringsobject afkeurde en beredeneerde waarom het een goede keuze was. Mijn strijdlust werd echter aangewakkerd door het feit dat ze boos op me was. Zij zei maar steeds dat dergelijke investeringen te veel risico opleverden. Maar in feite was ze boos omdat ik deze investering had overwogen zonder me af te vragen wat zij ervan dacht. Bovendien stak het haar dat ik haar niet de ruimte gaf boos te zijn. Uiteindelijk wond ik me zo op dat ze haar verontschuldigingen aanbood voor het feit dat ze me verkeerd begrepen en niet vertrouwd had en kalmeerden we.
Later, nadat we de ruzie hadden bijgelegd, legde ze me het volgende voor. Ze zei: 'Vaak wanneer we ruzie hebben, lijkt het zo te gaan dat ik me ergens over opwind, jij je druk maakt over het feit dat ik me opwind, en dat ik me dan moet verontschuldigen voor het feit dat ik je van streek heb gemaakt. Ik heb wel eens het gevoel dat er iets ontbreekt. Soms wil ik eigenlijk dat jij je tegenover mij verontschuldigt voor het feit dat je míj van streek maakt.'

Ik zag hier meteen de logica van in. Het leek niet zo erg eerlijk dat ik van haar een excuus verwachtte, zeker omdat ik haar het eerst van streek had gemaakt. Dit nieuwe inzicht veranderde onze relatie. Toen ik tijdens mijn lessen over deze ervaring vertelde, ontdekte ik dat duizenden vrouwen zich onmiddellijk konden vinden in de ervaring van mijn vrouw. Het was weer een van die man/vrouw-patronen. Laten we het basispatroon eens bekijken.

1. Een vrouw geeft uiting aan haar gevoelens over 'XYZ'.

2. De man legt uit waarom ze zich niet druk hoeft te maken over 'XYZ'.

3. Zij krijgt het gevoel dat ze niet serieus wordt genomen en raakt nog meer van streek. (Het laatste maakt haar nog meer van streek dan het oorspronkelijke feit.)

4. Hij voelt haar afkeuring en wordt boos. Hij verwijt haar dat ze hem boos maakt en verwacht een excuus om het weer goed te maken.

5. Ze biedt haar excuses aan en vraagt zich af wat er nu precies gebeurd is, of ze windt zich nog meer op en de woordenwisseling mondt uit in ruzie.

Toen ik beter doorzag hoe ruzies in elkaar staken, was ik in staat dit probleem op een eerlijkere manier op te lossen. Door in gedachten te houden dat vrouwen van Venus komen kon ik me erin oefenen haar niet te verwijten dat ze van streek was. Voortaan ging ik na hoe ik haar van streek had gemaakt en liet haar merken dat ik om haar gaf. Zelfs als ze me verkeerd begreep, moest ik, als ze zich gekwetst voelde, haar laten weten dat ik van haar hield en spijt had.
Ik leerde eerst te luisteren als ze van streek raakte, en vervolgens echt te proberen te begrijpen wat haar dwars zat en dan te zeggen: 'Het spijt me dat ik je van streek maakte toen ik zei...' Het had onmiddellijk resultaat. We hadden minder ruzie.

Soms is het echter heel moeilijk om je verontschuldigingen aan te bieden. Op zulke momenten haal ik diep adem en zeg niets. Ik probeer me inwendig voor te stellen hoe ze zich voelt en te bedenken wat de redenen voor haar standpunt zijn. Dan zeg ik: 'Wat naar dat je er zo'n last van hebt.' Alhoewel dat geen excuus is, spreekt er wel medeleven uit en dat lijkt veel uit te maken.

Mannen zeggen zelden: 'Het spijt me' ,omdat dat op Mars betekent dat je iets fout hebt gedaan en je verontschuldigingen aanbiedt.

Mannen zeggen zelden dat het hun spijt omdat dat op Mars betekent dat je iets verkeerd hebt gedaan en je excuses aanbiedt. Vrouwen zeggen echter: 'Het spijt me' in de betekenis van: 'Ik trek me je gevoelens aan'. Het betekent niet dat ze zich verontschuldigen voor een fout. De mannen die dit lezen en die zelden hun spijt betuigen kunnen een wonder tot stand brengen door te leren gebruik te maken van dit aspect van de taal der Venusbewoners. De gemakkelijkste manier om een ruzie op dood spoor te zetten is 'Het spijt me' zeggen.

De meeste ruzies escaleren wanneer een man de gevoelens van een vrouw begint te ontkennen en zij daarop afkeurend reageert. Omdat ik een man ben heb ik me moeten oefenen in het serieus nemen van de gevoelens van mijn partner. Mijn vrouw heeft geprobeerd te leren haar gevoelens directer te uiten zonder dat daaruit afkeuring jegens mij spreekt. Het resultaat was: minder ruzie en meer liefde en vertrouwen. Zonder dit nieuwe inzicht zouden we waarschijnlijk nog steeds dezelfde ruzies hebben.

De meeste ruzies escaleren als een man een vrouw niet serieus neemt en zij daarop met afkeuring reageert

Om pijnlijke ruzies te voorkomen zal men moeten inzien hoe mannen onbewust de gevoelens van een vrouw ontkennen en hoe vrouwen onbewust afkeuring uitstralen.

Hoe mannen onbewust een ruzie beginnen

Mannen beginnen het vaakst een ruzie door de gevoelens of de mening van een vrouw niet serieus te nemen. Mannen beseffen niet hoe vaak ze dat doen.

Zo kan een man heel luchtig doen over de negatieve gevoelens van een vrouw. Hij zegt bijvoorbeeld: 'Ach, maak je niet druk.' Een andere man klinkt zo'n uitspraak vriendelijk in de oren, maar op een vrouwelijke partner komt het gevoelloos en kwetsend over.
Als een vrouw ergens mee zit kan een man ook proberen haar op te monteren door te zeggen: 'Het heeft niet zo veel om het lijf,' waarna hij met een praktische oplossing voor het probleem komt en verwacht dat ze opgelucht en blij is. Hij begrijpt niet dat ze het gevoel heeft dat ze niet serieus genomen wordt en dat ze geen steun van hem krijgt. Ze kan geen waardering opbrengen voor zijn oplossing tot hij haar de ruimte geeft voor haar gevoelens.
Een zeer algemeen voorbeeld is dat van de man die iets heeft gedaan waardoor de vrouw van streek is. Zijn instinct zegt hem dat ze opknapt als hij uitlegt waarom ze niet van streek hoeft te zijn. Vol zelfvertrouwen zegt hij haar dat hij een heel goede, logische en verstandige reden had voor zijn gedrag. Hij beseft totaal niet dat hij haar met deze houding het gevoel geeft dat ze niet het recht heeft van streek te zijn. Als hij zijn gedrag uitlegt, hoort zij daarin misschien alleen maar de verklaring dat het hem niets kan schelen wat zij voelt.
Wil ze naar zíjn goede redenen luisteren, dan moet hij eerst naar háár goede redenen voor háár gedrag luisteren. Hij moet zijn verklaringen even opzij zetten en met begrip naar haar luisteren. Als hij zich met haar gevoelens inlaat zal zij het gevoel krijgen dat hij haar helpt.
Deze nieuwe benadering vergt wat oefening maar is voor iedereen haalbaar. Als een vrouw uiting geeft aan gevoelens van frustratie, teleurstelling of bezorgdheid, wil bij de man meestal íedere cel in zijn lichaam instinctief reageren met een reeks verklaringen en rechtvaardigingen, bedoeld om haar negatieve gevoelens weg te nemen. Hij is er nooit op uit alles erger te maken dan het al is. Hij heeft gewoon het instinct van de Marsbewoner en dat zegt hem dat hij gevoelens moet wegredeneren.
Door te begrijpen dat in zo'n geval een instinctmatige reactie averechts werkt, kan hij echter tot ander gedrag komen. Door steeds beter te begrijpen wat bij een vrouw wel werkt en wat niet en ervaring daarin op te doen, kan een man die verandering tot stand brengen.

Hoe vrouwen onbewust een ruzie beginnen

De manier waarop vrouwen het vaakst onbewust een ruzie beginnen is door niet direct te zijn in het uiten van hun gevoel. In plaats van rechtstreeks uiting te geven aan ongenoegen of teleurstelling, stelt een vrouw retorische vragen en brengt onbewust (of bewust) afkeuring over. Hoewel dit soms niet de boodschap is die ze wíl overbrengen, is dat meestal toch de boodschap die een man opvangt.

Vrouwen beginnen het vaakst onbewust een ruzie door hun gevoelens niet direct te uiten

Als een man bijvoorbeeld te laat komt, kan een vrouw iets voelen in de trant van: 'Ik heb geen zin om op je te wachten als je te laat bent' of: 'Ik was bang dat er iets met je was gebeurd.' Als hij dan komt stelt ze, in plaats van rechtstreeks te zeggen wat ze voelt, een retorische vraag: 'Wat moet ik wel denken als je zo laat bent?' of: 'Waarom heb je niet gebeld?'

Het is natuurlijk niet verkeerd om iemand te vragen waarom hij niet gebeld heeft als je echt wilt weten wat de reden is. Maar als een vrouw boos is, maakt de toon waarop ze spreekt vaak duidelijk dat ze niet de ware reden wil weten, maar wil overbrengen dat er geen acceptabele reden is om te laat te zijn.

Als een man een vraag hoort in de trant van: 'Hoe kun je nu zo laat komen?' of: 'Waarom heb je niet gebeld?' hoort hij niet de gevoelens daarachter, maar de afkeuring. Hij voelt haar opdringerige verlangen om hem te helpen zich verantwoordelijker te gedragen. Hij voelt zich aangevallen en gaat in de verdediging. Ze heeft er geen idee van hoe pijnlijk haar afkeuring voor hem is.

Zoals vrouwen behoefte hebben aan bevestiging, zo hebben mannen behoefte aan goedkeuring. Hoe meer een man van een vrouw houdt, hoe meer behoefte hij aan haar goedkeuring heeft. Aan het begin van een relatie is die er altijd. Of zij straalt goedkeuring uit, óf hij is er zeker van dat hij haar goedkeuring kan verwerven. In beide gevallen is er sprake van goedkeuring.

Zelfs als er bij een vrouw wonden zijn geslagen door andere mannen of door haar vader, geeft ze aan het begin van een relatie toch goedkeuring. Ze heeft een gevoel van: 'Dit is een bijzondere man, heel anders dan de andere mannen die ik gekend heb.'

Het is voor een man bijzonder pijnlijk als een vrouw die goedkeuring intrekt. Vrouwen hebben meestal niet in de gaten dat ze dat doen. En als ze het wel in de gaten hebben, voelen ze zich ertoe gerechtigd. Een reden voor deze ongevoeligheid is dat vrouwen zich er niet van bewust zijn, hoeveel goedkeuring voor een man betekent.

Een vrouw kan echter leren hoe ze het gedrag van een man kan afkeuren, zonder hem helemaal af te keuren. Wil een man het gevoel hebben dat zij van hem houdt, dan moet zij hem goedkeuren zoals hij is, ook al is ze het niet met zijn gedrag eens. Meestal keurt een vrouw een man af wanneer ze het niet met zijn gedrag eens is en hem wil veranderen. Ze voelt de ene keer natuurlijk wat meer goedkeuring dan de andere, maar het grieft en kwetst hem zeer als ze afkeurend is.

De meeste mannen schamen zich om toe te geven hoe groot hun behoefte aan goedkeuring is. Ze kunnen zich in allerlei bochten wringen om aan te tonen dat het hen niets kan schelen. Maar waarom worden ze dan meteen kil, afstandelijk en defensief wanneer ze de goedkeuring van een vrouw kwijt zijn? Omdat het hen pijn doet dat hun behoefte niet vervuld wordt.

Een van de redenen waarom relaties in het begin zo goed lopen is dat een man nog bij een vrouw in de gratie is. Hij is nog haar nobele ridder. Hij is nog gezegend met haar goedkeuring en kan dus hoog te paard zitten. Maar hij hoeft haar maar even teleur te stellen of hij is uit de gratie. Hij raakt haar goedkeuring kwijt. Hij wordt in het verdomhoekje gezet.

Een man kan teleurstelling van een vrouw wel aan, maar als die met afkeuring of afwijzing gepaard gaat, doet het hem pijn. Vrouwen ondervragen een man meestal op afkeurende toon over zijn gedrag. Dat doen ze omdat ze denken dat hij daar iets van opsteekt, maar dat is niet het geval. Het brengt alleen maar angst en wrok teweeg, en langzaam aan raakt hij steeds minder gemotiveerd.

Een man goedkeuring geven, betekent zien dat hij het goed bedoelt. Zelfs als hij zich onverantwoordelijk of lui of onbeschaamd gedraagt, kan een vrouw, als ze van hem houdt, het goede in hem zien. Goedkeuring geven, betekent zoeken naar de liefdevolle bedoeling of het goede achter de façade.

Doen alsof een man géén goede bedoelingen heeft is hem de goedkeuring die ze in het begin zo gul gaf, onthouden. Een vrouw moet beseffen dat ze goedkeuring kan geven, ook al is ze het niet eens met wat hij doet.

Twee essentiële problemen die vaak ruzie geven:

1. De man heeft het gevoel dat de vrouw zijn standpunt afkeurt.
2. De vrouw keurt de manier waarop de man tegen haar praat, af.

Wanneer hij haar goedkeuring zo hard nodig heeft

De meeste ruzies komen niet voort uit het feit dat twee mensen het niet met elkaar eens zijn, maar uit het feit dat de man het gevoel heeft dat de vrouw zijn standpunt of zijn manier van praten afkeurt. Ze geeft vaak blijk van haar afkeuring omdat hij haar standpunt niet serieus neemt, of niet op liefdevolle wijze tegen haar praat. Wanneer mannen en vrouwen leren elkaar goedkeuring en bevestiging te geven, hoeven ze geen ruzie te maken. Ze kunnen dan hun meningsverschillen bespreken en proberen op te lossen.

Als een man een fout maakt of een boodschap of een andere taak vergeet, realiseert een vrouw zich niet hoe gevoelig hij op zo'n moment is. Hij heeft haar liefde op zo'n moment juist heel hard nodig. Als zij hem dan haar goedkeuring onthoudt, veroorzaakt ze veel pijn. Ze beseft misschien niet eens dat ze dat doet. Ze denkt misschien dat ze alleen maar teleurgesteld is, maar hij ervaart alleen maar afkeuring.

Een van de manieren waarop vrouwen onbewust afkeuring overbrengen is met hun ogen of door middel van een stembuiging. De woorden zelf zijn misschien wel liefdevol, maar haar blik of de toon van haar stem verwondt hem. Uit afweer stelt hij haar in het ongelijk. Hij ontkent haar gevoelens en rechtvaardigt zichzelf.

Een man maakt het snelst ruzie als hij iets verkeerd heeft gedaan of de vrouw van wie hij houdt van streek heeft gemaakt. Als hij haar teleurstelt, wil hij haar uitleggen waarom ze zich niet druk hoeft te maken. Hij denkt dat ze zich door die uitleg beter zal voelen. Hij weet niet dat zij het meest behoefte heeft aan zijn aandacht en de bevestiging van haar gevoelens als ze van streek is.

Mannen maken het snelst ruzie als ze iets fout hebben gedaan of hun geliefde van streek hebben gemaakt

Meningsverschillen zonder ruzie

Wie geen gezonde rolvoorbeelden heeft gehad vindt het misschien heel moeilijk meningsverschillen en onenigheid te uiten. Bij de meeste ouders ging het zo: óf ze maakten geen ruzie, óf ze deden dat wel, maar dan ontaardde het al gauw in slaande ruzie. Het volgende overzicht laat zien hoe mannen en vrouwen onbewust ruzie kunnen veroorzaken, en biedt gezonde alternatieven.
Bij alle typen ruzie die hieronder worden genoemd geef ik eerst een retorische vraag die een vrouw zou kunnen stellen en vervolgens de eventuele interpretatie van de man. Dan laat ik zien hoe een man zijn gedrag uitlegt en hoe dat een vrouw het gevoel geeft dat haar gevoelens ontkend worden. Ten slotte geef ik aan hoe mannen en vrouwen zich positiever kunnen uiten en ruzie kunnen vermijden.

Hoe de ruzie eruit kan zien...

1 ...als hij laat thuiskomt

Haar retorische vraag

Als hij laat thuiskomt zegt ze: 'Hoe kun je nu zo laat komen?' of: 'Waarom heb je niet gebeld?' of: 'Wat moet ik wel denken?'

Wat hij hoort

Wat hij opvangt is: 'Er is geen goede reden om laat te zijn! Je hebt geen verantwoordelijkheidsgevoel. Ik zou nooit laat komen. Ik ben beter dan jij.'

Zijn uitleg

Als hij laat is en zij van streek, zegt hij: 'Het was heel druk op de weg' of: 'Soms loopt het anders dan je wilt' of: 'Je kunt niet verwachten dat ik altijd op tijd ben.'

Wat zij hoort

Wat zij opvangt is: 'Je moet niet van streek zijn, want ik heb deze goede en logische redenen om laat te zijn. Trouwens, mijn werk is belangrijker dan jij en jij bent te veeleisend!'

Hoe ze minder afkeurend kan overkomen

Ze zou kunnen zeggen: 'Ik vind het niet prettig als je laat bent. Het maakt me van streek. Bel

Hoe hij haar gevoelens serieuzer kan nemen

Hij zegt: 'Ik ben inderdaad laat. Het spijt me als ik je van streek heb gemaakt.' Het komt erop

de volgende keer als je laat komt alsjeblieft even op.'

aan te luisteren zonder al te veel uitleg. Probeer datgene waar ze behoefte aan heeft om zich bemind te voelen te begrijpen en serieus te nemen.

2 ...als hij vergeten heeft iets te doen

Haar retorische vraag

Als hij iets vergeten is, zegt ze: 'Hoe kon je dat nou vergeten?' of: 'Wanneer denk je er nu eens aan?' of: 'Kan ik nou nooit eens van je op aan?'

Wat hij hoort

Wat hij opvangt is: 'Er is geen goede reden waarom je het vergeten bent. Het is stom van je en ik kan niet van je op aan. Ik investeer het meeste in deze relatie.'

Zijn uitleg

Als hij heeft vergeten iets te doen en zij wordt boos, zegt hij: 'Ik had het zo druk en toen ben ik het gewoon vergeten. Dat gebeurt wel eens' of: 'Ach, maak je niet druk. Dat wil nog niet zeggen dat het me niet kan schelen.'

Wat zij hoort

Wat zij opvangt is: 'Je moet je niet zo opwinden over zoiets onbelangrijks. Je bent te veeleisend en je reactie is irrationeel. Wees eens wat realistischer. Je leeft in een fantasiewereld.'

Hoe ze minder afkeurend kan overkomen

Als ze boos is, kan ze misschien zeggen: 'Ik vind het vervelend als je iets vergeet.' Ze kan ook een andere benaderingswijze kiezen die ook het gewenste resultaat geeft: gewoon niet praten over het feit dat hij iets vergeten is, maar het vriendelijk nog eens vragen. (Hij weet wel dat hij iets vergeten is!)

Hoe hij haar gevoelens serieuzer kan nemen

Hij zegt: 'Ik ben het vergeten. Ben je boos?' Dan laat hij haar praten zonder haar kwalijk te nemen dat ze boos is. Terwijl ze praat zal het tot haar doordringen dat er naar haar geluisterd wordt en dat zal ze erg waarderen.

3 ...als hij uit 'zijn hol' komt

Haar retorische vraag

Als hij uit 'zijn hol' komt zegt ze: 'Hoe kun je toch zo ongevoelig en kil zijn?' Of: 'Hoe moet ik daar nou op reageren?' Of: 'Hoe moet ik nu weten wat er in je omgaat?'

Wat hij hoort

Wat hij opvangt is: 'Er is geen goede reden om je af te zonderen. Je bent wreed en liefdeloos. Jij bent niet de juiste man voor mij. Je hebt me zo gekwetst, meer dan ik jou ooit gekwetst heb.'

Zijn uitleg

Als hij uit 'zijn hol' komt en ze boos is, verklaart hij: 'Ik moest even alleen zijn, het was maar twee dagen. Is dat nou zo erg?' Of: 'Ik heb jou toch niets aangedaan? Waarom trek je het je zo aan?'

Wat zij hoort

Wat zij opvangt is: 'Je moet je niet zo gekwetst of in de steek gelaten voelen. Als je dat toch doet, voel ik niet met je mee. Je bent te afhankelijk en te overheersend. Ik doe wat ik wil, het kan me niet schelen wat je voelt.'

Hoe ze minder afkeurend kan overkomen

Als ze er last van heeft kan ze zeggen: 'Ik weet dat je soms even alleen moet zijn, maar toch doet het pijn als je afstand neemt. Ik zeg niet dat je er verkeerd aan doet, maar ik wil wel graag dat je weet wat het voor mij betekent.'

Hoe hij haar gevoelens serieuzer kan nemen

Hij zegt: 'Ik begrijp dat het je kwetst als ik afstand neem. Het moet voor jou heel pijnlijk zijn als ik me afzonder. Laten we het erover hebben.' (Als zij gehoor vindt, is het gemakkelijker voor haar te accepteren dat hij er behoefte aan heeft af en toe alleen te zijn.)

4 ...als hij haar teleurstelt

Haar retorische vraag

Als hij haar teleurstelt zegt ze: 'Hoe kon je dat nou doen?' of: 'Waarom doe je niet eens een keer wat je zegt?' of: 'Je had toch gezegd dat je het zou doen?'

Wat hij hoort

Wat hij opvangt is: 'Er is geen goede reden om me teleur te stellen. Je bent een stommeling. Jij kunt ook niks goed doen. Ik kan niet gelukkig zijn als je zo blijft!'

Zijn uitleg
Als ze teleurgesteld in hem is, zegt hij: 'De volgende keer zal ik het goed doen' of: 'Het is toch niet zo erg?' of: 'Maar ik wist niet wat je bedoelde...'

Wat zij hoort
Wat zij opvangt is: 'Als je van slag bent is dat jouw schuld. Je moet eens wat soepeler zijn. Je hoeft je niet druk te maken en ik voel niet met je mee.'

Hoe ze minder afkeurend kan overkomen
Als ze boos is kan ze zeggen: 'Ik vind het niet leuk als je me teleurstelt. Ik dacht dat je zou bellen. Het geeft niet, maar ik wil graag dat je weet hoe ik me voel als je...'

Hoe hij haar gevoelens serieuzer kan nemen
Hij zegt: 'Ik begrijp je teleurstelling. Laten we het erover hebben. Hoe voelde je je?' Nogmaals: laat haar praten. Geef een vrouw de aandacht die ze verdient, en ze zal zich veel beter voelen. Zeg na een poosje: 'Waar heb je nu behoefte aan?' of: 'Wat kan ik nu voor je doen?'

5 ...als hij haar gevoelens niet respecteert en haar kwetst

Haar retorische vraag
Wanneer hij haar gevoelens niet respecteert en haar kwetst, zegt zij: 'Hoe kun je dat nou zeggen?' of: 'Waarom doe je me dit aan?' of 'Waarom luister je niet eens naar me?' of: 'Geef je nog wel om me?' of: 'Zo behandel ik jou toch ook niet?'

Wat hij hoort
Wat hij opvangt is: 'Je bent vervelend en je scheldt me uit. Ik ben veel liefdevoller dan jij. Ik zal je dit nooit vergeven. Je moet gestraft worden en de deur uitgezet en het is allemaal jouw schuld.'

Zijn uitleg
Als hij geen respect voor haar gevoelens heeft en zij nog meer van streek raakt, legt hij uit: 'Zo bedoelde ik het heus niet' of: 'Ik luister echt wel naar je, zie je wel?' of: 'Ik negeer je heus niet altijd' of: 'Ik lach je niet uit.'

Wat zij hoort
Wat zij opvangt is: 'Je hebt niet het recht van streek te zijn. Je praat als een kip zonder kop. Je bent te gevoelig, er is iets mis met je. Je bent me tot last.'

Hoe ze minder afkeurend kan overkomen

Ze zou kunnen zeggen: 'Ik vind de manier waarop je tegen me praat vervelend. Hou daar alsjeblieft mee op.' Of: 'Je doet gemeen en dat vind ik naar. Ik wil even ophouden met praten.' Of: 'Zo had ik me dit gesprek niet voorgesteld. Laten we opnieuw beginnen.' Of: 'Ik verdien zo'n behandeling niet. Ik wil even ophouden met praten.' Of: 'Wil je me alsjeblieft niet in de rede vallen?' Of: 'Wil je alsjeblieft luisteren naar wat ik zeg?' (Een man reageert het best op korte en directe mededelingen. Zedepreken of vragen werken averechts.)

Hoe hij haar gevoelens serieuzer kan nemen

Hij zegt: 'Het spijt me, je verdient beter.' Haal diep adem en luister naar haar reactie. Ze kan uitvallen en iets zeggen in de trant van: 'Je luistert ook nooit.' Zeg tijdens een adempauze: 'Je hebt gelijk. Soms luister ik niet. Het spijt me. Je verdient beter… Zullen we overnieuw beginnen? Dan gaat het vast beter.' Opnieuw beginnen met een gesprek is een prima manier om ervoor te zorgen dat een ruzie niet uit de hand loopt. Als ze niet opnieuw wil beginnen, verwijt haar dat dan niet. Onthoud dat ze meer zal accepteren en meer goedkeuring zal laten blijken wanneer ze de ruimte krijgt om van streek te zijn.

6 …als hij haast heeft en dat haar niet bevalt

Haar retorische vraag

Ze klaagt: 'Waarom hebben we toch altijd zo'n haast?' of: 'Waarom moet je altijd overal met zo'n bloedgang heen?'

Wat hij hoort

Wat hij opvangt is: 'Er is geen goede reden voor al die haast! Jij maakt me ook nooit gelukkig. Jij zult nooit veranderen. Je kunt niets en je geeft kennelijk ook niets om me.'

Zijn uitleg

Hij zegt: 'Het is toch niet zo erg?' of: 'Zo doen we het toch altijd?' of: 'Daar kunnen we nu niets aan doen' of: 'Maak je niet zo druk, het komt wel goed.'

Wat zij hoort

Wat zij opvangt is: 'Je hebt niet het recht om te klagen. Je moet blij zijn met wat je hebt en niet altijd zo ontevreden en ongelukkig zijn. Je hebt geen reden tot klagen, je hebt altijd wat.'

Hoe ze minder afkeurend kan overkomen

Als ze er last van heeft kan ze zeggen: 'We moeten ons haasten en dat vind ik vervelend. Ik heb het gevoel dat we altijd haast hebben' of: 'Ik vind het heerlijk om me niet te hoeven haasten. Soms vind ik die haast vreselijk, ik houd er gewoon niet van. Zou je volgende keer een kwartier meer kunnen uittrekken?'

Hoe hij haar gevoelens serieuzer kan nemen

Hij zegt: 'Ik vind het ook niet prettig. Ik wou dat we wat langzamer aan konden doen. Het is net een gekkenhuis.' In dit voorbeeld deelt hij haar gevoelens. Zelfs als hij van opschieten houdt, kan hij haar maar het beste bijstaan in haar frustratie door uiting te geven aan dat stukje in hem dat haar frustratie deelt.

7 ...als ze zich tijdens een gesprek niet serieus genomen voelt

Haar retorische vraag

Als ze zich niet gesteund of serieus genomen voelt tijdens een gesprek, zegt ze: 'Waarom zei je dat?' of: 'Waarom praat je zo tegen me?' of: 'Kan het je dan helemaal niets schelen wat ik zeg?' of: 'Hoe kan je dat nou zeggen?'

Wat hij hoort

Wat hij opvangt is: 'Je hebt geen goede reden om mij zo te behandelen. Dus je houdt niet van me. Het kan je niks schelen. Ik geef maar en jij geeft niets terug!'

Zijn uitleg

Als zij zich niet serieus genomen voelt en van streek raakt, zegt hij: 'Maar wat je zegt slaat nergens op' of: 'Maar dat zei ik helemaal niet' of: 'Dat heb je allemaal al eens gezegd.'

Wat zij hoort

Wat zij opvangt is: 'Je hebt niet het recht van streek te zijn. Je denkt niet logisch na en bent in de war. Ik weet wat juist is en jij niet. Ik sta boven jou. Jij veroorzaakt deze ruzies, niet ik.'

Hoe ze minder afkeurend kan overkomen

Ze zou kunnen zeggen: 'Ik vind het naar dat je dat zegt. Het lijkt wel of je me veroordeelt. Dat heb ik niet verdiend. Begrijp me alsjeblieft goed' of:

Hoe hij haar gevoelens serieuzer kan nemen

Hij zegt: 'Jammer dat het niet naar je zin is. Wat denk je dan dat ik zeg?' Hij geeft haar de kans nog eens te overdenken wat ze gehoord heeft, waarop

'Ik heb een zware dag achter de rug. Ik weet dat het allemaal niet jouw schuld is, maar ik wil wel graag dat je begrijpt wat ik voel. Goed?' Of ze laat zijn commentaar voor wat het is en vraagt om datgene wat ze hebben wil: 'Ik ben niet in zo'n goede bui, zou je misschien even willen luisteren? Dan voel ik me heel wat beter!' (Mannen hebben heel wat aanmoediging nodig om te luisteren.)

hij kan zeggen: 'Het spijt me. Ik begrijp waarom het je niet bevalt.' Doe even niets. Er moet nu geluisterd worden. Kom niet in de verleiding uit te leggen dat ze uw woorden verkeerd opvat. Als ze eenmaal gekwetst is, zult u moeten luisteren, anders gaat het niet over. Uitleg helpt pas nadat u haar serieus hebt genomen en met liefdevol begrip naar haar hebt geluisterd.

Steun geven op moeilijke momenten

Iedere relatie kent moeilijke tijden. Die kunnen om diverse redenen voorkomen, bijvoorbeeld werkloosheid, een sterfgeval, ziekte, of gewoon bij gebrek aan rust. In zulke gevallen is het van het allergrootste belang dat men met liefde, aandacht en goedkeuring probeert te communiceren. Daarnaast moeten we accepteren en begrijpen dat onze partner niet altijd volmaakt is. Als men goed leert communiceren in reactie op de kleine tegenslagen in een relatie, kan men gemakkelijker de grote uitdagingen aan wanneer die zich voordoen.

In alle hierboven gegeven voorbeelden heb ik de vrouw in de rol geplaatst van degene die last heeft van het gedrag van de man. Mannen kunnen natuurlijk ook last hebben van het gedrag van de vrouw, en alle suggesties hebben dan ook betrekking op de beide seksen. Als u een relatie hebt, is het een nuttige oefening om aan uw partner te vragen hoe hij of zij in zo'n geval zou reageren.

Ga er op een rustig moment eens met uw partner voor zitten en zoek uit welke formulering uw partner en u het beste ligt. Het kan ontzettend nuttig zijn een paar van tevoren afgesproken formuleringen bij de hand te hebben om de spanning te neutraliseren wanneer er een conflict dreigt.

Bedenk ook dat, hoe u uw woordkeus ook bijstelt, het gevoel áchter uw woorden het meeste telt. Al gebruikt u precies de bewoordingen uit het boek, de spanning neemt alleen maar toe als uw partner geen liefde, bevestiging en goedkeuring voelt. Zoals ik al

eerder zei, soms kunt u een conflict het beste vermijden als u zich even terugtrekt wanneer u het ziet aankomen. Neem even de tijd om uzelf in de hand te krijgen, zodat u daarna weer met meer begrip, acceptatie, bevestiging en goedkeuring bij elkaar kunt komen.
Als u deze veranderingen doorvoert, zult u misschien aanvankelijk een ongemakkelijk gevoel hebben, of het idee dat u uw partner manipuleert. Veel mensen denken dat liefde wil zeggen dat je 'zegt waar het op staat'. Zo'n zeer directe aanpak houdt echter geen rekening met de gevoelens van de luisteraar. Men hoeft niet oneerlijk of indirect te zijn om gevoelens op een vriendelijke manier te uiten. Door een paar van de hierboven gegeven suggesties eens te oefenen, kunt u leren hoe u met meer liefde en vertrouwen kunt communiceren. Na een poos zal het u steeds beter afgaan.
Als u momenteel een relatie hebt en uw partner doet pogingen een paar van deze suggesties in de praktijk te brengen, bedenk dan dat hij/zij probéért meer steun te geven! Aanvankelijk kunnen zijn/haar woorden niet alleen onnatuurlijk, maar ook onoprecht overkomen. Maar je kunt niet in een paar weken een gedragspatroon dat in een heel leven is opgebouwd, veranderen. Probeer waardering op te brengen voor iedere stap, want anders kan de ander het wel eens gauw opgeven.

Ruzie vermijden door een liefdevolle communicatie

Ruzie en twist met een emotionele lading kunnen vermeden worden door te begrijpen wat onze partner nodig heeft en dat ook te geven. Het volgende verhaal laat zien dat als een vrouw haar gevoelens rechtstreeks uit, en een man serieus met die gevoelens omgaat, ruzie wordt vermeden.
Ik weet nog dat ik eens met mijn vrouw vertrok naar onze vakantiebestemming. Toen we in de auto wegreden en eindelijk konden bijkomen van een koortsachtige week, verwachtte ik dat Bonnie blij zou zijn dat we zo'n fijne vakantie tegemoet gingen. Maar ze slaakte een diepe zucht en zei: 'Ik heb het gevoel dat mijn leven één lange, langzame marteling is.'
Ik wachtte even, ademde diep in, en zei tegen haar: 'Ik weet wat je bedoelt, soms lijkt het wel of ze het laatste restje leven uit me weten te persen.' Terwijl ik dit zei maakte ik een gebaar van een doek uitwringen.
Bonnie knikte instemmend en tot mijn verbazing glimlachte ze in-

eens en veranderde van onderwerp. Ze begon te praten over hoezeer ze zich op deze reis verheugde.
Zes jaar geleden was dat anders verlopen. We zouden ruzie hebben gekregen en ik zou haar ten onrechte de schuld hebben gegeven.
Ik zou haar kwalijk hebben genomen dat ze zei dat haar leven één lange, langzame marteling was. Ik zou het me persoonlijk aangetrokken hebben en het gevoel hebben gehad dat ze zich over míj beklaagde. Ik zou in de verdediging zijn gegaan en hebben verklaard dat het leven helemaal geen martelgang was en dat ze dankbaar zou moeten zijn dat we zo'n heerlijke vakantie gingen houden. Dan zouden we ruzie hebben gekregen en zou onze vakantie één lange martelgang geworden zijn. En dat allemaal omdat ik haar gevoelens niet begrepen en serieus genomen zou hebben.
Ditmaal begreep ik dat ze alleen maar uiting gaf aan iets dat achter haar lag. Het ging niet over mij. Omdat ik dat inzag ging ik me niet verdedigen. Door dat beeld van die uitgewrongen doek voelde zij zich bevestigd in haar gevoelens. Daardoor stond ze ook voor mij open en voelde ik haar liefde, acceptatie en goedkeuring. Omdat ik geleerd had haar gevoelens serieus te nemen, kreeg ze de liefde die ze verdiende. We kregen geen ruzie.

10. Wat uw partner het meest waardeert

Een man denkt dat hij bij een vrouw een goede beurt maakt wanneer hij iets groots voor haar doet, zoals een nieuwe auto voor haar kopen of haar meenemen op vakantie. Hij denkt dat hij minder hoge ogen gooit als hij kleine dingen doet, zoals het portier van de auto voor haar openhouden, bloemen voor haar kopen of haar omhelzen. Omdat hij zo denkt, gelooft hij dat hij haar de meeste voldoening schenkt als hij zijn tijd, energie en aandacht in iets groots steekt. Die formule werkt echter niet, omdat vrouwen de dingen heel anders waarderen.

Een vrouw beoordeelt ieder liefdesgeschenk hetzelfde, of dat nu klein of groot is: iedere gave heeft evenveel waarde. De afmetingen doen er niet toe; het wordt gewaardeerd. Een man denkt echter dat hij met een klein geschenk veel minder indruk maakt dan met een groot. Aangezien hij niet begrijpt dat vrouwen de dingen anders waarderen, stopt hij instinctief zijn energie in een of twee grote gaven.

Een vrouw beoordeelt ieder liefdesgeschenk, klein of groot, als op zichzelf staand: alles wordt gelijkelijk gewaardeerd

Een man realiseert zich niet dat een vrouw de kleine dingen even belangrijk vindt als de grote. Met andere woorden: een vrouw is even blij met een roos als met het feit dat de huur op tijd betaald wordt. Als mannen en vrouwen niet van dit elementaire verschil in waardering op de hoogte zijn, raken ze in hun relaties doorlopend gefrustreerd en teleurgesteld.

Het volgende geval toont dit goed aan:

Tijdens een therapiesessie zei Pam: 'Ik doe zo veel voor Chuck en hij kijkt me niet eens aan.

Hij geeft alleen maar om zijn werk.'
Chuck zei: 'Maar door mijn werk kan ik ons prachtige huis betalen en kunnen we op vakantie! Ze zou blij moeten zijn.'
Pam zei hierop: 'Dat huis of die vakanties kunnen me niet schelen als we niet van elkaar houden. Ik heb er niet genoeg aan.'
Chuck zei: 'Zo klinkt het alsof jij veel meer geeft.'
Pam zei: 'Dat is ook zo. Ik doe altijd van alles voor jou. Ik doe de was, kook, maak het huis schoon, alles. Jij doet één ding: Je gaat naar je werk, en daar betalen we de rekeningen van. Maar verder laat je alles aan mij over.'

Chuck is een geslaagd arts. Zoals de meeste beroepsmensen heeft hij een tijdrovende, maar lucratieve baan. Hij kon maar niet begrijpen waarom Pam, zijn vrouw, zo ontevreden was. Hij 'verdiende een dikbelegde boterham', en zorgde ervoor dat zijn vrouw en gezin 'het goed hadden', maar als hij thuiskwam trof hij een ongelukkige echtgenote aan.
Chuck dacht: hoe meer geld ik met mijn werk verdien, des te minder hoef ik thuis te doen om mijn vrouw gelukkig te maken. Hij dacht dat zijn imposante salaris aan het eind van de maand hem veel waardering bezorgde. Toen hij zijn eigen kliniek opende en zijn inkomen verdubbelde, ging hij ervan uit dat ook zijn waardering was verdubbeld. Hij had er geen idee van dat zijn salaris hem bij Pam evenveel waardering opleverde als alle andere dingen, hoe klein ook.
Chuck besefte niet dat het voor Pam als volgt werkte: hoe meer hij verdiende, des te minder kreeg zij. Zijn nieuwe kliniek vergde meer tijd en energie. Om de achterstand in te halen, ging zij nog meer investeren in hun privé-leven en hun relatie om die goed te laten lopen. Ze had het gevoel dat ze hiermee veel meer gaf dan hij. Het maakte haar erg ongelukkig en opstandig.
Pam had het gevoel dat ze meer gaf en minder kreeg. Van Chucks gezichtspunt bezien gaf hij meer (kliniek erbij) en kon dus meer van zijn vrouw vragen. Wat hem betrof stonden ze quitte. Hij was tevreden met hun relatie, ware het niet dat zijn vrouw niet gelukkig was. Hij verweet haar dat ze te veel wilde. Hij vond dat het verdubbelde inkomen gelijk stond met wat zij gaf. Die houding maakte Pam nog kwader.

Nadat ze naar mijn relatiecursus op band hadden geluisterd, waren zowel Pam als Chuck in staat hun verwijten los te laten en hun probleem liefdevol op te lossen. Een relatie die op springen stond was gered.
Chuck leerde dat kleine dingen voor zijn vrouw belangrijk waren. Hij stond er versteld van hoe snel er iets veranderde toen hij meer tijd en energie aan haar begon te besteden. Hij begon in te zien dat een vrouw kleine dingen evenzeer waardeert als grote. Hij begreep nu waarom zijn werk voor haar niet zo hoog scoorde.
In feite had Pam alle reden om zich niet gelukkig te voelen. Ze had Chucks persoonlijke energie, inzet en aandacht veel harder nodig dan hun rijke leventje. Chuck ontdekte dat zijn vrouw veel gelukkiger was als hij wat minder verdiende, maar wat meer energie aan de juiste dingen besteedde. Hij zag in dat hij langere werkdagen had gemaakt in de hoop dat zij dan gelukkiger zou zijn. Toen hij eenmaal begreep hoe zij de dingen waardeerde, kon hij met hernieuwd zelfvertrouwen thuiskomen omdat hij wist hoe hij haar gelukkig moest maken.

Kleine dingen maken veel verschil

Er zijn verscheidene manieren waarop een man zijn partner blij kan maken zonder te veel te hoeven doen. Het is gewoon een kwestie van de energie en aandacht die hij al geeft een andere richting geven. De meeste mannen weten veel van die dingen al, maar nemen niet de moeite om ze te doen, omdat ze zich niet realiseren hoe belangrijk die kleine dingen voor een vrouw zijn. Een man gelooft echt dat de kleine dingen in het niet vallen bij de grote die hij voor haar doet.
Sommige mannen doen in het begin van een relatie wel kleine dingen, maar als ze ze een of twee keer gedaan hebben, houden ze ermee op. Door de een of andere geheimzinnige, instinctieve kracht gaan ze zich erop richten één groot ding voor hun partner te doen. Ze laten voortaan alle kleine dingen na die een vrouw in een relatie gelukkig maken. Als een man een vrouw gelukkig wil maken, moet hij begrijpen wat ze nodig heeft om zich bemind en gesteund te weten.
Dat vrouwen juist de kleine dingen waarderen, komt voort uit een echte behoefte. Vrouwen hebben in een relatie veel uitingen van liefde nodig om zich bemind te voelen. Aan een of twee van zulke

uitingen, hoe belangrijk ook, hebben ze absoluut niet genoeg. Sommige mannen kunnen dat maar heel moeilijk begrijpen. Je zou het zo kunnen zien: vrouwen hebben 'liefdestanks', die lijken op de gastanks in auto's. Beide soorten moeten steeds weer gevuld worden. Dé manier om de tank bij de vrouw met liefde te vullen is kleine dingen voor haar doen (waardoor hij gauw vol raakt). Een vrouw voelt zich bemind als haar tank vol is. Ze zal dan met meer liefde, vertrouwen, acceptatie, waardering, bewondering, goedkeuring en aanmoediging kunnen reageren. Er zijn veel kleine dingen nodig om de tank bij te vullen.
Er volgt nu een opsomming van kleine dingen die een man zoal kan doen om de tank van zijn partner met liefde te vullen.

De kleine dingen die een man voor een vrouw kan doen

1. Loop als u thuiskomt eerst naar haar toe en omhels haar. Ga dan pas iets anders doen.
2. Stel gerichte vragen over haar dag, waaruit blijkt dat u weet wat ze ging doen (bijvoorbeeld: 'Hoe ging het bij de dokter?').
3. Oefen u in het luisteren en vragen stellen.
4. Bied weerstand aan de verleiding haar problemen op te lossen; toon medeleven.
5. Geef haar twintig minuten spontane, onverdeelde aandacht. (Lees geen krant en laat u door niets afleiden.)
6. Neem zomaar eens bloemen mee. Doe hetzelfde bij speciale gelegenheden.
7. Plan een paar dagen van tevoren dat u uitgaat, in plaats van te wachten tot vrijdagavond en dan te vragen waar ze zin in heeft.
8. Als zij meestal het avondeten maakt of als het haar beurt is om te koken, en ze lijkt moe of heeft het erg druk, bied dan aan om te koken.
9. Maak haar een complimentje over haar uiterlijk.
10. Neem haar serieus als ze van streek is.
11. Bied aan haar te helpen als ze moe is.
12. Trek wat extra tijd uit als u samen ergens heen gaat, zodat ze zich niet hoeft te haasten.

13. Als u denkt dat u laat thuiskomt, bel haar dan op om dat te laten weten.
14. Als ze om steun vraagt, zeg dan ja of nee zonder haar kwalijk te nemen dat ze erom vraagt.
15. Als haar gevoelens gekwetst zijn, leef u dan een beetje in en zeg: 'Ik vind het naar dat je je gekwetst voelt.' Zwijg dan even, laat haar voelen dat u haar pijn begrijpt. Kom niet met oplossingen en leg niet uit waarom u niets aan haar pijn kunt doen.
16. Als u behoefte aan afzondering heeft, laat haar dan weten dat u weer terugkomt, of dat u wat tijd nodig hebt om over het een en ander na te denken.
17. Als u bijgetrokken bent en terugkomt, praat dan over datgene wat u dwarszat op respectvolle, niet-verwijtende toon, zodat ze weet dat er niets ergs aan de hand is.
18. Maak in de winter de open haard aan.
19. Als ze met u praat, leg dan uw tijdschrift neer of zet de tv uit en geef haar uw volledige aandacht.
20. Als zij meestal afwast, bied dan af en toe aan het te doen, vooral als ze die dag moe is.
21. Let op of ze van slag is of moe en vraag haar dan wat ze nog te doen heeft. Help haar dan met een paar van die dingen.
22. Als u weggaat, vraag haar dan of u onderweg iets voor haar kunt meenemen en vergeet dat dan niet.
23. Zeg haar wanneer u een dutje wilt doen of weg wilt gaan.
24. Knuffel haar vier keer per dag.

Knuffel haar vier keer per dag!

25. Bel haar van uw werk op om te vragen hoe het gaat, of om iets leuks te vertellen of te zeggen dat u van haar houdt.
26. Zeg minstens een paar keer per dag dat u van haar houdt.

27. Maak het bed op en ruim de slaapkamer op.
28. Als ze uw sokken wast, gooi ze dan niet binnenstebuiten in de was.
29. Let op of de vuilnisbak vol is en bied aan hem te legen.
30. Als u buiten de stad bent, bel dan op om het telefoonnummer door te geven waaronder u bereikbaar bent, en om haar te laten weten dat u veilig bent aangekomen.
31. Was haar auto.
32. Was uw auto en maak hem ook van binnen schoon voor u weer met haar uitgaat.
33. Was u voor u gaat vrijen of doe een geurtje op als ze daar van houdt.
34. Kies partij voor haar als ze boos op iemand is.
35. Bied aan haar rug of nek of voeten te masseren (of alle drie).
36. Knuffel haar of wees eens aanhalig zonder seksuele bijbedoelingen.
37. Heb geduld als ze iets vertelt. Kijk niet op uw horloge.
38. Verander niet steeds van kanaal als u samen tv kijkt.
39. Toon in het openbaar uw genegenheid.
40. Als u hand in hand loopt, laat uw greep dan niet verslappen.
41. Onthoud wat ze graag drinkt, zodat u haar kunt laten kiezen uit een assortiment dat haar aanspreekt.
42. Stel een paar verschillende restaurants voor als u uit eten gaat; zadel haar niet op met bedenken waar u heen kunt.
43. Koop een abonnement voor theater, klassieke muziek, ballet of iets dat zíj leuk vindt.
44. Ga af en toe chic uit, zodat u zich beiden feestelijk kunt kleden.
45. Wees begrijpend als ze te laat komt of als ze besluit iets anders aan te trekken.
46. Schenk in het openbaar meer aandacht aan haar dan aan anderen.
47. Geef haar voorrang op de kinderen. Laat de

kinderen zien dat zij op de eerste plaats komt.

48. Koop kleine geschenkjes voor haar, zoals een doosje chocola of een flesje parfum.
49. Koop kleding voor haar (neem een foto van uw partner mee en noteer haar maten, en laat het personeel u helpen bij uw keuze).
50. Neem foto's van haar bij speciale gelegenheden.
51. Maak af en toe een romantisch uitstapje.
52. Laat haar zien dat u een foto van haar in uw portefeuille heeft zitten, en vervang die af en toe door een recentere.
53. Als u samen naar een hotel gaat, laat dan iets speciaals klaarzetten, zoals een fles champagne of wijn of bloemen.
54. Leg een briefje neer of doe iets bijzonders als u iets te vieren heeft of op verjaardagen.
55. Bied aan te rijden op lange afstanden.
56. Rijd langzaam en veilig, houd rekening met haar voorkeuren. Tenslotte zit ze naast u zonder iets te kunnen doen.
57. Let op hoe ze zich voelt en zeg er iets over: 'Je ziet er niet zo vrolijk uit vandaag,' of: 'Je ziet er moe uit.' Vraag dan iets in de trant van: 'Hoe ging het vandaag?'
58. Als u haar mee uit neemt, bestudeer dan van tevoren de route, zodat ze zich daar niet druk om hoeft te maken.
59. Neem haar mee uit dansen of ga op dansles.
60. Verras haar met een liefdesbriefje of -gedicht.
61. Behandel haar zoals u haar ook aan het begin van de relatie behandelde.
62. Bied aan iets te repareren. Zeg bijvoorbeeld: 'Moet er soms iets gerepareerd worden? Ik heb nog wat tijd over.' Neem echter niet te veel hooi op uw vork.
63. Bied aan de messen te slijpen.
64. Koop goede superlijm om dingen te maken die stuk zijn.
65. Bied aan lampjes te vervangen als ze stuk zijn.
66. Help haar met het scheiden van het afval.

67. Lees artikelen uit de krant voor die haar interesseren of knip ze uit.
68. Schrijf duidelijk voor haar op wie er gebeld heeft.
69. Houd de vloer van de badkamer schoon en maak hem droog als u gedoucht heeft.
70. Houd de deur voor haar open.
71. Bied aan de boodschappen te dragen.
72. Bied aan zware dozen voor haar te dragen.
73. Zorg als u op reis bent voor de bagage en neem de taak op u die steeds in de auto te doen.
74. Als zij afwast of als het haar beurt is, bied dan uw hulp aan bij het schuren van de pannen of andere lastige karweitjes.
75. Hang een lijst in de keuken waar klussen op genoteerd kunnen worden. Als u tijd over hebt kunt u iets van die lijst voor haar doen. Laat hem niet te lang worden.
76. Maak haar als ze eten heeft gekookt een complimentje.
77. Kijk haar aan als u naar haar luistert.
78. Raak haar soms even aan als u met haar praat.
79. Toon belangstelling voor wat ze doet op een dag, de boeken die ze leest en de mensen met wie ze omgaat.
80. Als u naar haar luistert, laat dan af en toe iets horen als 'ja, ja', 'oh', 'mmm...'.
81. Vraag haar hoe ze zich voelt.
82. Als ze zich niet lekker voelde vraag dan hoe het nu is.
83. Als ze moe is zet dan thee voor haar.
84. Ga samen slapen en ga op dezelfde tijd naar bed.
85. Geef haar een kus en zeg haar gedag als u weggaat.
86. Lach om haar grappen en haar humor.
87. Zeg 'dank je wel' als ze iets voor u doet.
88. Merk op wanneer ze naar de kapper is geweest en geef haar een compliment over haar kapsel.

89. Trek tijd uit om samen te zijn.
90. Neem op intieme momenten, of als ze iets vertelt dat moeilijk ligt, de telefoon niet op.
91. Ga samen fietsen, al is het maar een eindje om.
92. Organiseer een picknick en tref de voorbereidingen. (Denk aan een kleed!)
93. Als ze met de was bezig is, breng haar dan de wasmand of bied aan te wassen.
94. Onderhandel op zo'n manier dat u laat zien dat u ieder zijn deel wilt geven. Wees zorgzaam, maar hang niet de martelaar uit.
95. Laat haar weten dat u haar gemist hebt als u weg bent geweest.
96. Neem haar lievelingsgebak of -bloemen voor haar mee.
97. Als zij altijd het eten in huis haalt, bied dan ook eens een keer aan het te doen.
98. Eet u niet vol bij romantische gelegenheden, zodat u zich later niet zwaar en loom voelt.
99. Vraag haar om aan deze lijst haar eigen suggesties toe te voegen.
100. Doe de wc-bril omlaag.

Het werkt!

Het werkt als een man kleine dingen voor zijn vrouw doet. Zo blijft haar tank vol en komt ze niets te kort. Als er af en toe iets voor haar gedaan wordt, weet ze dat haar man van haar houdt, waardoor zij ook meer vertrouwen en liefde kan geven. Als een vrouw weet dat er van haar gehouden wordt, kan ze zonder terughoudendheid liefhebben.

Kleine dingen voor een vrouw doen, heeft ook een heilzame uitwerking op een man. Ze helpen hem ook zijn eigen terughoudendheid te vergeten. Hij zal zich sterker en daadkrachtiger gaan voelen, omdat zij krijgt wat ze nodig heeft. Het schenkt beiden voldoening.

Wat een man nodig heeft

Zoals een man kleine dingen voor een vrouw moet blijven doen, zo moet zij er zorg voor dragen dat ze de kleine dingen die hij doet waardeert. Met een glimlach en een bedankje kan ze hem laten weten dat hij een goede beurt heeft gemaakt. Een man heeft deze waardering en aanmoediging nodig om te blijven geven. Hij moet het gevoel hebben dat wat hij doet iets betekent voor haar. Mannen houden op met geven wanneer ze het gevoel hebben dat alles vanzelfsprekend wordt gevonden. Een vrouw moet hem laten weten dat ze waardeert wat hij doet.

Ze hoeft natuurlijk niet te doen alsof alles schitterend mooi is omdat hij de vuilnisbak geleegd heeft. Maar ze kan gewoon merken dat hij het gedaan heeft en 'dank je wel' zeggen. Op die manier komt er van weerskanten meer liefde.

Wat een vrouw van een man moet accepteren

Een vrouw moet de instinctieve neiging van een man accepteren om al zijn energie in iets groots te stoppen en minder belang aan de kleine dingen te hechten. Door deze neiging te aanvaarden, zal het haar niet zo'n pijn doen. In plaats van hem kwalijk te nemen dat hij niet zo veel geeft, kan ze constructief met hem naar een oplossing zoeken. Ze kan hem herhaaldelijk laten weten hoezeer ze de kleine dingen die hij voor haar gedaan heeft en zijn harde werken en inzet waardeert.

Ze kan bedenken dat het feit dat hij kleine dingen vergeet te doen niet betekent dat hij niet van haar houdt, maar dat hij zich weer te veel op de grote zaken heeft gericht. In plaats van ruzie maken of hem bestraffen, kan ze zijn persoonlijke inzet vergroten door om zijn steun te vragen. Met meer waardering en aanmoediging zal een man leren zowel de kleine als de grote dingen te waarderen. Hij zal minder aandrang voelen steeds meer succes te behalen en zich meer gaan ontspannen en meer tijd bij zijn vrouw en gezin gaan doorbrengen.

De energie ombuigen en de aandacht verleggen

Ik herinner me nog dat ik voor het eerst mijn energie aan kleine dingen ging besteden. Toen Bonnie en ik pas getrouwd waren, was ik bijna een 'workaholic'. Ik schreef niet alleen boeken en gaf les,

maar had ook een therapiepraktijk waar ik een vijftigurige werkweek maakte. In het eerste jaar van ons huwelijk liet ze me keer op keer weten dat ze zo graag meer tijd voor ons tweeën wilde hebben. Herhaaldelijk maakte ze me duidelijk dat ze zich in de steek gelaten en gekwetst voelde.
Soms deelde ze me haar gevoelens in een brief mee. We noemen zo'n brief een 'liefdesbrief'. Hij eindigt altijd liefdevol met 'ik hou van je' of iets dergelijks, en er worden woede, bedroefdheid, angst en verdriet in geuit. In hoofdstuk 11 gaan we dieper in op de methoden en het belang van het schrijven van dergelijke brieven. Ze schreef deze liefdesbrief naar aanleiding van het feit dat ik te veel tijd op mijn werk doorbracht.

Lieve John,

Ik schrijf je deze brief om je te vertellen wat ik voel. Het is niet mijn bedoeling je te zeggen wat je moet doen. Ik wil alleen maar dat je mijn gevoelens begrijpt.
Ik ben kwaad dat je zo veel tijd op je werk doorbrengt. Ik ben kwaad dat je als je thuiskomt niets meer over hebt om aan mij te geven. Ik wil meer tijd met zijn tweeën doorbrengen.
Het kwetst me dat je meer om je cliënten lijkt te geven dan om mij. Het maakt me verdrietig dat je zo moe bent. Ik mis je.
Ik ben bang dat je geen tijd met mij wílt doorbrengen. Ik ben bang dat ik je misschien alleen maar tot last ben. Ik ben bang om als een zeur over te komen. Ik ben bang dat je mijn gevoelens helemaal niet belangrijk vindt.
Ik weet dat dit geen prettige mededeling is. Ik weet dat je je best doet. Ik waardeer het dat je zo hard werkt.

Ik hou van je, Bonnie

Toen ik had gelezen hoe verwaarloosd ze zich voelde, realiseerde ik me dat ik inderdaad meer aan mijn cliënten gaf dan aan haar. Ik gaf mijn cliënten mijn onverdeelde aandacht en kwam dan uitgeput thuis en verwaarloosde mijn vrouw.

Als een man zich overwerkt

Ik verwaarloosde haar niet omdat ik niet van haar hield of me niets van haar aantrok, maar omdat ik niets meer te geven had. Ik dacht heel naïef dat ik juist handelde door hard te werken en op die manier haar en ons gezin een beter leven (meer geld) te geven. Toen ik eenmaal begreep hoe ze zich voelde, maakte ik een plan om dit probleem in onze relatie op te lossen.

In plaats van acht cliënten op een dag te ontvangen, ontving ik er nog maar zeven. Ik deed alsof zij de achtste was. Iedere avond kwam ik een uur eerder thuis. Ik hield me voor dat mijn vrouw mijn belangrijkste cliënt was. Ik begon haar de toegewijde en onverdeelde aandacht te geven die ik ook aan een cliënt gaf. Als ik thuiskwam ging ik kleine dingen voor haar doen. Het plan wierp onmiddellijk vruchten af. Niet alleen zij was gelukkiger, maar ik ook.

Heel geleidelijk voelde ik me, naarmate ik van haar en mijn gezin meer liefde kreeg vanwege de wijze waarop ik iets voor hen deed, minder gedreven om een groot succes te worden. Ik begon langzamer aan te doen, en tot mijn verbazing floreerde niet alleen onze relatie, maar ook mijn werk. Ik kreeg meer succes en hoefde er minder hard voor te werken.

Ik merkte dat als het thuis goed ging, dat in mijn werk tot uitdrukking kwam. Ik ging beseffen dat succes in je werk niet alleen maar met hard werken tot stand kwam. Het hing ook af van mijn vermogen anderen vertrouwen in te boezemen. Als ik het gevoel had dat mijn gezin van me hield, voelde ik me niet alleen zelfverzekerder, maar vertrouwden en waardeerden andere mensen me ook meer.

Hoe een vrouw kan helpen

Bonnies steun speelde een grote rol bij deze verandering. Ze zei niet alleen eerlijk en liefdevol wat ze voelde, maar bleef me ook vragen dingen voor haar te doen en gaf me veel waardering als ik ze deed. Langzaam aan begon het tot me door te dringen hoe heerlijk het is als mensen kleine dingen waarderen. Het was een hele opluchting dat ik geen grote dingen meer hoefde te doen om liefde te krijgen. Het was een openbaring.

De puntenwaardering van de vrouw

Vrouwen hebben het bijzondere vermogen de kleine dingen des

levens evenzeer te waarderen als de grote. Dat is voor mannen een zegen. De meeste mannen willen steeds grotere successen omdat ze denken dat ze dan meer liefde zullen krijgen. Van binnen hunkeren ze naar liefde en bewondering. Ze weten niet dat ze die naar zich toe kunnen halen zonder een groot succes te hoeven zijn.

De meeste mannen streven steeds grotere successen na, omdat ze denken dat ze dan meer liefde zullen krijgen

Een vrouw kan een man van deze succesverslaving genezen door de kleine dingen die hij doet te waarderen. Maar het kan ook gebeuren dat ze die waardering, als ze niet begrijpt hoe belangrijk die voor de man is, niet uit. Haar wrok kan in de weg staan.

Hoe u van de ziekte der wrok kunt genezen

Een vrouw heeft een instinctieve waardering voor kleine dingen. Ze zal die echter niet uiten als ze zich niet realiseert dat een man wil horen dat hij gewaardeerd wordt, en als ze het gevoel heeft dat de weegschaal te veel naar de andere kant doorslaat. Als een vrouw zich onbemind en verwaarloosd voelt, valt het haar moeilijk de dingen die een man wel voor haar doet spontaan te waarderen. Ze voelt wrok omdat ze zo veel meer dan hij heeft gegeven. Deze wrok blokkeert haar vermogen de kleine dingen te waarderen.

Wrok is net zo ongezond als een griep of een verkoudheid. Als een vrouw 'aan wrok lijdt', heeft ze de neiging de dingen die een man voor haar gedaan heeft te ontkennen, omdat zij volgens haar waarderingsstelsel zo veel meer heeft gedaan.

Als ze bijvoorbeeld het gevoel heeft dat zij veertig punten heeft behaald en hij maar tien, kan ze diepe wrok gaan koesteren. Er gebeurt iets met een vrouw die het gevoel heeft dat ze meer geeft dan krijgt. Geheel onbewust trekt ze zijn tien punten af van haar veertig en komt zo uit op een stand in de relatie van dertig tegen nul. Rekenkundig gezien klopt het, en het is begrijpelijk, maar het werkt niet.

Als ze zijn punten van de hare aftrekt komt ze wel uit op nul voor hem, maar hij ís geen nul. Hij heeft niet voor nul punten gegeven, maar voor tien. Als hij thuiskomt, ontvangt zij hem met kille blik en koele stem. Ze drukt ermee uit dat hij een nul is. Ze ontkent

wat hij wél gedaan heeft. Ze reageert op hem alsof hij niets gegeven heeft, terwijl hij ter waarde van tien punten gegeven heeft.
De reden waarom een vrouw geneigd is punten af te trekken is dat ze zich onbemind voelt. De ongelijke stand geeft haar het gevoel dat ze niet belangrijk is. Omdat ze het gevoel heeft dat ze niet genoeg liefde krijgt, vindt ze het erg moeilijk om de tien punten die hij officieel verdiend heeft, te waarderen. Het is natuurlijk niet eerlijk, maar het gebeurt wel.
Wat er doorgaans in zo'n situatie gebeurt, is dat de man zich niet gewaardeerd voelt en zijn motivatie om meer te doen kwijtraakt. Hij gaat ook wrok koesteren. Haar wrok blijft ondertussen toenemen en zo verslechtert de situatie alleen maar. Haar ziekte wordt erger.

Wat zij kan doen

Dit probleem kan opgelost worden met begrip en mededogen van beide kanten. Hij heeft behoefte aan waardering, zij wil meer steun. Krijgen beiden niet wat ze willen, dan wordt de ziekte erger.
Om te beginnen moet zij de verantwoordelijkheid op zich nemen voor het feit dat ze aan het probleem heeft bijgedragen door meer te geven en het evenwicht te verstoren. Ze moet zichzelf als een zieke zien en even wat minder geven. Ze moet zichzelf verwennen en haar partner toestaan meer voor haar te doen.
Als een vrouw wrok voelt, geeft ze haar partner meestal niet de kans iets voor haar te doen, of als hij het probeert, kent ze geen waarde toe aan hetgeen hij gedaan heeft en krijgt hij weer een nul. Ze sluit zich af voor zijn hulp. Door zich te realiseren dat zij altijd te veel heeft gegeven, kan ze ermee ophouden hem de schuld te geven, en met een schone lei beginnen. Ze kan hem een nieuwe kans geven en de situatie verbeteren, nu ze er meer inzicht in heeft.

Wat hij kan doen

Wanneer een man zich ondergewaardeerd voelt, houdt hij op met het geven van steun. Hij kan echter op verantwoorde wijze met de situatie omgaan als hij begrijpt dat het voor haar moeilijk is te waarderen wat hij doet terwijl ze nog ziek is van de wrok.
Hij kan zijn eigen wrok loslaten door te begrijpen dat ze eerst wat moet ontvangen voordat ze weer kan geven. Hij kan dit in gedachten houden terwijl hij kleine gebaren van liefde en genegenheid maakt. Hij moet even niet van haar verwachten dat ze hem de

waardering geeft die hij verdient en nodig heeft. Het helpt als hij inziet dat hij de veroorzaker is van haar wrok doordat hij de kleine dingen waar ze behoefte aan had, heeft nagelaten.

Als hij zo wijs is, kan hij geven en weinig terug verwachten, totdat ze van haar wrok genezen is. Als hij weet dat hij dit probleem kan oplossen, is hij ook beter in staat zijn eigen wrok los te laten. Als hij blijft geven en zij haar best doet om een poosje 'vrijaf' te nemen en zijn steun met liefde in ontvangst te nemen, kan het evenwicht weer gauw hersteld worden.

Waarom mannen minder geven

Een man heeft zelden de bedoeling meer te nemen en minder te geven. Toch staan mannen erom bekend dat ze het minst geven in een relatie. Waarschijnlijk heeft u dit in uw relaties ook ondervonden. Vrouwen klagen er meestal over dat hun mannelijke partner liefdevol begint en dan steeds passiever wordt. Mannen voelen zich ook oneerlijk behandeld. In het begin zijn vrouwen een en al waardering en liefde, en dan gaan ze wrok koesteren en eisen stellen. Dit mysterie is te doorgronden als we begrijpen dat mannen de dingen anders waarderen dan vrouwen.
Er zijn vijf belangrijke redenen waarom een man ophoudt met geven. Die zijn:

1. Marsbewoners hebben eerlijkheid hoog in het vaandel.
Een man stopt al zijn energie in een project op zijn werk en denkt dat hij daarmee hoge ogen gooit. Hij komt thuis en gaat zitten wachten tot zijn vrouw daar iets van gelijke grootte tegenover stelt. Hij weet niet dat in haar ogen zijn prestatie niet zo hoog scoort. Hij houdt op met geven, omdat hij denkt dat hij al meer gegeven heeft dan zij.
In zijn ogen is dit juist en liefdevol. Hij stelt haar in staat gelijk met hem te komen door haar steentje bij te dragen. Hij beseft niet dat zijn harde werken op kantoor maar heel laag scoort. Zijn model van wat eerlijk is werkt alleen wanneer hij begrijpt dat voor een vrouw iedere daad van liefde even zwaar telt. Zowel mannen als vrouwen kunnen met dit inzicht in de praktijk aan de slag.
Mannen: Bedenk dat voor een vrouw grote en kleine dingen even zwaar tellen. Ieder liefdesgeschenk — groot of klein — is even-

veel waard en even hard nodig. Om wrok tegen te gaan, moet u oefenen in het doen van de kleine dingen die veel uitmaken. U kunt pas verwachten dat een vrouw tevreden is als ze, behalve grote, een overdaad aan kleine uitingen van liefde krijgt.

Vrouwen: Bedenk dat mannen van Mars komen. Ze zijn niet vanuit zichzelf gemotiveerd kleine dingen te doen. Ze geven niet minder omdat ze niet van u houden, maar omdat ze denken dat hun aandeel al geleverd is. Probeer het u niet persoonlijk aan te trekken, maar stimuleer hen herhaaldelijk te geven door meer te vragen. Wacht niet totdat u hun steun heel hard nodig hebt of tot de zaak helemaal uit balans is. Eis geen steun; vertrouw erop dat hij u wíl steunen, ook al heeft hij een beetje aanmoediging nodig.

2. Venusbewoners hebben onvoorwaardelijke liefde hoog in het vaandel.

Een vrouw geeft wat ze kan en merkt pas dat ze minder heeft teruggekregen wanneer ze leeg en uitgeput is. Vrouwen houden de stand helemaal niet bij zoals mannen; vrouwen geven gul en gaan ervan uit dat mannen hetzelfde doen.

Zoals we al hebben gezien zijn mannen anders. Een man geeft gul tot hij vindt dat het evenwicht zoek is en houdt er dan mee op. Een man geeft meestal veel en gaat dan rustig zitten wachten tot hij evenveel terugkrijgt.

Als een vrouw een man vrij en blij geeft, denkt hij instinctief dat ze bezig is de stand gelijk te trekken omdat hij natuurlijk voor staat. Het laatste dat bij hem opkomt is dat hij minder gegeven zou hebben dan zij. Hij zou vanuit een voordeelpositie nooit blijven geven, zolang hij een voorsprong op haar had.

Hij weet dat als er meer van hém gevraagd wordt, terwijl hij het gevoel heeft dat hij al meer heeft gegeven, hij dat beslist niet met een glimlach op zijn gezicht zal doen. Onthoud dat goed! Als een vrouw gul blijft geven met een glimlach op haar gezicht, leidt een man daaruit af dat de stand wel ongeveer gelijk zal zijn. Hij beseft niet dat Venusbewoners er heel goed in zijn vrolijk te geven terwijl de stand zo ongeveer dertig-nul is. Ook met dit inzicht kunt u in de praktijk aan de slag.

Mannen: Onthoud dat als een vrouw met een glimlach geeft, dat nog niet hoeft te betekenen dat de stand gelijk is.

Vrouwen: Onthoud dat als u gul geeft een man dat opvat als evenwicht in de stand. Als u hem wilt motiveren tot het geven van meer, houd dan voorzichtig en niet al te plotseling op met meer geven. Laat hem af en toe kleine dingen voor u doen. Moedig hem aan door hem bij kleine dingen om hulp te vragen en die te waarderen.

3. Marsbewoners geven wanneer je hun daar om vraagt.

Een Marsbewoner gaat er prat op niemand nodig te hebben. Hij vraagt niet om hulp, tenzij hij die echt nodig heeft. Op Mars geldt het als onbeleefd wanneer je hulp aanbiedt terwijl je daar niet om gevraagd is.

Venusbewoners wachten daarentegen helemaal niet met het aanbieden van hulp. Als ze van iemand houden, geven ze hulp waar ze maar kunnen. Ze wachten niet tot het hun gevraagd wordt, en hoe meer ze van iemand houden, hoe meer ze geven.

Als een man zijn steun niet aanbiedt, gaat een vrouw van de verkeerde veronderstelling uit dat hij niet van haar houdt. Ze kan zijn liefde zelfs gaan testen door juist niet om zijn steun te vragen en te wachten tot hij die aanbiedt. Als hij geen hulp biedt, neemt ze hem dat kwalijk. Ze begrijpt niet dat hij wacht tot ze hem om zijn hulp vraagt.

Zoals we reeds hebben gezien, is het voor een man belangrijk dat de stand steeds gelijkgetrokken wordt. Als hij het gevoel heeft dat hij in een relatie meer gegeven heeft, zal hij instinctief om meer steun gaan vragen; het spreekt voor hem vanzelf dat hij recht heeft op meer en dus vraagt hij erom. Als hij daarentegen minder heeft gegeven, zal hij er niet over peinzen om te vragen om meer. Instinctief laat hij het achterwege, maar zoekt wel naar manieren om meer steun te géven.

Als een vrouw niet om steun vraagt, denkt een man ten onrechte dat de stand dus gelijk is of dat hij meer geeft dan zij. Hij weet niet dat zij wacht tot hij zijn steun aanbiedt. Dit inzicht kan door zowel mannen als vrouwen in de praktijk toegepast worden.

Door vrouwen: Onthoud dat een man op aanwijzingen wacht die hem zullen vertellen wanneer en hoe hij meer hulp kan geven. U hoeft het maar te zeggen. Het dringt pas tot hem door als u om meer vraagt of hem zegt dat hij meer moet geven. Daar komt bij dat als u hem om hulp vraagt, hij weet wat hij moet geven. Veel mannen weten niet wat ze moeten doen. Als een vrouw een man niet duidelijk in kleine dingen om zijn steun vraagt, kan hij als hij voelt dat hij minder geeft, toch nog meer energie in grote dingen gaan steken, zoals in zijn werk, omdat hij denkt dat meer succes of meer geld helpt.

Door mannen: Onthoud dat een vrouw instinctief níet om steun vraagt als ze die hebben wil, maar verwacht dat u, als u van haar houdt, die zal aanbieden. Oefen u in het aanbieden van steun in kleine dingen.

4. Venusbewoners zeggen ook ja als de stand ongelijk is.

Mannen realiseren zich niet dat als ze om hulp vragen, een vrouw ja zegt, ook al is de stand ongelijk. Als ze haar man kán steunen, doet ze dat. Ze houdt niet in gedachten de stand bij. Een man moet ervoor waken dat hij niet te veel vraagt. Als ze voelt dat ze meer geeft dan ze krijgt, zal ze na een poos wrok gaan voelen omdat haar man haar niet meer steunt.

Mannen gaan van de verkeerde veronderstelling uit dat zolang een vrouw ja zegt tegen zijn behoeften en verzoeken, zij ook genoeg krijgt. Hij gaat er ten onrechte van uit dat er sprake is van evenwicht.

Ik weet nog dat ik in de eerste twee jaren van ons huwelijk iedere week met mijn vrouw naar de film ging. Op een dag werd ze woedend op me en zei: 'We doen altijd wat jij wilt. We doen nooit eens wat ik wil.'

Ik was oprecht verbaasd. Ik dacht dat als ze ja zei en dat bleef zeggen, ze even blij met de situatie was als ik. Ik dacht dat ze net zo graag naar de film ging als ik.

Ze zei wel eens tegen me dat er een opera werd uitgevoerd of dat ze naar een concert wou. Of als we langs het plaatselijke theater reden, zei ze bijvoorbeeld: 'Dat ziet er leuk uit, laten we naar dat stuk gaan.'

Maar dan zei ik later in de week: 'Laten we naar deze film gaan, hij heeft een erg goede recensie,' en dan zei ze vrolijk: 'Oké.'

Zo trok ik de — verkeerde — conclusie dat ze het net zo leuk vond als ik om naar de film te gaan. In feite vond ze het fijn om samen met mij te zijn. Ze vond het best om naar de film te gaan, maar eigenlijk wilde ze naar de plaatselijke culturele evenementen. Daarom bleef ze het erover hebben. Maar omdat ze ja bleef zeggen tegen de film, had ik er geen idee van dat ze zich opofferde om mij blij te maken.

Dit zijn twee inzichten omtrent de redenen waarom mannen minder geven. Ze kunnen alle twee door man en vrouw in de praktijk worden gebracht.

Door mannen: Bedenk dat als ze ja zegt op een verzoek van u, dat nog niet betekent dat de stand gelijk is. Het kan wel twintig-

nul zijn wat haar betreft, en dan zegt ze toch vrolijk: 'Ja hoor, ik ga wel even bij de stomerij langs om je kleren te halen,' of: 'Goed, ik bel wel voor je op.'
Dat ze erin toestemt te doen wat u van haar wilt, betekent nog niet dat zij hetzelfde wil. Vraag haar wat ze wil. Zoek uit wat ze leuk vindt, en bied haar dan aan daar naar toe te gaan.
Door vrouwen: Onthoud dat als u direct ja zegt op een verzoek van een man, hij het idee krijgt dat hij op u voorligt of dat de stand minstens gelijk is. Als u meer geeft en minder krijgt, houd dan op met ja zeggen op zijn verzoeken, en begin in plaats daarvan hem op vriendelijke wijze te vragen meer voor u te doen.

5. Marsbewoners delen strafpunten uit.
Vrouwen realiseren zich niet dat mannen punten aftrekken wanneer ze zich niet bemind en gesteund voelen. Als een vrouw op een wantrouwende, afwijzende, afkeurende of niet-waarderende manier op een man reageert, geeft hij min- of strafpunten.
Als een man zich bijvoorbeeld gekwetst of niet bemind voelt, omdat de vrouw geen waardering kan opbrengen voor iets dat hij gedaan heeft, voelt hij zich gemachtigd de punten die ze al had verdiend in te trekken. Als ze er tien had verdiend, kan hij die tien weer afpakken als hij zich gekwetst voelt. Als hij zich nog dieper gekwetst voelt, kan hij haar zelfs twintig minpunten geven. Nu is ze hém tien punten schuldig, terwijl ze er daarvoor nog tien had.
Dit is voor een vrouw erg verwarrend. Ze heeft misschien ter waarde van dertig punten gegeven, en dan pakt hij haar die in een paar kwade momenten weer af. Hij voelt zich gerechtigd haar niets te geven omdat ze bij hem in het krijt staat. Hij vindt het eerlijk zo. Rekenkundig juist, maar niet écht eerlijk.
Strafpunten hebben een destructieve invloed op een relatie. Ze geven een vrouw het gevoel dat ze ondergewaardeerd wordt en zorgen ervoor dat een man steeds minder geeft. Als hij in gedachten alle liefdevolle steun die ze heeft gegeven ontkent, voelt hij zich niet zo gemotiveerd om te geven als ze zich eens wat negatiever uit, wat natuurlijk wel eens gebeurt. Hij wordt passief.
Dit inzicht kan zowel door mannen als vrouwen in de praktijk worden gebracht.
Door mannen: Bedenk dat strafpunten niet eerlijk zijn en niet werken. Vergeef haar op de momenten dat u zich onbemind, beledigd of gekwetst voelt en denk liever aan alle goeds dat ze u gegeven heeft dan dat u haar straft door alles te ontkennen. Straf haar

niet, maar vraag haar om de steun die u hebben wilt en ze zal die geven. Laat haar op respectvolle wijze weten dat ze u gekwetst heeft. Vertel haar hoe ze dat gedaan heeft en stel haar in de gelegenheid haar excuses aan te bieden. Straffen helpt niet! U zult zich veel beter voelen als u haar de gelegenheid biedt u te geven wat u nodig heeft. Bedenk dat ze van Venus komt: ze weet niet wat u nodig heeft of hoe ze u gekwetst heeft.

Door vrouwen: Onthoud dat mannen de neiging hebben om strafpunten te geven. Er zijn twee manieren om u tegen deze behandeling te beschermen.

De eerste is: realiseer u dat hij er verkeerd aan doet punten af te trekken. Laat hem op respectvolle wijze weten hoe u zich voelt. In het volgende hoofdstuk zullen we nader ingaan op de vraag hoe moeilijke of negatieve gevoelens geuit kunnen worden.

De tweede is: bedenk dat hij punten aftrekt als hij zich onbemind en gekwetst voelt en ze weer teruggeeft zodra hij zich bemind en gesteund voelt. Naarmate hij merkt dat hij meer liefde krijgt vanwege de kleine dingen die hij doet, zal hij steeds minder strafpunten gaan uitdelen. Probeer te begrijpen op welke manieren u hem liefde kunt geven, zodat hij zich niet meer zo gekwetst zal voelen. Als u kunt begrijpen waarom hij zich gekwetst voelt, zeg hem dan dat het u spijt. Maar geef hem bovenal de liefde die hij niet gekregen heeft. Als hij zich niet gewaardeerd voelt, geef hem dan de waardering die hij nodig heeft. Als hij zich afgewezen en gemanipuleerd voelt, geef hem dan de acceptatie die hij nodig heeft. Als hij het gevoel heeft dat u hem geen vertrouwen schenkt, geef hem dat dan alsnog. Als hij zich gekleineerd voelt, geef hem dan de bewondering waaraan hij behoefte heeft. Als hij afkeuring voelt, geef hem dan de goedkeuring die hij nodig heeft en verdient. Als een man zich bemind voelt zal hij geen strafpunten meer geven.

Het moeilijkste gedeelte van het bovenstaande is erachter zien te komen waardoor hij zich gekwetst voelt. Als een man zich terugtrekt in 'zijn hol', heeft hij eigenlijk niet zo'n duidelijk idee waarom hij zich gekwetst voelt. Als hij weer 'naar buiten' komt, praat hij er meestal niet over. Hoe moet een vrouw dan weten wat hem nu zo gekwetst heeft? Als u dit boek leest en begrijpt dat mannen andere soorten liefde nodig hebben, heeft u een goed aanknopingspunt en een voordeel vergeleken met andere vrouwen.

De andere manier waarop u erachter kunt komen is door middel van een goede communicatie. Zoals ik al eerder heb gezegd kan een man zich beter leren uiten en over zijn pijn praten, als een vrouw zich ook goed kan uiten en op respectvolle wijze over háár gevoelens kan praten.

De puntenwaardering van de man

Mannen waarderen de dingen anders dan vrouwen. Iedere keer dat een vrouw waardeert wat een man voor haar gedaan heeft, voelt hij zich bemind en kent haar een punt toe. Om de stand in een relatie gelijk te houden, heeft een man eigenlijk alleen maar liefde nodig. Vrouwen realiseren zich niet hoeveel invloed hun liefde heeft en proberen vaak de liefde van de man te winnen door meer voor hem te doen dan ze eigenlijk willen, hetgeen helemaal niet nodig is.
Als een vrouw waardeert wat een man voor haar doet, krijgt hij al een groot deel van de liefde die hij nodig heeft. Bedenk dat mannen voornamelijk behoefte hebben aan waardering. Een man wil de dagelijkse plichten wel met een vrouw delen, maar als hij geen waardering krijgt, heeft haar bijdrage bijna geen betekenis voor hem en telt voor hem dus niet.

Een man wil de dagelijkse plichten wel met een vrouw delen, maar als ze hem geen waardering geeft, betekent haar bijdrage vrijwel niets en vindt hij die onbelangrijk

Maar zo kan een vrouw de grote dingen die hij voor haar doet niet waarderen als hij niet ook een heleboel kleine dingen doet. Als hij veel kleine dingen voor haar doet, komt hij tegemoet aan haar primaire behoefte om verzorgd, begrepen en gerespecteerd te worden. Een belangrijke bron van liefde voor een man is de liefdevolle reactie van de vrouw op zijn gedrag. Ook hij heeft een liefdesreservoir, maar de zijne hoeft niet per se gevuld te worden met de dingen die ze voor hem doet. Hij wordt hoofdzakelijk gevuld met haar reacties op zijn gedrag of haar mening over hem.
Als een vrouw eten voor een man kookt, geeft hij haar een hoge of lage waardering, afhankelijk van wat ze uitstraalt. Als een vrouw heimelijk wrok jegens hem koestert, zal een maaltijd die ze voor hem bereidt erg weinig voor hem betekenen: hij kan zelfs minpunten toekennen omdat ze wrok koestert. Dé manier waarop u een man gelukkig kan maken is leren hoe u door middel van uw gevoelens liefde kunt uiten, en niet per se door middel van uw daden.
Filosofisch gesproken zal een vrouw als ze liefde voelt die vanzelf

uitdrukken in haar gedrag. Als een man zich in liefdevol gedrag uit, zullen zijn gevoelens vanzelf volgen en zal hij meer liefde gaan voelen.

Als een man op een bepaald moment geen liefde voor zijn vrouw voelt, kan hij toch besluiten iets liefs voor haar te doen. Als zijn offerande wordt aanvaard en gewaardeerd, zal zijn gevoel van liefde voor haar weer terugkomen. Daden stellen is een uitstekende manier voor een man om zijn liefdespomp op gang te brengen.

Vrouwen zijn echter heel anders. Een vrouw voelt zich meestal onbemind als ze het gevoel heeft dat er niet voor haar gezorgd wordt, dat ze niet begrepen of gerespecteerd wordt. Als ze besluit meer voor haar partner te doen zal dat haar gevoel van liefde niet op gang helpen. Het kan zelfs haar wrok aanwakkeren. Als een vrouw geen liefde voelt, moet ze haar energie direct richten op het genezen van die negatieve gevoelens en niet op meer daden stellen.

Een man moet liefdevol gedrag tot prioriteit verheffen, want dan zal hij zeker in staat zijn de primaire behoeften van zijn partner te vervullen. Ze zal haar hart voor hem openstellen en ook hem meer liefde laten voelen. Een man opent zijn hart meer naarmate hij erin slaagt een vrouw gelukkig te maken.

Een vrouw moet een liefdevolle houding en liefdevolle gevoelens tot prioriteit verheffen, waardoor zíj in staat zal zijn de behoeften van haar partner op liefdesgebied te vervullen. Als een vrouw een liefdevolle houding kan aannemen en liefdevolle gevoelens tot uiting kan brengen, zal een man zich gemotiveerd voelen om meer te geven. Daardoor zal zij haar hart nog meer voor hem kunnen openstellen. Ze zal daar beter toe in staat zijn naarmate ze de steun krijgt die ze nodig heeft.

Een vrouw merkt soms niet op welke momenten een man echt liefde nodig heeft. Doet ze dat wel, dan gooit ze hoge ogen. Hier volgen een paar voorbeelden:

Hoe een vrouw bij een man hoge ogen kan gooien

Wat er gebeurt (en de punten die ze verdient)

Hij maakt een fout en zij zegt niet: 'Dat zei ik toch al,' en geeft geen raad. (10-20)

Hij stelt haar teleur en zij straft hem niet. (10-20)

Hij verdwaalt tijdens een autorit en ze maakt geen scène. (10-20)

Hij verdwaalt en zij ziet het van de positieve kant en zegt: 'We hadden nooit deze prachtige zonsondergang gezien als we de kortste weg hadden genomen.' (20-30)
Hij vergeet iets mee te nemen en zij zegt: 'Het geeft niet. Haal je het de volgende keer?' (10-20)
Hij vergeet weer iets mee te nemen, en ze probeert het nog een keer, vol vertrouwen en geduld: 'Het geeft niet. Haal je het nu even?' (20-30)
Wanneer ze hem gekwetst heeft en ze begrijpt waarom, biedt ze haar verontschuldigingen aan en geeft hem de liefde die hij nodig heeft. (10-40)
Ze vraagt hem om steun en hij zegt nee en ze is niet gekwetst door zijn afwijzend antwoord, maar vertrouwt erop dat hij het wel zou doen als hij dat kon. Ze wijst of keurt hem niet af. (10-20)
Een andere keer vraagt ze hem weer om steun en hij zegt weer nee. Ze neemt het hem niet kwalijk, maar accepteert zijn beperkingen op dat moment. (20-30)
Ze vraagt niet dwingend om zijn steun wanneer hij denkt dat de stand gelijk is. (1-5)
Ze vraagt niet dwingend om steun wanneer ze van streek is of wanneer hij weet dat zij meer gegeven heeft. (10-30)
Wanneer hij zich terugtrekt bezorgt ze hem geen schuldgevoel. (10-20)
Wanneer hij 'zijn hol' uitkomt verwelkomt ze hem, straft hem niet en wijst hem niet af. (10-20)
Wanneer hij zijn excuses aanbiedt voor een gemaakte fout, neemt ze die liefdevol en vergevensgezind in ontvangst. Hoe groter de gemaakte fout, hoe meer punten hij hiervoor geeft. (10-50)
Wanneer hij haar vraagt iets te doen zegt ze nee zonder een heleboel redenen op te geven. (1-10)
Wanneer hij haar vraagt iets te doen zegt ze ja en blijft in een goed humeur. (1-10)
Wanneer hij een ruzie wil bijleggen en kleine

dingetjes voor haar gaat doen die zij weer waardeert. (10-30)
Ze is blij hem te zien als hij thuiskomt. (10-20)
Ze voelt afkeuring, maar in plaats van daar uiting aan te geven gaat ze naar een andere kamer en probeert zich te beheersen, en komt terug met een warmer en liefdevoller gevoel. (10-20)
Bij speciale gelegenheden ziet ze fouten van hem door de vingers waar ze zich normaal gesproken druk om zou maken. (20-40)
Ze vindt het echt fijn om met hem te vrijen. (10-40)
Hij weet niet waar hij zijn sleutels gelaten heeft en zij kijkt hem niet aan alsof hij geen verantwoordelijkheidsgevoel heeft. (10-20)
Wanneer ze uitgaan uit ze haar ongenoegen of teleurstelling over een restaurant of film op tactvolle of elegante wijze. (10-20)
Ze geeft geen aanwijzingen als hij rijdt of de auto parkeert en schenkt hem haar waardering voor het feit dat hij hen ergens heen gereden heeft. (10-20)
Ze vraagt hem liever om steun dan dat ze stilstaat bij wat hij verkeerd heeft gedaan. (10-20)
Ze uit haar negatieve gevoelens op beheerste wijze zonder verwijten, afwijzing of afkeuring. (10-40)

Hoe een vrouw meer punten kan winnen

Alle bovenstaande voorbeelden laten zien dat mannen een andere puntenwaardering hebben dan vrouwen. Een vrouw hoeft echter niet al deze dingen te doen. De lijst laat alleen maar de gelegenheden zien waarbij de man het kwetsbaarst is. Als een vrouw op zo'n moment aan zijn zijde staat en hem datgene geeft wat hij nodig heeft zal hij haar gul punten geven.
Zoals ik in hoofdstuk 7 al liet zien, fluctueert het vermogen van de vrouw om op moeilijke momenten liefde te geven. Als zij in een opgaande beweging zit en in staat is meer liefde te geven, kan ze veel extra punten verdienen. Ze moet er rekening mee houden dat

ze op andere momenten weer minder liefdevol zal zijn.
Zoals het vermogen van de vrouw om liefde te geven aan een golfbeweging onderhevig is, zo is de behoefte van de man aan liefde dat ook. Bij alle bovenstaande voorbeelden is er geen vaste hoeveelheid punten die een man geeft; wanneer hij meer behoefte aan haar liefde heeft, zal hij meer punten toekennen.
Als hij bijvoorbeeld iets fout heeft gedaan en zich verlegen voelt met de situatie, spijt heeft of zich schaamt, zal hij haar liefde harder nodig hebben; daarom geeft hij meer punten als zij dan positief reageert. Hoe groter zijn fout, des te meer punten zij krijgt voor haar liefde. Als hij haar liefde niet krijgt zal hij haar strafpunten willen geven in verhouding tot de liefde die hij nodig had. Als hij zich afgewezen voelt ten gevolge van een grote fout, kan hij veel strafpunten toekennen.

Als een man een grote fout heeft gemaakt en zich opgelaten, berouwvol of beschaamd voelt, heeft hij haar liefde harder nodig... Hoe groter de fout, hoe meer punten hij geeft

Waarom mannen in de verdediging gaan

Een man kan erg kwaad op een vrouw worden als hij een fout heeft gemaakt en zij zich erover opwindt. Zijn boosheid staat in verhouding tot de omvang van de fout. Als hij een kleine fout heeft gemaakt gaat hij minder in de verdediging dan bij een grote. Soms vragen vrouwen zich af waarom een man niet zegt dat het hem spijt als hij een grote fout heeft begaan. Dat komt doordat hij bang is dat het hem niet vergeven zal worden. Het is te pijnlijk om te erkennen dat hij op de een of andere manier te kort is geschoten. In plaats van te zeggen dat het hem spijt, kan hij kwaad op haar worden omdat ze zich druk maakt en háár strafpunten toekennen!
Als een man in een negatieve bui is, zal hij haar, als ze kan wachten tot de bui is overgewaaid, weer een overvloed aan bonuspunten geven vanwege het feit dat ze hem geen verwijten maakt en hem niet probeert te veranderen. Als ze probeert het tij te keren wordt er grote schade aangericht, en zal hij haar verwijten dat ze heeft ingegrepen.

Als een man in een negatieve bui is, wacht dan rustig tot de bui is overgewaaid...

Dit is voor vele vrouwen een nieuw inzicht, want als er op Venus iemand van slag is, laten de Venusbewoners haar nooit begaan of aan haar lot over. Er komen geen stormen op Venus voor. Als iemand van streek is, mengt iedereen zich erin en probeert te begrijpen wat iemand dwars zit door heel veel vragen te stellen. Als er op Mars een orkaan overkomt graaft iedereen zich in en wacht rustig af.

Wanneer mannen strafpunten geven

Het helpt enorm als vrouwen begrijpen dat mannen de dingen heel anders waarderen. Dat mannen strafpunten geven is heel verwarrend voor een vrouw en het schept geen veilig klimaat om haar gevoelens in te uiten. Het zou natuurlijk prachtig zijn als alle mannen zouden inzien hoe oneerlijk strafpunten geven is en in één klap veranderden, maar veranderingen kosten tijd. Het kan echter een hele geruststelling voor een vrouw betekenen als ze weet dat een man de strafpunten die hij uitdeelt weer even gauw intrekt.

De strafpunten van de man lopen parallel aan de wrok die een vrouw voelt als ze meer geeft dan de man. Ze trekt zijn punten van de hare af en komt zo op nul punten of nog minder uit. Op zulke momenten kan een man maar het beste begrijpen dat ze aan de ziekte der wrok lijdt en haar wat extra liefde geven.

Zo kan een vrouw als een man strafpunten uitdeelt maar beter bedenken dat hij zíjn variatie van de ziekte der wrok heeft. Hij heeft wat extra liefde nodig om weer beter te kunnen worden. Dat zal hem onmiddellijk weer bonuspunten aan haar doen geven, zodat de stand weer gelijk is.

Door te leren hoe ze bij een man veel waardering kan winnen, heeft een vrouw er weer een mogelijkheid bij om iets voor haar man te doen als hij afwezig en gekwetst lijkt. In plaats van kleine dingen voor hem te doen, waartoe ze van nature geneigd is, kan ze beter haar energie besteden aan datgene waaraan hij echt behoefte heeft (zie lijst).

Houd de verschillen in het oog

Voor zowel man als vrouw kan het veel nut hebben te onthouden dat ieder zo zijn eigen puntenwaardering heeft. Het verbeteren van de relatie hoeft niet meer energie te kosten dan er nu al in wordt gestopt en hoeft niet zo heel erg moeilijk te zijn. Relaties zijn niet uitputtend als we leren onze energie te richten op die dingen waar onze partner het meest aan heeft.

11. Praten over moeilijke gevoelens

Als we van streek, teleurgesteld, gefrustreerd of boos zijn is het moeilijk om liefdevol te communiceren. Als er negatieve emoties bovenkomen, komen liefdevolle gevoelens als vertrouwen, zorgzaamheid, begrip, acceptatie, waardering en respect vaak niet aan bod. Op zulke momenten loopt praten uit op ruzie, zelfs als we de beste bedoelingen hebben. In het heetst van de strijd vergeten we te communiceren op een manier die zowel voor ons als voor onze partner zin heeft.

Op zulke momenten hebben vrouwen de onbewuste neiging mannen verwijten te maken en een schuldgevoel te bezorgen. In plaats van te bedenken dat hun partner zijn best doet, nemen vrouwen al gauw de dikste boom uit het bos en zijn kritisch en beledigd. Vrouwen vinden het bijzonder moeilijk om vertrouwen, acceptatie en waardering te laten doorklinken als ze overspoeld worden door negatieve gevoelens.

Zo kunnen mannen, in plaats van te bedenken dat hun partner kwetsbaar en gevoelig is, haar behoeften helemaal vergeten en gemeen en liefdeloos doen. Als mannen overspoeld worden door negatieve gevoelens, vinden ze het bijzonder moeilijk op zorgzame, begrijpende en respectvolle toon te spreken. Ze begrijpen niet hoe kwetsend hun negatieve houding voor haar is.

Dat zijn de momenten waarop praten geen zin heeft. Gelukkig is er een alternatief. Zeg niet wat u voelt, maar schrijf uw partner een brief. Brieven schrijven stelt u in staat naar uw gevoel te luisteren zonder bij uw partner onrust of pijn teweeg te brengen. Door naar uw gevoelens te luisteren en ze onbelemmerd te uiten, wordt u vanzelf rustiger en liefdevoller. Als mannen een brief schrijven krijgen ze weer meer gevoelens van zorgzaamheid, begrip en respect; als vrouwen een brief schrijven krijgen ze weer meer gevoelens van vertrouwen, acceptatie en waardering.

Uw negatieve gevoelens op papier zetten is een uitstekende manier om u er bewust van te worden hoe liefdeloos u kunt overkomen. Wanneer u zich daar meer van bewust bent, kunt u uw benaderingswijze veranderen. Bovendien vermindert de intensiteit van uw negatieve gevoelens als u ze opschrijft, zodat er weer plaats vrijkomt voor positieve gevoelens. Als u weer enigszins tot uzelf gekomen bent, kunt u naar uw partner gaan en met hem of haar op meer liefdevolle wijze praten, minder veroordelend of verwijtend. Daardoor maakt u meer kans begrepen en geaccepteerd te worden. Nadat u uw brief hebt geschreven, hebt u misschien geen behoefte meer aan praten. U krijgt misschien ineens zin iets liefs voor uw partner te doen. Of u nu uw gevoelens per brief aan uw partner overbrengt of gewoon van u afschrijft, het noteren van gevoelens is een belangrijk instrument.

Of u nu gevoelens per brief meedeelt of gewoon van u afschrijft, het opschrijven van gevoelens is een belangrijk instrument

In plaats van gevoelens op te schrijven kunt u er ook voor kiezen hetzelfde in gedachten te doen. Zeg niets, maar ga inwendig na wat er gebeurd is. Doe net alsof u zegt wat u voelt, denkt en wilt, zonder u enige beperking op te leggen. Door in een inwendige dialoog uw gevoelens waarheidsgetrouw te uiten, zult u van hun negatieve greep verlost worden. Of u uw gevoelens nu opschrijft of in gedachten nagaat, door uw negatieve gevoelens te onderzoeken en te uiten, worden ze minder sterk, en krijgen positieve gevoelens weer een kans. De methode van het schrijven van 'liefdesbrieven' vergroot de kracht en het effect van dit proces enorm. Hoewel het eigenlijk een schrijftechniek is, kunt u hem ook mentaal toepassen.

De liefdesbrief

Een van de beste manieren om negatieve gevoelens los te laten teneinde weer liefdevol te kunnen communiceren, is het schrijven van een liefdesbrief. Door uw gevoelens op een speciale manier te noteren, worden de negatieve gevoelens vanzelf minder sterk en nemen de positieve gevoelens weer toe. Door deze methode leert u beter brieven schrijven. De methode valt in drie onderdelen uiteen:

1. Schrijf een liefdesbrief waarin u uiting geeft aan uw gevoelens van boosheid, droefheid, angst, spijt en liefde.
2. Schrijf zelf een brief terug waarin u vertelt wat u van uw partner wilt horen.
3. U praat met uw partner over de liefdesbrief en het antwoord daarop.

De liefdesbriefmethode is heel flexibel. U kunt alle drie de stappen doen, maar misschien heeft u er aan een of twee genoeg. U kunt u bijvoorbeeld oefenen in stap een en twee om u rustiger en liefdevoller te kunnen voelen, waarna u weer met uw partner kunt praten zonder een en al wrok en verwijt te zijn. Op andere momenten kiest u er misschien voor alle drie de stappen te doorlopen en het met uw partner over de liefdesbrief en het antwoord daarop te hebben. Hoewel ik in het begin aanraad deze techniek op schrift toe te passen, kan hij ook in gedachten worden toegepast.
Als u alle drie de onderdelen afwerkt zult u merken dat dat op u beiden een zeer krachtige en heilzame uitwerking heeft. Soms is het echter te tijdrovend om alle stappen te doen, en leent de situatie zich er niet voor. Soms kunt u het beste alleen maar het eerste onderdeel doen en een liefdesbrief schrijven. Laten we eens kijken hoe zo'n liefdesbrief er uitziet.

Stap 1: het schrijven van een liefdesbrief

Als u een liefdesbrief gaat schrijven, zoek dan een rustig plekje op en schrijf een brief aan uw partner. Breng in iedere brief uw gevoelens van woede, verdriet, angst, spijt en ten slotte liefde over. Als u het zo aanpakt krijgt u volop de gelegenheid uw gevoelens te uiten en te begrijpen. Als u al uw gevoelens begrijpt, zult u in staat zijn met meer liefde en zelfbeheersing een gesprek te voeren met uw partner.
Als we van streek zijn voelen we vaak van alles door elkaar. Als uw partner u bijvoorbeeld teleurstelt, kunt u zich boos voelen omdat hij ongevoelig is, boos omdat zij geen waardering heeft. U kunt *verdriet* voelen omdat hij zo in zijn werk opgaat, omdat zij u niet schijnt te vertrouwen. U bent misschien *bang* dat ze u nooit zal vergeven, bang dat hij niet zo veel om u geeft. U heeft er misschien spijt van dat u hem of haar stiekem uw liefde onthoudt.

Maar tegelijkertijd houdt u van uw partner en wilt u zijn of haar liefde en aandacht.
Om bij onze positieve gevoelens te kunnen komen, moeten we vaak eerst door al onze negatieve gevoelens heen. Als we de vier lagen van negatieve gevoelens doorlopen hebben (woede, verdriet, angst, spijt), kunnen we onze gevoelens van liefde volledig toelaten en uiten. Het schrijven van liefdesbrieven vermindert de intensiteit van onze negatieve gevoelens en stelt ons in staat onze positieve gevoelens vollediger te ervaren. We zullen nu beschrijven hoe het schrijven van een liefdesbrief in zijn werk gaat.

1. Richt de brief aan uw partner. Doe alsof hij of zij met liefde en begrip naar u luistert.
2. Begin met de woede, ga dan verder met het verdriet, de angst, de spijt en eindig met liefde. Zorg ervoor dat ze alle vijf vertegenwoordigd zijn in de brief.
3. Wijd aan elk gevoel een paar zinnen. Zorg ervoor dat alle stukjes ongeveer even lang zijn. Houd het simpel.
4. Wacht even na ieder stukje en kijk welk gevoel er bovenkomt. Schrijf iets over dat gevoel.
5. Houd niet op met schrijven voor u aan de liefde bent toegekomen. Wacht geduldig tot die naar boven komt.
6. Onderteken met uw naam. Denk nog even na over wat u nodig hebt of hebben wilt. Schrijf dat eventueel op in een P.S.

Om het briefschrijven te vereenvoudigen kunt u een kopie maken van het hierna volgende schema dat als leidraad voor uw brief kan dienen. Bij alle vijf onderdelen worden een paar inleidende formuleringen gegeven, om u op gang te helpen. U kunt ze allemaal gebruiken, of slechts een paar. De formuleringen die over het algemeen de meeste opluchting geven zijn: 'Ik ben boos', 'het doet me verdriet', 'ik ben bang', 'het spijt me', 'ik wil', en 'ik hou van...' Maar iedere formulering die u helpt uw gevoel te uiten is goed. Het kost meestal een minuut of twintig om een liefdesbrief te schrijven.

Een liefdesbrief

Lieve .... *Datum* ....

Ik schrijf je deze brief om je over mijn gevoelens te vertellen.

Woede
- Ik vind het niet prettig
- Ik vind het frustrerend
- Het maakt me kwaad
- Ik erger me
- Ik wil

Verdriet
- Ik ben teleurgesteld
- Het doet me verdriet
- Het kwetst me
- Ik wilde
- Ik wil

Angst
- Ik maak me bezorgd
- Ik ben bang
- Het beangstigt me
- Ik wil niet
- Ik heb behoefte aan
- Ik heb … nodig
- Ik wil

Spijt
- Ik voel me opgelaten
- Het spijt me
- Ik schaam me
- Ik wilde niet
- Ik wil

Liefde
- Ik hou van
- Ik wil
- Ik begrijp
- Ik vergeef

- Ik waardeer
- Ik wil je bedanken voor
- Ik weet

P.S.: Wat ik graag van je wil horen:

Nu volgen een paar standaardsituaties plus voorbeeldbrieven die u zullen helpen de techniek onder de knie te krijgen.

Een liefdesbrief over vergeetachtigheid

Toen Tom een langer middagdutje had gedaan dan hij van plan was geweest en vergat zijn dochter Hayley naar de tandarts te brengen, was zijn vrouw Samantha woedend. Maar in plaats van haar woede en afkeuring over Tom uit te storten, schreef ze de hier afgedrukte liefdesbrief. Toen ze dat gedaan had was ze in staat Tom op meer beheerste en minder afkeurende wijze tegemoet te treden.

Omdat ze deze brief schreef, voelde Samantha geen aandrang haar man de les te lezen of hem af te wijzen. In plaats van ruzie hadden ze een fijne avond. De week daarna zorgde Tom ervoor dat Hayley bij de tandarts kwam.

Samantha's liefdesbrief zag er zo uit:

Lieve Tom,

1. *Woede*: Ik ben woedend dat je het vergeten bent. Ik ben kwaad dat je te lang geslapen hebt. Ik heb er een hekel aan als je in slaap valt en alles vergeet. Ik ben het zat me altijd voor alles verantwoordelijk te voelen. Je verwacht van me dat ik alles doe. Ik heb er genoeg van.
2. *Verdriet*: Het doet me verdriet dat Hayley haar afspraak gemist heeft. Het maakt me verdrietig dat je het vergeten bent. Het maakt me verdrietig omdat ik het gevoel heb dat ik niet van je op aan kan. Het doet me verdriet dat je zo hard moet werken. Het maakt me verdrietig dat je zo moe bent. Ik heb er verdriet van dat je minder tijd voor mij hebt. Het doet pijn als je niet blij bent me te zien. Het doet pijn als je van alles vergeet. Ik heb het gevoel dat het je niets kan schelen.

3. *Angst*: Ik ben bang dat ik alles moet doen. Ik durf niet op je te vertrouwen. Ik ben bang dat het je allemaal niets kan schelen. Ik ben bang dat ik de volgende keer de verantwoording op me moet nemen. Ik wil niet alles hoeven doen. Ik heb je hulp nodig. Ik ben bang om je nodig te hebben. Ik ben bang dat je nooit enige verantwoordelijkheid op je zult nemen. Ik ben bang dat je te hard werkt. Ik ben bang dat je ziek wordt.
4. *Spijt*: Ik vind het vervelend als je afspraken mist. Ik voel me opgelaten als je te laat bent. Het spijt me dat ik zo veeleisend ben. Het spijt me dat ik niet meer acceptatie kan opbrengen. Ik schaam me dat ik niet liefdevoller ben. Ik wil je niet afwijzen.
5. *Liefde*: Ik houd van je. Ik begrijp dat je moe was. Je werkt zo hard. Ik weet dat je je best doet. Ik vergeef het je dat je het vergat. Bedankt voor het maken van een andere afspraak. Dank je dat je Hayley naar de tandarts wilt brengen. Ik weet dat het je heus wel kan schelen. Ik weet dat je van me houdt. Ik bof dat ik jou heb ontmoet. Ik wil een avond vol liefde met je delen.

Liefs, Samantha

P.S.: Ik wil graag van jc horen dat jij ervoor zult zorgen dat Hayley volgende week bij de tandarts komt.

Een liefdesbrief over onverschilligheid

Jim zou de volgende ochtend op zakenreis gaan. Die avond probeerde Virginia, zijn vrouw, een intieme sfeer te scheppen. Ze nam een fles wijn mee naar de slaapkamer en bood hem een glas aan. Jim lag in bed een boek te lezen en zei kortaf dat hij geen trek had. Virginia voelde zich afgewezen en liep weg. Inwendig voelde ze zich gekwetst en boos. In plaats van terug te komen en te klagen over zijn botheid en ongevoeligheid, schreef ze hem een liefdesbrief.

Nadat ze deze brief geschreven had, ging Virginia, die zich nu minder afwijzend en meer vergevensgezind voelde, weer de slaap-

kamer in en zei: 'Dit is onze laatste avond voor je vertrekt, laten we er samen nog even van genieten.' Jim legde zijn boek neer en ze hadden een heerlijke, gezellige avond. Door een liefdesbrief te schrijven voelde Virginia zich sterk en liefdevol genoeg om rechtstreeks om de aandacht van haar partner te vragen. Ze hoefde hem niet eens haar liefdesbrief te laten zien.
Haar brief luidde aldus:

Lieve Jim,

1. *Woede*: Het frustreert me dat je een boek wilt lezen terwijl dit onze laatste avond samen is voor je vertrekt. Ik ben kwaad dat je me negeert. Ik ben kwaad dat je deze tijd niet met zijn tweeën wilt doorbrengen. Ik ben boos dat we niet meer tijd samen doorbrengen. Er is altijd wel iets dat belangrijker is dan ik. Ik wil voelen dat je van me houdt.
2. *Verdriet*: Het doet me verdriet dat je niet bij me wilt zijn. Het doet me verdriet dat je zo hard werkt. Ik heb het gevoel dat je het niet eens zou merken als ik er niet was. Het maakt me verdrietig dat je het altijd zo druk hebt. Het doet me verdriet dat je niet met me wilt praten. Het kwetst me dat het je niet kan schelen. Ik heb het gevoel dat ik niets voor je beteken.
3. *Angst*: Ik ben bang dat je niet eens weet waarom ik boos ben. Ik ben bang dat het je niet kan schelen. Ik ben bang om je te vertellen wat ik voel. Ik ben bang dat je me zult afwijzen. Ik ben bang dat we steeds verder uit elkaar zullen groeien. Ik ben bang dat ik daar niets aan zal kunnen doen. Ik ben bang dat ik je verveel. Ik ben bang dat je me niet leuk vindt.
4. *Spijt*: Ik voel me opgelaten dat ik samen wil zijn terwijl het jou niets kan schelen. Het verwart me dat ik zo boos ben. Het spijt me als ik veeleisend overkom. Het spijt me dat ik niet meer liefde en acceptatie kan opbrengen. Het spijt me als ik koel deed toen je geen tijd voor me had. Het spijt me dat ik je niet nog een kans gegeven heb. Het spijt me dat ik aan je liefde twijfel.

5. *Liefde*: Ik hou echt van je. Daarom nam ik die fles wijn mee. Ik wilde iets plezierigs doen. Ik wilde het samen fijn hebben. Ik wil nog steeds een fijne avond met je hebben. Ik vergeef het je dat je zo onverschillig tegen me doet. Ik vergeef het je dat je niet meteen reageert. Ik begrijp dat je midden in dat boek zat. Laten we samen een avond vol liefde en intimiteit hebben.

Ik hou van je, Virginia.

P.S.: Wat ik graag zou willen horen is: 'Ik hou van je, Virginia, en ik wil ook een avond vol liefde met je delen. Ik zal je missen.'

Een liefdesbrief over ruzie maken

Michael en Vanessa hadden onenigheid over een financiële beslissing. Binnen een paar minuten hadden ze ruzie. Toen Michael merkte dat hij begon te schreeuwen hield hij ermee op, haalde diep adem en zei toen: 'Ik moet er even over nadenken. Later kunnen we weer verder praten.' Toen ging hij naar een andere kamer en schreef een liefdesbrief over zijn gevoelens.

Nadat hij de brief had geschreven kon hij teruggaan en de zaak met meer begrip bepraten. Daardoor konden ze hun probleem liefdevol oplossen.

Hier volgt zijn liefdesbrief:

Lieve Vanessa,

1. *Woede*: Ik ben kwaad dat je je zo laat gaan. Ik ben kwaad dat je me maar niet begrijpt. Ik ben kwaad dat je niet kalm blijft als we praten. Ik ben kwaad dat je zo gevoelig bent en zo gauw gekwetst. Ik ben kwaad dat je me niet vertrouwt en me afwijst.
2. *Verdriet*: Het doet me verdriet dat we ruzie hebben. Het doet me pijn te voelen dat je aan me twijfelt en geen vertrouwen in me hebt. Het doet pijn om je liefde niet te voelen. Het doet me verdriet dat we zo met elkaar overhoop lagen. Het doet me verdriet dat we het niet eens zijn.
3. *Angst*: Ik ben bang een fout te begaan. Ik ben

bang dat ik niet kan doen wat ik wil doen, zonder jou van streek te maken. Ik ben bang om te zeggen wat ik voel. Ik ben bang dat je me mijn gevoelens kwalijk zal nemen. Ik ben bang dat ik te kort zal schieten. Ik ben bang dat je me niet waardeert. Ik ben bang om met je te praten als je zo boos bent. Ik weet niet wat ik zeggen moet.

4. *Spijt*: Het spijt me dat ik je gekwetst heb. Het spijt me dat ik het niet met je eens ben. Het spijt me dat ik zo koel deed. Het spijt me dat ik me zo tegen je ideeën verzet. Het spijt me dat ik alles zo overhaast wil doen. Het spijt me dat ik je niet de ruimte voor je gevoelens geef. Dat verdien je niet. Het spijt me dat ik je zo veroordeelde.
5. *Liefde*: Ik hou van je en ik wil hier graag samen uitkomen. Ik denk dat ik nu wel naar je kan luisteren. Ik wil je steunen. Ik begrijp dat je je gekwetst voelt. Ik hou echt zo veel van je. Ik wil je held zijn en het niet overal zomaar mee eens zijn. Ik wil dat je me bewondert. Ik wil mezelf kunnen zijn en ik zal jou ook helpen jezelf te zijn. Ik hou van je. Ditmaal zal ik als we praten meer geduld en begrip hebben. Je hebt er recht op.

Ik hou van je, Michael

P.S.: Ik zou graag willen horen: 'Ik hou van je, Michael. Ik waardeer het echt dat je zo'n zorgzame en begrijpende man bent. Ik vertrouw erop dat we hieruit komen.'

Een liefdesbrief over frustratie en teleurstelling

Jean liet een boodschap achter voor Bill, haar man, waarin ze meedeelde dat ze wilde dat hij een belangrijke brief zou ophalen. Op de een of andere manier kreeg Bill de boodschap niet. Toen hij thuiskwam zonder de brief, was Jean hevig gefrustreerd en teleurgesteld.

Toen Jean maar doorging over hoe belangrijk die brief voor haar was en hoe gefrustreerd ze was, begon Bill zich beschuldigd en aangevallen te voelen, hoewel hij er niets aan kon doen. Jean realiseerde zich niet dat Bill zich haar frustratie en teleurstelling per-

soonlijk aantrok. Bill stond op het punt in woede uit te barsten omdat hij het haar kwalijk nam dat ze zo boos was.
In plaats van zijn gevoelens van afweer over haar uit te storten en hun avond te bederven, besloot hij wijselijk er even tussenuit te knijpen en een liefdesbrief te schrijven. Toen hij hem af had, kwam hij liefdevoller terug, omhelsde zijn vrouw en zei: 'Jammer dat je die post nu niet hebt. Ik wou dat ik je boodschap had gekregen. Hou je nog wel van me?' Jean reageerde met heel veel liefde en waardering, en ze hadden een heerlijke avond in plaats van koude oorlog.
Dit was de inhoud van Bills brief:

Lieve Jean,

1. Woede: Ik vind het vreselijk als je je zo opwindt. Ik vind het erg dat je mij de schuld geeft. Ik ben kwaad dat je er zo onder lijdt. Ik ben kwaad dat je niet blij bent me te zien. Het lijkt wel alsof ik het nooit goed doe. Ik wil dat je me waardeert en blij bent me te zien.
2. Verdriet: Het doet me verdriet dat je zo gefrustreerd en teleurgesteld bent. Ik ben bedroefd dat je niet blij bent me te zien. Ik wil dat je vrolijk bent. Het maakt me verdrietig dat het werk ons privé-leven altijd in de weg staat. Het doet me verdriet dat je niet alle heerlijke dingen die we in ons leven hebben, waardeert. Het doet me verdriet dat ik de brief waar je op zat te wachten niet opgehaald heb.
3. Angst: Ik ben bang dat ik je niet gelukkig kan maken. Ik ben bang dat je de hele avond somber zult zijn. Ik ben bang openhartig tegen je te zijn of dicht bij je. Ik ben bang om je liefde nodig te hebben. Ik ben bang dat ik niet goed genoeg ben. Ik ben bang dat je dit tegen me zult gebruiken.
4. Spijt: Het spijt me dat ik de brief niet heb opgehaald. Ik vind het naar dat je het zo erg vindt. Het spijt me dat ik er niet aan heb gedacht je te bellen. Het was niet de bedoeling je van streek te maken. Ik wilde dat je blij zou zijn me te zien. We hebben een vakantie van vier dagen en ik wilde dat het bijzondere dagen zouden worden.

5. Liefde: Ik hou van je. Ik zie je graag gelukkig. Ik begrijp dat je van streek bent. Ik begrijp dat je je even moet laten gaan. Ik weet dat je niet de schuld op mij wilt schuiven. Je hebt alleen maar een knuffel en een beetje medeleven nodig. Het spijt me. Soms weet ik niet wat ik moet doen en dan schuif ik de schuld maar op jou. Ik ben blij dat je mijn vrouw bent. Ik hou zo veel van je. Je hoeft niet volmaakt te zijn en je hoeft niet gelukkig te zijn. Ik begrijp dat je van slag bent door die brief.

Ik hou van je, Bill.

P.S.: Ik zou graag van je willen horen: 'Ik hou van je, Bill. Ik waardeer het dat je zo veel voor me doet. Ik ben blij dat je mijn man bent.'

Stap 2: de schriftelijke reactie

Een schriftelijke reactie is het tweede onderdeel van de liefdesbriefmethode. Als u eenmaal uw negatieve én positieve gevoelens geuit hebt, kan het heel heilzaam werken als u nog een paar minuutjes de tijd neemt om een brief als reactie op uw liefdesbrief te schrijven. In deze brief omschrijft u het soort antwoord dat u graag van uw partner wilt hebben.
Het werkt als volgt. Stel u voor dat uw partner in staat is liefdevol te reageren op uw gevoelens van pijn zoals beschreven in uw liefdesbrief. Schrijf een korte brief naar uzelf en doe alsof het uw partner is die naar u schrijft. Schrijf alles op dat u van uw partner zou willen horen over de pijn die u heeft geuit. De volgende formuleringen kunnen u daarbij op weg helpen:

- Bedankt dat je...
- Ik begrijp dat je...
- Het spijt me dat...
- Je hebt er recht op...
- Ik wil...
- Ik hou van...

Vergeet niet uw partner aan het eind van de brief eraan te herinneren dat u van hem of haar houdt.

Soms werkt het schrijven van de schriftelijke reactie nog beter dan het schrijven van de liefdesbrief. Als we opschrijven wat we echt willen en nodig hebben, stellen we ons meer open voor de steun die we verdiend hebben. Bovendien stellen we ons voor dat onze partner liefdevol zal reageren, zodat we het hun gemakkelijker maken dat ook werkelijk te doen.
Sommige mensen kunnen heel goed hun negatieve gevoelens opschrijven, maar vinden het heel moeilijk om hun gevoelens van liefde naar boven te halen. Voor deze mensen is het zeer belangrijk om zulke antwoordbrieven te schrijven en te onderzoeken wat ze graag als reactie zouden willen horen. Let goed op hoe sterk uw verzet tegen de steun van uw partner is. Dat zal u helpen beseffen hoe moeilijk het dus voor uw partner is om op dergelijke momenten liefdevol met u om te gaan.

Hoe we achter de behoeften van onze partner kunnen komen

Soms maken vrouwen bezwaar tegen het schrijven van antwoordbrieven. Ze verwachten van hun partners dat ze wel weten wat ze moeten zeggen. Ze hebben diep van binnen een gevoel dat hun zegt: 'ik wil hem niet vertellen wat ik nodig heb; als hij echt van me houdt weet hij dat wel.' Een vrouw moet in zo'n geval bedenken dat mannen van Mars komen en niet weten wat vrouwen nodig hebben: het moet hun verteld worden.
Uit de reactie van een man valt eerder af te leiden van welke planeet hij afkomstig is dan hoe veel hij van zijn partner houdt. Als hij een Venusbewoner was zou hij weten wat hij moest zeggen, maar dat is hij nu eenmaal niet. Mannen weten echt niet hoe ze op de gevoelens van een vrouw moeten reageren. In onze cultuur wordt mannen weinig bijgebracht omtrent de behoeften van vrouwen.
Als een man zijn vader liefdevol had zien en horen reageren als zijn moeder van streek was, zou hij meer inzicht hebben in wat hij kon doen. Maar zoals de zaken er nu voor staan weet hij dat niet omdat het hem nooit geleerd is. Een brief als antwoord op een liefdesbrief is het beste middel om een man iets te leren over de behoeften van een vrouw. Langzaam maar zeker zal hij erachter komen.

> *Een brief als antwoord op een liefdesbrief is het beste middel om een man iets te leren over de behoeften van de vrouw*

Soms wordt mij door een vrouw gevraagd: 'Als ik hem zeg wat ik wil horen, en hij gaat dat zeggen, hoe weet ik dan dat hij het niet gewoon opdreunt? Ik ben bang dat hij het dan misschien niet echt meent.'

Dat is een belangrijke vraag. Als een man echter niet van een vrouw houdt zal hij niet eens de moeite nemen om haar te geven wat ze nodig heeft. En als hij ook maar een zwakke poging doet om een reactie te geven die in de buurt komt van haar verzoek, is hij waarschijnlijk echt aan het proberen te reageren.

Als hij niet helemaal oprecht klinkt, komt dat doordat hij iets nieuws leert. Een nieuwe manier van leren reageren, maakt onhandig. Hij staat misschien niet zo sterk in zijn schoenen. Het is een kritiek moment. Hij heeft heel veel waardering en aanmoediging nodig. Hij moet veel respons krijgen waaruit blijkt dat hij op de juiste weg zit.

Als zijn pogingen om haar te steunen hem enigszins onoprecht doen overkomen, komt dat meestal doordat hij bang is dat zijn inspanningen niets zullen opleveren. Als een vrouw zijn poging waardeert, zal hij zich de volgende keer zekerder voelen en daardoor oprechter kunnen zijn. Een man is niet dom. Als hij het gevoel heeft dat een vrouw voor hem openstaat en dat zijn manier van reageren een positieve uitwerking kan hebben, zal hij het doen. Het kost gewoon wat tijd.

Vrouwen kunnen ook een heleboel over mannen opsteken en over hun behoeften door te luisteren naar antwoordbrieven van mannen. Vrouwen weten doorgaans niet goed wat ze aanmoeten met de reactie van de man op hun gedrag. Ze hebben er geen idee van waarom hun pogingen om hem te helpen worden afgewezen. Ze begrijpen zijn behoeften verkeerd. Soms verzet een vrouw zich tegen een man omdat ze denkt dat hij wil dat ze haar identiteit opgeeft. In de meeste gevallen wil hij eigenlijk alleen maar dat ze hem vertrouwt, waardeert en accepteert.

Om steun te krijgen moeten we niet alleen onze partners wegwijs maken in onze behoeften, maar ook zelf bereid zijn steun te ontvangen. Een brief als antwoord op een liefdesbrief maakt iemand ontvankelijk voor steun. Is dat niet het geval, dan kan de communicatie niet goed verlopen. Als u vertelt waarom u gekwetst bent met een air van: 'Wat je ook zegt, ik zal me toch niet beter gaan voelen,' werkt dat niet alleen averechts, maar doet u ook uw partner pijn. U kunt op zo'n moment maar beter niet praten.

Er volgt nu een liefdesbrief en een antwoordbrief. Het antwoord is nog in een P.S. vervat, maar dit is langer en gedetailleerder dan in de voorgaande brieven.

Een liefdesbrief en een antwoordbrief over zijn verzet

Wanneer Theresa haar man Paul om steun vraagt, verzet hij zich en lijkt haar verzoeken lastig te vinden.

Lieve Paul,

1. *Woede*: Ik ben boos dat je je tegen me verzet. Ik ben kwaad dat je niet aanbiedt me te helpen. Ik ben boos dat ik er altijd om moet vragen. Ik doe zo veel voor jou. Ik heb je hulp nodig.
2. *Verdriet*: Het doet me verdriet dat je me niet wilt helpen. Ik ben verdrietig omdat ik me zo alleen voel. Ik wil meer samen doen. Ik mis je steun.
3. *Angst*: Ik ben bang om je om hulp te vragen. Ik ben bang voor je woede. Ik ben bang dat je nee zult zeggen en dat ik me dan gekwetst zal voelen.
4. *Spijt*: Het spijt me dat ik zo'n wrok tegen je koester. Het spijt me dat ik tegen je zeur en je bekritiseer. Het spijt me dat ik te veel geef en dan van jou verwacht dat je hetzelfde doet.
5. *Liefde*: Ik hou van je. Ik begrijp dat je je best doet. Ik weet dat je om me geeft. Ik wil je vragen of je dat op meer liefdevolle wijze wilt doen. Je bent zo'n liefhebbende vader.

Ik hou van je, Theresa

P.S.: De reactie die ik graag zou willen krijgen is:

Lieve Theresa,

Dank je dat je zo veel van me houdt. Bedankt dat je me wilt vertellen wat je voelt. *Ik begrijp* dat het je pijn doet als ik doe alsof je verzoeken te veel gevraagd zijn. Ik begrijp dat het pijn doet als ik me verzet. *Het spijt me* dat ik je niet vaker wil helpen. *Je hebt recht* op mijn steun en *ik wil* je ook meer steunen. *Ik houd echt van je* en ik ben blij dat je mijn vrouw bent.

Ik hou van je, Paul

Stap 3: praten over uw liefdesbrief en het antwoord daarop

Samen over uw brieven praten is belangrijk om de volgende redenen:

- Het biedt uw partner de gelegenheid u te steunen.
- U kunt het begrip krijgen dat u nodig heeft.
- Uw partner krijgt liefdevol en respectvol de nodige respons.
- Het bevordert verandering in een relatie.
- Het brengt intimiteit en hartstocht teweeg.
- Uw partner leert wat belangrijk voor u is en hoe hij of zij u het beste kan steunen.
- Het helpt (echt)paren om weer met elkaar te gaan praten wanneer de communicatie verstoord is.
- Het is een veilige manier om naar negatieve gevoelens te leren luisteren.

Hieronder treft u vijf manieren aan om samen uw brieven door te nemen. In dit geval zijn wij ervan uitgegaan dat zíj de brief heeft geschreven, maar het werkt even goed als híj dat heeft gedaan.

1. *Hij* leest haar liefdesbrief en reactie daarop hardop in haar bijzijn voor. Dan houdt hij haar handen vast en geeft zijn eigen liefdevolle reactie, maar nu met meer besef van wat ze horen wil.
2. *Zij* leest haar liefdesbrief en het antwoord hardop voor terwijl hij luistert. Dan houdt hij haar handen vast en geeft zijn eigen liefdevolle respons, maar nu met meer besef van wat ze horen wil.
3. *Hij leest eerst haar antwoord hardop aan haar voor.* Dan leest hij haar liefdesbrief voor. Een man vindt het veel gemakkelijker om naar negatieve gevoelens te luisteren als hij al weet hoe hij daarop moet reageren. Door een man te laten weten wat er van hem wordt verlangd, voelt hij minder paniek wanneer hij naar negatieve gevoelens luistert. Nadat hij haar liefdesbrief

gelezen heeft pakt hij haar handen vast en geeft een liefdevolle reactie, terwijl hij nu beter beseft wat ze horen wil.

4. *Eerst leest zij haar antwoordbrief aan hem voor.* Dan leest ze haar liefdesbrief voor. Ten slotte houdt hij haar handen vast en geeft haar een liefdevolle respons, maar nu met meer besef van haar behoeften.
5. *Ze geeft hem haar brieven en hij krijgt een etmaal de tijd om ze te lezen.* Nadat hij ze gelezen heeft, bedankt hij haar dat ze ze geschreven heeft, pakt haar handen vast en geeft haar een liefdevolle reactie, maar nu met meer besef van haar behoeften.

Wat u moet doen als uw partner niet liefdevol kan reageren

Sommige mannen en vrouwen kost het door ervaringen in het verleden de grootste moeite om naar liefdesbrieven te luisteren. In dat geval is het beter dat niet van hen te vragen. Maar ook als uw partner ervoor kiest wel naar een brief te luisteren, zal hij of zij niet altijd in staat zijn direct liefdevol te reageren. Laten we Paul en Theresa als voorbeeld nemen.

Als Paul, nadat hij naar de brieven van zijn vrouw geluisterd heeft, niet meer liefde in zich voelt, komt dat doordat hij op dat moment geen liefdevolle reactie kan opbrengen. Maar na een poosje zullen zijn gevoelens veranderen.

Na het lezen van de brieven kan hij zich aangevallen voelen door de boosheid en pijn en zich willen verdedigen. Op zo'n moment moet hij zich even terugtrekken om na te denken over wat hij gelezen heeft.

Soms hoort iemand alleen de woede in een liefdesbrief en dan duurt het even voor hij of zij ook de liefde erin kan horen. Het helpt om de brief na een poosje te herlezen, en met name te letten op de gedeelten die over spijt en liefde gaan. Soms lees ik als ik een liefdesbrief van mijn vrouw krijg eerst het gedeelte dat over liefde gaat en dan pas de hele brief.

Als een man van streek is door het lezen van een liefdesbrief kan hij ook met een eigen liefdesbrief daarop reageren, waardoor hij de gelegenheid krijgt de negatieve gevoelens die bij hem opkwamen terwijl hij de liefdesbrief las, te verwerken. Soms weet ik pas

wat me dwars zit als mijn vrouw een liefdesbrief aan mij voorleest, en dan weet ik ineens waarover ik wil schrijven. Door zelf een brief te schrijven kan ik mijn gevoelens van liefde weer bereiken en de brief herlezen en de liefde achter de pijn zien.
Als een man niet meteen met liefde kan reageren, moet hij weten dat dat niet erg is en moet hij er niet voor gestraft worden. Zijn partner moet begrijpen en accepteren dat hij even over alles moet nadenken. Misschien kan hij, om zijn partner te helpen, iets zeggen als: 'Bedankt voor het schrijven van de brief. Ik moet er even over nadenken en dan kunnen we erover praten.' Het is belangrijk dat hij niet alleen kritiek op de brief spuit. Het bespreken van liefdesbrieven moet een veilige aangelegenheid zijn.
Alle bovenstaande suggesties voor het bespreken van liefdesbrieven zijn ook van toepassing op alle gevallen waarin een vrouw moeite heeft met liefdevol reageren op een brief van de man. Ik raad paren meestal aan de brieven die ze hebben geschreven hardop voor te lezen. Het helpt om de brief van uw partner hardop voor te lezen omdat hij of zij dan het gevoel krijgt gehoor te vinden. Experimenteer met beide vormen, en probeer erachter te komen wat voor u het geschiktst is.

Hoe u zich veilig kunt voelen

Het praten over liefdesbrieven kan eng zijn. Degene die zijn ware gevoelens heeft opgeschreven zal zich kwetsbaar voelen. Als zo iemand wordt afgewezen door de partner kan dat heel pijnlijk zijn. Een liefdesbrief wordt geschreven met het doel gevoelens los te maken, zodat de partners dichter bij elkaar kunnen komen. Het werkt goed zolang alles zich in een veilig klimaat afspeelt. Degene die de liefdesbrief ontvangt, moet veel respect tonen voor de uitlatingen in de brief. Als de ontvanger geen echte, respectvolle steun kan opbrengen, moet hij of zij niet luisteren totdat dat wel het geval is.
Het bespreken van liefdesbrieven moet met de juiste intentie gebeuren. Het moet in de geest van de twee volgende intentieverklaringen plaatsvinden:

De intentie waarmee men liefdesbrieven schrijft en bespreekt

Ik heb deze brief geschreven om mijn positieve gevoelens te kunnen bereiken en jou de liefde te geven die je verdient. Als onderdeel van dat proces vertel ik je over mijn negatieve gevoelens, die me blokkeren.

> Jouw begrip zal me helpen los te komen en mijn negatieve gevoelens te laten varen. Ik vertrouw erop dat het je iets kan schelen en dat je op de best mogelijke manier zult reageren op wat ik vertel. Ik waardeer je bereidheid naar me te luisteren en me te steunen. Bovendien hoop ik dat deze brief je zal helpen mijn behoeften en wensen te begrijpen.

De partner die luistert naar de inhoud van deze brief moet luisteren met de volgende intentie:

De intentie waarmee men luistert naar een liefdesbrief

> Ik beloof je dat ik mijn best zal doen om je gevoel de ruimte te geven, de verschillen tussen ons te aanvaarden, jouw behoeften evenzeer te respecteren als de mijne en te waarderen dat je je best doet om je gevoelens en liefde over te brengen.
> Ik beloof je dat ik zal luisteren en je gevoelens niet zal corrigeren of ontkennen. Ik beloof je dat ik je zal accepteren en niet zal proberen je te veranderen.
> Ik ben bereid te horen wat je voelt omdat ik om je geef en erop vertrouw dat we eruit zullen komen.

De eerste paar keer dat u de methode van de liefdesbrief in de praktijk brengt, zult u zich veel veiliger voelen als u deze verklaringen hardop voorleest. De intentieverklaringen helpen u eraan herinneren dat u de gevoelens van uw partner moet respecteren en op een liefdevolle, veilige manier moet reageren.

Mini-liefdesbrieven

Als u boos bent en u hebt geen twintig minuten de tijd om een liefdesbrief te schrijven, kunt u een mini-liefdesbrief proberen te schrijven. Het kost maar een paar minuten en kan echt helpen. Hier zijn een paar voorbeelden:

Lieve Max,

1. Ik ben zo kwaad dat je zo laat bent!
2. Het doet me verdriet dat je me vergeten bent.
3. Ik ben bang dat je niet echt om me geeft.
4. Het spijt me dat ik niet erg vergevensgezind was.
5. Ik hou van je en vergeef je dat je zo laat was. Ik weet dat je heus wel van me houdt. Bedankt voor je pogingen.

Liefs, Sandie

Lieve Henry,

1. Ik ben zo kwaad dat je zo moe bent. Het maakt me kwaad dat je alleen maar tv kijkt.
2. Het doet me verdriet dat je niet met me wilt praten.
3. Ik ben bang dat we uit elkaar groeien. Ik ben bang dat ik je kwaad maak.
4. Het spijt me dat ik je afwees onder het eten. Het spijt me dat ik je de schuld geef van onze problemen.
5. Ik mis je liefde. Zou je vanavond of binnenkort een uur voor me willen vrijmaken om te praten over wat ik allemaal meemaak?

Liefs, Lesley

P.S.: Wat ik graag van je zou willen horen is:

Lieve Lesley,

Bedankt dat je me hebt laten weten wat je voelt. Ik begrijp dat je me mist. Laten we vanavond tussen acht en negen vrijmaken.

Liefs, Henry

Wanneer u een liefdesbrief moet schrijven

U moet een liefdesbrief schrijven wanneer u van streek bent en u beter wilt voelen. Hier zijn een paar algemene soorten:

1. Liefdesbrief aan een partner met wie u een relatie heeft.
2. Liefdesbrief aan een vriend of vriendin, kind, of lid van het gezin.
3. Liefdesbrief aan een relatie of cliënt. In plaats van 'ik hou van je' aan het eind, zegt u bijvoorbeeld 'ik waardeer...' of 'ik respecteer...' Dit soort brieven kunt u meestal beter niet bespreken.
4. Liefdesbrief aan uzelf.
5. Liefdesbrief aan God of Hogere Macht. Deel uw gevoelens over uw leven aan God mee en vraag om steun.
6. Liefdesbrief waarin u de rollen omkeert. Het is moeilijk om iemand te vergeven; doe even alsof u de ander bent en schrijf een liefdesbrief van de ander aan u. U zult er versteld van staan hoe snel uw vergevensgezindheid toeneemt.
7. Monsterliefdesbrief. Als u erg kwaad bent en gemene gevoelens hebt en vernietigende oordelen, lucht ze dan in een brief. Vervolgens verbrandt u de brief. Verwacht niet van uw partner dat hij of zij hem lezen zal, tenzij u beiden goed met negatieve gevoelens kunt omgaan en daartoe bereid bent. In zo'n geval kunnen zelfs monsterliefdesbrieven van nut zijn.
8. Verplaatsingsliefdesbrieven. Wanneer u van streek raakt door gebeurtenissen uit het heden, en wanneer dat onverwerkte gevoelens uit uw jeugd oproept, kunt u in gedachten teruggaan in de tijd en een brief aan een van uw ouders schrijven, waarin u over uw gevoelens vertelt en om steun vraagt.

Waarom het nodig is liefdesbrieven te schrijven

Zoals we in de voorgaande hoofdstukken van het boek steeds al hebben gezien, is het voor vrouwen heel belangrijk dat ze hun gevoelens uiten en zich verzorgd, begrepen en gerespecteerd voelen. Het is voor mannen even belangrijk dat ze het gevoel hebben dat

hun partner hen waardeert, accepteert en vertrouwt. Het grootste relatieprobleem doet zich dan ook voor als vrouwen van streek zijn en zich uiten en mannen vervolgens het gevoel krijgen dat hun vrouw niet van hen houdt.
Negatieve gevoelens kunnen op een man overkomen als kritiek, verwijten, eisen en wrok. Als hij haar gevoelens afwijst, voelt zij zich vervolgens weer onbemind. Het welslagen van een relatie berust op slechts twee factoren: het vermogen van de man om met liefde en respect naar een vrouw te luisteren als ze over haar gevoelens vertelt, en het vermogen van de vrouw om haar gevoelens met liefde en respect te uiten.
Een relatie vraagt van partners dat ze communiceren over hun veranderende gevoelens en behoeften. Het is natuurlijk te idealistisch om een perfecte communicatie te verwachten. Gelukkig is er op de weg naar perfectie ruimte genoeg voor groei.

Realistische verwachtingen

Het is niet realistisch te verwachten dat communiceren altijd gemakkelijk gaat. Sommige gevoelens zijn erg moeilijk over te brengen zonder de toehoorder te kwetsen. Paren die een mooie en liefdevolle relatie hebben zullen zich soms de hersens pijnigen over de vraag hoe ze moeten communiceren om allebei aan hun trekken te kunnen komen. Het is moeilijk het gezichtspunt van een ander echt te begrijpen, vooral als hij of zij niet zegt wat je horen wilt. Het is ook moeilijk respect te blijven opbrengen als je eigen gevoelens gekwetst zijn.
Veel paren denken ten onrechte dat hun onvermogen goed en liefdevol te communiceren betekent dat ze niet genoeg van elkaar houden. Liefde heeft er wel veel mee te maken, maar vaardigheid is een veel belangrijker ingrediënt. Gelukkig kan die vaardigheid aangeleerd worden.

Hoe we leren communiceren

Goed communiceren zou ons heel gemakkelijk afgaan als we opgroeiden in een gezin waarin eerlijk en liefdevol gecommuniceerd werd. Maar in voorgaande generaties kwam liefdevol communiceren meestal neer op het uit de weg gaan van negatieve gevoelens. Het leek vaak wel of negatieve gevoelens een ziekte waren waarvoor je je moest schamen en die je moest wegstoppen.

In minder 'beschaafde' gezinnen kon 'liefdevol communiceren' neerkomen op je negatieve gevoelens afreageren of rationaliseren door middel van lijfstraffen, schreeuwen, een pak slaag, afranselen en allerlei soorten verbaal geweld — dit alles met de bedoeling kinderen het verschil tussen goed en kwaad te leren.

Als onze ouders geleerd hadden liefdevol te communiceren, zonder hun negatieve gevoelens te onderdrukken, dan zouden wij als kinderen veilig onze eigen negatieve gevoelens en reacties met vallen en opstaan hebben kunnen ontdekken en onderzoeken. Door positieve rolvoorbeelden zouden we hebben geleerd hoe je goed moet communiceren, en dan met name over moeilijke gevoelens. Na een leerperiode van een jaar of achttien zouden we geleidelijk hebben geleerd hoe je je gevoelens respectvol en op passende wijze kunt uiten. Als dat het geval was geweest, zou de liefdesbriefmethode niet nodig zijn.

Als ons verleden er anders had uitgezien

Had ons verleden er anders uitgezien, dan zouden we van alles van onze vader hebben afgekeken en met liefde naar onze moeder hebben geluisterd wanneer ze uitvoerig haar frustratie en teleurstelling uitte. We zouden dagelijks hebben meegemaakt hoe onze moeder de liefdevolle zorg en het begrip van haar liefhebbende echtgenoot, onze vader, had gekregen.

We zouden hebben gezien dat onze moeder onze vader vertrouwde en openlijk zei wat ze voelde, zonder afkeurend of verwijtend over te komen. We zouden hebben meegemaakt dat iemand van streek kan zijn zonder de ander van zich te vervreemden door wantrouwen, emotionele manipulatie, ontwijkend gedrag, afkeuring, minachting of koelheid.

In onze eerste achttien levensjaren zouden we geleidelijk hebben geleerd met onze emoties om te gaan, net zoals je leert lopen of rekenen. Het zou een aangeleerde vaardigheid zijn, zoals lopen, zingen, lezen en omgaan met geld.

Maar zo is het bij de meesten van ons niet gegaan. In plaats daarvan hebben we achttien jaar lang ontoereikende communicatietechnieken geleerd. Omdat onze opvoeding niet het omgaan met gevoelens behelsde, is het een zware en op het eerste gezicht ondoenlijke opgaaf liefdevol te communiceren wanneer we negatieve gevoelens hebben. Om een idee te krijgen hoe moeilijk dit is, moet u de volgende vragen maar eens beantwoorden:

1. Als je je boos of beledigd voelt, hoe kun je dan liefde uiten als je ouders vroeger óf ruzie maakten óf allebei altijd ruzie meden?
2. Hoe krijg je je kinderen aan het luisteren zonder te schreeuwen of ze te straffen, als je ouders schreeuwden of straf uitdeelden om de zaak in de hand te houden?
3. Hoe vraag je om meer steun als je je als kind al herhaaldelijk verwaarloosd of teleurgesteld hebt gevoeld?
4. Hoe kun je je uiten en over je negatieve gevoelens praten als je bang bent afgewezen te worden?
5. Hoe praat je met je partner als je gevoel zegt: 'Ik haat je'?
6. Hoe zeg je: 'Het spijt me', als je als kind gestraft werd wanneer je fouten maakte?
7. Hoe kun je je fouten toegeven als je bang bent voor straf en afwijzing?
8. Hoe kun je je gevoel tonen als je als kind herhaaldelijk afgewezen of veroordeeld werd omdat je van streek was en huilde?
9. Hoe kun je om iets vragen, als het je in je jeugd herhaaldelijk werd aangerekend als je om meer vroeg?
10. Hoe kun je zelfs ook maar weten wat je voelt als je ouders niet de tijd, het geduld, of het benul hadden om je te vragen hoe je je voelde of wat je dwars zat?
11. Hoe kun je de onvolkomenheden van je partner accepteren als je als kind het gevoel had dat je zo ongeveer volmaakt moest zijn om liefde te kunnen krijgen?
12. Hoe kun je luisteren naar de gevoelens van pijn van je partner als niemand naar die van jou heeft geluisterd?
13. Hoe kun je vergeven als men jou nooit vergeven heeft?
14. Hoe kun je huilen en van je pijn en verdriet genezen als je als kind herhaaldelijk te horen kreeg dat je niet mocht huilen of dat je zo nooit

groot zou worden of wel een klein kind leek?

15. Hoe kun je aanhoren hoe teleurgesteld je partner is als je als kind al verantwoordelijk werd gesteld voor de pijn van je moeder nog voor je kon begrijpen dat je dat niet was?
16. Hoe kun je de woede van je partner aanhoren als je vader en moeder toen je klein was hun frustratie op jou afreageerden door te schreeuwen en eisen te stellen?
17. Hoe kun je je openstellen en je partner vertrouwen als de eerste mensen die je vol onschuld vertrouwde je op de een of andere manier verraden hebben?
18. Hoe kun je met liefde en respect over je gevoelens communiceren als je je daar achttien jaar lang niet in hebt kunnen oefenen, omdat je anders kans liep afgewezen en in de steek gelaten te worden?

Het antwoord op al deze vragen is hetzelfde: het is mogelijk te leren hoe je liefdevol kunt communiceren, maar het vergt enige inzet. Je moet zo'n achttien jaar achterstand inhalen. Hoe perfect onze ouders ook waren, niemand is écht perfect. Als u communicatieproblemen hebt, is dat geen vloek en ook niet alleen maar de schuld van uw ouders. U hebt gewoon niet de juiste 'opleiding' gehad en geen veilige omgeving om in te oefenen.
Toen u bovenstaande vragen las, kwamen er misschien bepaalde gevoelens bij u naar boven. Laat die bijzondere gelegenheid om uzelf te genezen niet voorbijgaan. Neem nu twintig minuten de tijd om een van uw ouders een liefdesbrief te schrijven. Pak gewoon pen en papier en geef uiting aan uw gevoelens, met het schema als leidraad. Probeer het eens; u zult verbaasd staan over het resultaat!

De gehele waarheid

Liefdesbrieven hebben effect omdat ze u helpen niets van de waarheid achter te houden. Als u slechts een deel van uw gevoelens verkent, heeft dat niet het gewenste, genezende effect. Want:

1. Het helpt misschien niets als u uw woede voelt. Het kan u zelfs kwader maken. Hoe meer u zich alleen op uw woede concentreert, hoe meer u zich zult opwinden.
2. Van uren huilen raakt u alleen maar moe en uitgeput. U moet door het verdriet heen.
3. Als u alleen uw angst voelt, kunt u nog angstiger worden.
4. Als u in spijtgevoelens blijft steken, kunt u zich schuldig gaan voelen en zich gaan schamen, en dat kan uw gevoel van eigenwaarde schaden.
5. Als u zich steeds liefdevol wilt voelen, bent u genoodzaakt uw negatieve emoties te onderdrukken, waardoor u na een paar jaar afstompt en niets meer voelt.

Liefdesbrieven hebben effect omdat ze u helpen de gehele waarheid over ál uw gevoelens op te schrijven. Om van onze innerlijke pijn af te komen moeten we alle vier de elementaire aspecten van gevoelspijn doorlopen, namelijk: woede, verdriet, angst en pijn.

Waarom liefdesbrieven effect hebben

Door de vier aspecten van gevoelspijn allemaal te doorlopen worden we van onze pijn verlost. Slechts een of twee negatieve gevoelens opschrijven werkt minder goed. Dat komt doordat vele van onze negatieve gevoelsreacties geen echte gevoelens zijn, maar afweermechanismen die we onbewust in werking zetten om onze ware gevoelens uit de weg te gaan.
Bijvoorbeeld:

1. Mensen die gauw kwaad worden proberen over het algemeen te vluchten voor pijn, verdriet, angst of spijt. Als ze zich kwetsbaarder opstellen, verdwijnt de woede en worden ze liefdevoller.
2. Mensen die gauw huilen vinden het meestal heel moeilijk om kwaad te worden, maar wanneer men hen helpt hun woede te uiten voelen ze zich veel beter en liefdevoller.
3. Mensen die angstig zijn moeten meestal hun

woede voelen en uiten en dan verdwijnt de angst.

4. Mensen die vaak spijt hebben en zich schuldig voelen, moeten meestal hun pijn en woede voelen en uiten voor ze weer de eigenliefde kunnen voelen waar ze recht op hebben.
5. Mensen die altijd liefdevol zijn, maar zich afvragen waarom ze zich gedeprimeerd en afgestompt voelen, moeten zich de volgende vraag stellen: 'Als ik me ergens kwaad over zou maken en me iets erg zou aantrekken, wat zou dat dan zijn?' en het antwoord opschrijven. Dat zal hen helpen weer bij de gevoelens te komen die achter de depressie en ongevoeligheid schuilgaan. Liefdesbrieven zijn geschikt voor dit doel.

Onze ware gevoelens

Er volgen nu enige voorbeelden van hoe zowel mannen als vrouwen hun negatieve emoties gebruiken om hun echte pijn te ontlopen of te onderdrukken. Bedenk daarbij dat we dat automatisch doen. We zijn ons er vaak niet van bewust dat het gebeurt.
Denkt u maar eens even over de volgende vragen na:

- Lacht u wel eens terwijl u eigenlijk boos bent?
- Heeft u zich wel eens kwaad gemaakt terwijl u eigenlijk bang was van binnen?
- Lacht u wel eens en maakt u wel eens grappen terwijl u eigenlijk verdriet en pijn voelt?
- Heeft u wel eens gauw de schuld op anderen geschoven als u zich schuldig of bang voelde?

Het volgende overzicht laat zien op welke manier mannen en vrouwen hun ware gevoelens plegen te ontkennen. Natuurlijk is de omschrijving voor mannen niet van toepassing op iedere man, en die voor vrouwen niet op iedere vrouw. Het helpt ons alleen maar wat beter te begrijpen op welke manier we ons afsluiten voor onze ware gevoelens.

Manieren waarop we onze ware gevoelens verdoezelen

Hoe mannen hun pijn wegstoppen (dit gebeurt meestal onbewust)	Hoe vrouwen hun pijn verbergen (dit gebeurt meestal onbewust)
1. Mannen kunnen woede gebruiken om pijnlijke gevoelens als somberheid, pijn, verdriet, schuld en angst niet te hoeven voelen.	1. Vrouwen kunnen bezorgdheid en ongerustheid gebruiken om pijnlijke gevoelens als woede, schuld, angst en teleurstelling te ontlopen.
2. Mannen kunnen onverschillig en ontmoedigend zijn om woede niet te hoeven voelen.	2. Vrouwen kunnen verwarring voelen in plaats van woede, irritatie en frustratie.
3. Mannen tonen zich vaak beledigd in plaats van gekwetst.	3. Vrouwen kunnen zich rot voelen in plaats van hun ware gevoelens van verlegenheid, woede, bedroefdheid en spijt te voelen.
4. Mannen gebruiken woede en zelfrechtvaardiging als manier om angst en onzekerheid te ontlopen.	4. Vrouwen kunnen angst en onzekerheid voelen in plaats van woede, pijn en verdriet.
5. Mannen kunnen schaamte in de plaats stellen van woede en verdriet.	5. Vrouwen kunnen verdriet hebben in plaats van woede en angst toe te laten.
6. Mannen zijn soms rustig en kalm in plaats van woede, angst, teleurstelling, ontmoediging en schaamte te voelen.	6. Vrouwen kunnen hoop gebruiken als dekmantel voor woede, bedroefdheid, verdriet en leed.
7. Mannen kunnen zelfverzekerd doen als ze het gevoel hebben te kort geschoten te zijn.	7. Vrouwen kunnen vrolijkheid en dankbaarheid tonen terwijl ze eigenlijk bedroefd en teleurgesteld zijn.
8. Mannen kunnen agressie gebruiken om hun angst weg	8. Vrouwen kunnen liefde en vergevensgezindheid tonen om

te stoppen.	hun gevoelens van pijn en woede te verbergen.

Negatieve gevoelens genezen

Het is moeilijk om de negatieve gevoelens van een ander te begrijpen en te accepteren als er niet geluisterd is naar uw eigen negatieve gevoelens en als u geen steun hebt gehad. Hoe beter we in staat zijn de onverwerkte gevoelens uit onze jeugd te genezen, des te gemakkelijker kunnen we op verantwoorde wijze onze gevoelens uiten en naar onze partner luisteren zonder ons gekwetst, ongeduldig, gefrustreerd of beledigd te voelen.

Hoe meer u zich verzet tegen uw innerlijke pijn, hoe meer weerstand u zult voelen als u aandacht aan de gevoelens van anderen moet schenken. Als u zich ongeduldig en intolerant voelt wanneer anderen vertellen over de gevoelens uit hun jeugd, geeft dit aan hoe u op dit punt met uzelf omgaat.

Om onszelf opnieuw op te voeden, moeten we voor onszelf de ouderrol vervullen. We moeten toegeven dat er van binnen een gevoelig iemand zit die van streek raakt, ook al zegt ons volwassen verstand dat daar geen reden toe is. Die emotionele kant van onszelf moeten we isoleren en er een liefdevolle ouder voor zijn. We moeten vragen: 'Wat is er aan de hand? Ben je gekwetst? Wat voel je? Wat is er gebeurd dat je zo van streek bent? Waar ben je kwaad om? Waarom ben je verdrietig? Waar ben je bang voor? Wat wil je?'

Als we met mededogen naar onze gevoelens luisteren, zullen onze negatieve gevoelens op wonderbaarlijke wijze verdwijnen, en zullen we in staat zijn met veel meer liefde en respect op allerlei situaties te reageren. Als we de gevoelens van het kind in ons begrijpen, zal alles wat we zeggen vanzelf meer doordrongen raken van positieve gevoelens.

Als we als kinderen liefdevolle aandacht voor en bevestiging van onze diepste emoties hadden gekregen, zouden we als volwassenen niet in onze negatieve emoties blijven steken. Maar de meesten van ons hebben die steun in hun jeugd niet gehad, dus moeten we het zelf doen.

Hoe uw verleden uw heden beïnvloedt

U bent allemaal wel eens in de greep van negatieve gevoelens geweest. Hier volgen een paar veel voorkomende manieren waarop onverwerkte emoties uit de jeugd het heden kunnen beïnvloeden wanneer een volwassene onder druk komt te staan:

1. Als iets frustrerend is geweest, blijven we ons kwaad en geïrriteerd voelen, ook al zegt de volwassene in ons dat we ons kalm, liefdevol en rustig zouden moeten voelen.
2. Als iets teleurstellend is geweest, blijven we ons verdrietig en gekwetst voelen, ook al zegt de volwassene in ons dat we eigenlijk enthousiast, blij en hoopvol moeten zijn.
3. Als we ergens door van streek zijn, blijven we ons bang en bezorgd voelen, ook al zegt de volwassene in ons dat we ons gerust, zelfverzekerd en dankbaar moeten voelen.
4. Als iets ons in verlegenheid heeft gebracht, blijven we ons schuldig en beschaamd voelen, ook al zegt de volwassene in ons dat we ons veilig, goed en lekker moeten voelen.

Uw gevoelens het zwijgen opleggen door middel van een verslaving

Als volwassenen proberen we deze negatieve emoties meestal in de hand te houden door ze te ontlopen. Onze verslavingen kunnen aangewend worden om de kreet van pijn die onze gevoelens en onze onvervulde behoeften slaken niet te hoeven horen. Na een glas wijn is de pijn even weg. Maar die zal steeds weer terugkomen.
De ironie wil dat negatieve gevoelens, juist doordat we ze ontlopen, de macht over ons leven krijgen. Door te leren luisteren naar onze diepste emoties en er de nodige aandacht aan te schenken zal de greep geleidelijk verslappen.

De ironie wil dat we onze negatieve gevoelens de macht over ons leven geven, juist door ze te vermijden

Als u erg van streek bent is het uiteraard niet mogelijk zo effectief te communiceren als u zou willen. Op zulke momenten komen de onverwerkte gevoelens uit uw verleden weer boven. Het lijkt alsof het kind dat zich nooit mocht laten gaan dat nu doet, waarna het voor straf de hoek weer in moet.

Onze onverwerkte gevoelens uit onze jeugd hebben macht over ons doordat ze ons volwassen bewustzijn in hun greep hebben en een liefdevolle communicatie in de weg staan. Pas als we met de nodige liefde naar deze schijnbaar irrationele gevoelens uit ons verleden (die zich altijd opdringen als we onze hersens ergens juist goed moeten bijhouden) kunnen luisteren, zullen we in staat zijn liefdevol te communiceren.
We kunnen goed met moeilijke gevoelens omgaan, als we de wijsheid en inzet hebben om onze negatieve gevoelens op schrift te stellen, zodat we ons bewust kunnen worden van onze positievere gevoelens. Hoe beter we in staat zijn liefdevol met onze partners te communiceren, hoe beter onze relatie zal zijn. Als u in staat bent op liefdevolle wijze over uw gevoel te praten, maakt u het uw partner veel gemakkelijker u te steunen.

Manieren waarop u uzelf kunt helpen

Liefdesbrieven schrijven is een uitstekend instrument voor zelfhulp, maar als u het niet meteen tot een gewoonte maakt, vergeet u misschien er gebruik van te maken. Ik raad u aan er ten minste een maal per week voor te gaan zitten en een liefdesbrief te schrijven als er iets is dat u dwars zit.
Liefdesbrieven helpen niet alleen wanneer u boos bent om iets dat met uw partner te maken heeft, maar ook om andere redenen. Een liefdesbrief schrijven helpt wanneer u wrok koestert, wanneer u zich ongelukkig, ongerust, gedeprimeerd of geïrriteerd voelt, wanneer u vastzit of gewoon gespannen bent. Als u een liefdesbrief schrijft zult u opknappen. Het zal niet altijd uw stemming verbeteren, maar het zal u een eindje op weg helpen.
In mijn eerste boek, *What you feel you can heal*, wordt uitvoeriger ingegaan op het belang van het onderzoeken van gevoelens en het schrijven van liefdesbrieven. In mijn cursus op band, *Healing the heart*, komen visualisaties voor en oefeningen die gebaseerd zijn op de liefdesbriefmethode, waarmee u angst kunt overwinnen, wrok kunt verruilen voor vergevensgezindheid, van het kind in u kunt leren houden en de wonden uit het verleden kunt helen.
Ook andere auteurs hebben veel boeken en oefenboeken over dit onderwerp geschreven. Deze boeken kunnen u helpen uw diepste gevoelens te bereiken en ze te genezen. Onthoud echter goed dat er geen genezing mogelijk is als u uw gevoelens niet de kans geeft

naar boven te komen en u zich niet leert uiten. Boeken kunnen u inspireren meer van uzelf te houden, maar in feite bent u daar ook al mee bezig als u naar uw gevoelens luistert, ze opschrijft of uitspreekt.

Boeken kunnen u inspireren meer van uzelf te houden, maar door te luisteren naar gevoelens, ze op te schrijven of uit te spreken, bent u daar al mee bezig

Wanneer u zich oefent in het schrijven van liefdesbrieven zult u ontdekken welke kant van u het hardst liefde nodig heeft. Door naar uw gevoel te luisteren en uw emoties te verkennen zult u deze kant van u helpen te groeien en te ontwikkelen.
Wanneer uw emotionele kant de liefde en het begrip krijgt die nodig zijn, zult u vanzelf beter gaan communiceren. U zult liefdevoller op situaties reageren. Ook al zijn we geprogrammeerd om onze gevoelens te verbergen en defensief in plaats van liefdevol te reageren, we kunnen onszelf opnieuw opvoeden. Er is nog hoop.
Om uzelf opnieuw op te voeden moet u luisteren naar en inzicht krijgen in uw onverwerkte gevoelens die nooit de kans hebben gekregen te genezen. Als deze gevoelens niet langer worden weggestopt, maar aandacht krijgen en begrepen worden, zult u genezen.
Door de liefdesbriefmethode te beoefenen kunt u op veilige wijze uw onverwerkte gevoelens, negatieve emoties en behoeften kwijt, zonder veroordeeld of afgewezen te worden. Door naar onze gevoelens te luisteren laten we al heel wijselijk onze emotionele kant als een klein kind in moeders armen uithuilen. Door al onze gevoelens te verkennen staan we onszelf toe ze te hebben. Door het kind in ons met respect en liefde te behandelen, kunnen de nietgenezen gevoelswonden uit ons verleden langzaam helen.
Veel mensen groeien op met afwijzing en onderdrukking van hun gevoel. Hun onverwerkte gevoelspijn wacht tot hij naar buiten kan komen om met liefde genezen te worden. Hoewel ze kunnen proberen deze gevoelens te onderdrukken, zullen de pijn en het ongeluk hen blijven achtervolgen.
Men neemt nu bijna overal aan dat de meeste lichamelijke ziekten rechtstreeks in verband staan met onverwerkte emoties. Onderdrukte gevoelspijn gaat meestal over in lichamelijke pijn of ziekte en kan leiden tot een vroegtijdige dood. Bovendien zijn de meeste van onze destructieve neigingen, obsessies en verslavingen uitingen van onze innerlijke gevoelswonden.

Dat mannen zo vaak geobsedeerd zijn door succes komt doordat zij wanhopige pogingen doen liefde te krijgen om zo hun innerlijke gevoelspijn en onrust te kunnen verminderen. Dat vrouwen meestal geobsedeerd streven naar perfectie, komt doordat zij wanhopige pogingen doen de moeite van het liefhebben waard te zijn en zo hun gevoelspijn te verminderen. Alle overmaat kan helpen de pijn uit ons onverwerkte verleden te verdoven.
Onze maatschappij is een en al afleiding om ons te helpen onze pijn te ontlopen. Liefdesbrieven helpen u echter de pijn recht in het gelaat te kijken, hem te voelen en daardoor te genezen. Iedere keer dat u een liefdesbrief schrijft geeft u uw gevoelige en gewonde innerlijk de liefde, het begrip en de aandacht die het nodig heeft om zich beter te voelen.

De kracht van de privacy

Soms zult u, wanneer u voor uzelf uw gevoelens opschrijft, diepere gevoelslagen ontdekken, die u niet kon voelen met iemand anders in de buurt. Complete privacy geeft u de veilige omgeving die u nodig heeft om dieper te voelen. Ook al heeft u een relatie en heeft u het gevoel dat u overal over kunt praten, ik raad u toch aan af en toe voor uzelf op te schrijven wat u voelt. Op eigen gelegenheid liefdesbrieven schrijven is ook gezond, omdat het u de kans geeft eens iets aan uzelf te geven zonder van iemand anders afhankelijk te zijn.
Ik raad u aan een dagboek van liefdesbrieven bij te houden of ze bij elkaar in een map te bewaren. Om u het schrijven van liefdesbrieven gemakkelijker te maken kunt u misschien gebruik maken van de voorbeeldbrief die eerder in dit hoofdstuk staat afgedrukt. Dit schema helpt u de volgorde van de onderdelen van de liefdesbrief te onthouden en biedt u een paar inleidende formuleringen voor het geval u vastzit.
Als u een computer heeft kunt u het schema overtypen en dit steeds weer gebruiken. Ga gewoon naar dat bestand als u een liefdesbrief wilt schrijven en als u klaar bent slaat u hem onder de desbetreffende datum op. U kunt hem uitprinten als u hem met iemand wilt bespreken.
Ik raad u niet alleen aan brieven te schrijven, maar ook ze op te slaan in een alleen voor u toegankelijk bestand. Lees deze brieven af en toe eens door, op momenten dat u nergens last van hebt, want dan kunt u uw gevoelens met meer objectiviteit bezien. Deze

objectiviteit zal u de volgende keer helpen negatieve gevoelens met meer respect te uiten. Ook als u een liefdesbrief geschreven heeft en u zich nog steeds niet rustig voelt, zult u opknappen als u de brief nog eens overleest.
Als hulp bij het schrijven van liefdesbrieven en het zelf verkennen en uiten van gevoelens heb ik een computerprogramma geschreven dat *Private session* heet. Op persoonlijke wijze wordt u door middel van plaatjes, grafieken, vragen en diverse liefdesbriefmodellen geholpen om uw ware gevoelens te ontdekken. Het bevat ook inleidende formuleringen die u helpen bepaalde emoties op een rij te zetten en te uiten. U kunt uw brieven in een privé-file opslaan en ze opvragen om ze te herlezen, hetgeen u kan helpen uw gevoelens beter te uiten.
Als u uw computer gebruikt als hulpmiddel bij het uiten van uw gevoelens, kunt u het verzet dat de meeste mensen voelen tegen het schrijven van liefdesbrieven, overwinnen. Mannen, die zich meestal meer verzetten, zullen beter gemotiveerd zijn om liefdesbrieven te schrijven als ze ongestoord achter hun computer kunnen zitten.

De kracht van intimiteit

Voor onszelf liefdesbrieven schrijven werkt wel heel genezend, maar kan niet de behoefte aan aandacht en begrip van anderen vervangen. Als u een liefdesbrief schrijft is dat een uiting van liefde voor uzelf, maar als u over een brief praat ontvangt u liefde. Om meer van onszelf te kunnen houden moeten we ook liefde ontvangen. Als we met iemand de waarheid delen, creëren we intimiteit, waardoor liefde een kans krijgt.

Om meer van onszelf te kunnen houden moeten we ook liefde ontvangen

Om meer liefde te kunnen ontvangen moeten we mensen in ons leven hebben met wie we openhartig en veilig over onze gevoelens kunnen praten. Het helpt enorm als u een selecte groep mensen in uw leven heeft met wie u over al uw gevoelens kunt praten en die toch van u zullen blijven houden en u niet zullen kwetsen met kritiek, oordeel of afwijzing.
Als u kunt laten zien wie u bent en hoe u zich voelt, bent u ontvankelijk voor liefde. Als u die liefde eenmaal hebt, is het gemak-

kelijker negatieve gevoelsuitingen als wrok, boosheid, angst enzovoorts achterwege te laten. Het wil niet zeggen dat u over alles wat u voelt en bij uzelf ontdekt, moet praten. Maar als er gevoelens zijn waarover u niet durft te praten, moet u langzaam van die angsten genezen.
Een liefdevolle therapeut of goede vriend kan een geweldige bron van liefde en genezing zijn als u met zo iemand uw diepste gevoelens kunt delen. Als u geen therapeut hebt, kunt u er veel aan hebben als een vriend(in) af en toe uw brieven leest. Wanneer u voor uzelf schrijft, zult u daarvan opknappen, maar het is van wezenlijk belang dat u bij tijd en wijle over uw liefdesbrieven praat met iemand die om u geeft en u begrijpt.

De kracht van de groep

De kracht van de steun van de groep is iets dat niet beschreven kan worden, maar aan den lijve moet worden ondervonden. De liefde en steun van een groep kunnen ons goed helpen onze diepere gevoelens sneller te bereiken. Als u uw gevoelens met een groep deelt, zijn er meer mensen beschikbaar om u liefde te geven. De groeimogelijkheden nemen toe met de grootte van de groep. Zelfs als u niets zegt in een groep, zullen uw bewustzijn en inzicht toch groeien, doordat u anderen openlijk en eerlijk over hun gevoelens hoort praten. Wanneer ik hier en daar in het land groepscursussen geef, merk ik herhaaldelijk dat er diepere lagen in mezelf zijn die vragen om aandacht en begrip. Wanneer iemand opstaat en over zijn gevoelens vertelt, komt er plotseling bij mezelf een herinnering of gevoel op. Zo verkrijg ik waardevolle nieuwe inzichten in mezelf en anderen. Na afloop van zo'n cursus voel ik me meestal veel lichter en liefdevoller.
Overal komen wekelijks kleine praatgroepen over alle mogelijke onderwerpen bij elkaar om dit soort steun te geven en te ontvangen. Steun van een groep is vooral zinnig wanneer wij in onze jeugd het niet als veilig hebben ervaren om ons in een groep of in het gezin te uiten. Iedere positieve groepsactiviteit geeft kracht, maar spreken of luisteren in een groep van mensen die u graag mag of met wie u een band hebt, kan heel genezend werken.
Ik kom regelmatig met een aantal mannen bijeen om te praten, en Bonnie, mijn vrouw, gaat regelmatig naar haar vrouwenpraatgroep. Het is zeer bevorderlijk voor een relatie wanneer u steun van buitenaf krijgt. Het bevrijdt u van de plicht elkaar als enige

bron van steun te zien. Bovendien lijken onze problemen vaak veel kleiner wanneer we luisteren naar de successen en mislukkingen van anderen.

De tijd nemen om te luisteren

Of u uw gedachten en gevoelens nu in uw eentje per computer noteert, of erover praat met uw therapeut, partner of praatgroep, u zet een stap die van belang is voor uzelf. Wanneer u de tijd neemt om naar uw gevoel te luisteren, zegt u tegen het gevoelsmens in u: 'Ik vind je belangrijk. Je hebt recht op aandacht en ik geef genoeg om je om naar je te luisteren.'

Als u de tijd neemt om naar uw gevoel te luisteren zegt u in feite tegen uw gevoel: 'Je bent belangrijk. Je hebt recht op aandacht en ik wil naar je luisteren'

Ik hoop dat u de liefdesbriefmethode wilt gebruiken, omdat ik heb gezien hoe zij de levens van duizenden mensen ingrijpend heeft veranderd, inclusief mijn eigen leven. Naarmate u meer brieven geschreven hebt, zult u het gemakkelijker vinden en heeft het meer effect. Het vergt oefening, maar het is de moeite waard.

12. Hoe u hulp kunt vragen en krijgen

Als u in uw relatie niet de nodige steun krijgt, kan een belangrijke reden daarvan zijn dat u daar niet genoeg om vraagt of op een manier die geen resultaat oplevert. Om liefde en steun vragen is van wezenlijk belang voor het welslagen van een relatie. Als u iets wilt HEBBEN moet u er om VRAGEN.

Zowel mannen als vrouwen vinden het moeilijk om om hulp te vragen. Vrouwen vinden het over het algemeen iets frustrerender en teleurstellender dan mannen. Daarom zal ik me in dit hoofdstuk tot de vrouw richten. Mannen kunnen natuurlijk hun begrip voor de vrouw vergroten als ze dit hoofdstuk ook lezen.

Waarom vrouwen er niet om vragen

Vrouwen maken de fout te denken dat ze niet om hulp hoeven te vragen. Omdat ze zelf intuïtief aanvoelen wat anderen nodig hebben en dat geven als ze kunnen, verwachten ze van mannen ten onrechte dat die hetzelfde zullen doen. Als een vrouw verliefd is, biedt ze instinctief haar liefde aan. Opgetogen en enthousiast zoekt ze naar manieren waarop ze kan helpen. Hoe meer ze van iemand houdt, hoe gemotiveerder ze is om haar liefde aan te bieden. Op Venus gaf iedereen uit zichzelf steun, dus het was nooit nodig erom te vragen.

Op Venus luidt het motto:
'Om liefde hoef je niet te vragen!'

Omdat dit haar uitgangspunt is, neemt ze aan dat haar partner als hij van haar houdt, wel hulp zal aanbieden, en dat zij er niet om hoeft te vragen. Ze kan zelfs opzettelijk *niets vragen* bij wijze van test, om te zien of hij echt van haar houdt. Om voor de test te sla-

gen, moet hij haar behoeften herkennen en uit eigen beweging zijn hulp aanbieden!
Zo kun je een man in een relatie niet benaderen. Mannen komen van Mars en op Mars moet je als je hulp wilt er gewoon om vragen. Mannen bieden niet instinctief hulp aan. Dat kan heel verwarrend zijn, want als u een man op de verkeerde manier om hulp vraagt stoot u hem van u af, en als u niets vraagt krijgt u weinig of niets.
Aan het begin van een relatie denkt een vrouw dat als ze niet de gewenste steun krijgt, hij die niet geeft omdat zijn voorraad op is. Ze gaat geduldig en liefdevol door met geven, ervan uitgaand dat hij de achterstand vroeg of laat wel zal inhalen. Hij denkt echter dat hij genoeg geeft, omdat zij doorgaat met geven.
Hij realiseert zich niet dat ze van hem verwacht dat hij ook geeft. Hij denkt dat ze, als ze meer nodig heeft of meer hebben wilde, zou ophouden met geven. Maar aangezien ze van Venus komt, wil ze niet alleen méér, maar verwacht ook van hem dat hij haar helpt zonder dat ze hem daarom vraagt. En hij wacht tot ze hem om hulp vraagt als ze die nodig heeft. Doet ze dat niet, dan neemt hij aan dat hij genoeg geeft.

Als een vrouw niet om hulp vraagt, neemt een man aan dat hij genoeg geeft

Uiteindelijk zal ze hem er misschien om vragen, maar dan heeft ze hem al zo veel meer gegeven en koestert ze zo veel wrok, dat haar verzoek veel weg heeft van een eis. Sommige vrouwen koesteren wrok jegens een man vanwege het simpele feit dat ze hem om hulp moeten vrágen. En als ze het dan vragen en hij zegt ja en geeft hulp, blijven ze toch kwaad omdat ze het moesten vragen. Mannen reageren niet goed op eisen en wrok. Ook al is een man bereid hulp te geven, dan zal hij vanwege haar wrok en eisen geneigd zijn nee te zeggen. Als ze eisen stelt haakt hij af. Haar kans op hulp neemt zienderogen af als een verzoek in de vorm van een eis gesteld wordt. In sommige gevallen zal hij een tijd lang zelfs nog minder geven als hij het gevoel heeft dat ze meer eisen gaat stellen.
Dit patroon maakt een relatie er niet gemakkelijker op voor vrouwen die zich daar niet van bewust zijn. Hoewel het een onoverkomelijk probleem lijkt, kan het wel opgelost worden. Als u onthoudt dat mannen van Mars komen, kunt u nieuwe manieren aanleren om te vragen om iets dat u hebben wilt — manieren die wél resultaat opleveren.

Ik heb tijdens mijn cursussen duizenden vrouwen getraind in de kunst van het vragen en dat gaf vaak onmiddellijk resultaat. In dit hoofdstuk zullen we meer aandacht schenken aan de drie belangrijke punten bij het vragen: (1) u moet op de juiste wijze leren vragen om wat u al krijgt, (2) u moet u erin oefenen méér te gaan vragen, ook al weet u dat hij nee zal zeggen, en zijn afwijzend antwoord accepteren en (3) u moet leren om op een assertieve manier om iets te vragen.

Stap 1: op de juiste wijze vragen om wat u al krijgt

Om te leren hoe u meer kunt krijgen in uw relatie moet u allereerst oefenen met vragen om datgene wat u al krijgt. Probeer u bewust te worden van wat uw partner reeds voor u doet, met name de kleine dingen als iets zwaars dragen, dingen repareren, schoonmaken, opbellen en andere kleine klusjes.

Het belangrijke van deze fase is dat u hem gaat vragen om de kleine dingen die hij al doet en ophoudt ze vanzelfsprekend te vinden. Als hij ze doet moet u hem veel waardering geven.

Verwacht even niet van hem dat hij zomaar zijn hulp aanbiedt.

In deze fase is het belangrijk dat u hem niet meer vraagt dan hij gewend is te geven. Beperk u tot de dingen die hij normaal ook doet. Zorg ervoor dat hij eraan went dat u hem op niet-eisende toon ergens om vraagt. Als hij een dwingende toon hoort, hoe aardig u uw verzoek ook inkleedt, zal hij alleen maar horen dat hij niet genoeg geeft. Dat zal hem het gevoel geven dat u niet van hem houdt en hem niet waardeert. Hij is geneigd minder te geven als u niet waardeert wat hij nu geeft.

> *Als een man een dwingende toon hoort, hoe aardig u hem iets ook vraagt, zal hij horen dat hij niet genoeg geeft. Hij is geneigd minder te geven als u niet waardeert wat hij reeds voor u doet*

Hij kan door u (of door zijn moeder) geconditioneerd zijn om meteen nee te zeggen tegen een verzoek. In deze fase conditioneert u hem opnieuw, maar dan in positieve zin. Als het langzaam tot een man doordringt dat wat hij doet gewaardeerd wordt en niet vanzelfsprekend wordt gevonden, en dat hij u een plezier doet, zal hij waar mogelijk positief op uw verzoeken willen reageren. Dan zal

hij vanzelf hulp gaan bieden. Maar dat kunt u in het begin nog niet verwachten.
Er is echter nog een reden om te beginnen met vragen om wat u al krijgt. U moet zeker weten dat u het hem op een manier vraagt die tot hem doordringt en hem aanspreekt. Dat bedoel ik met: vragen op de juiste manier.

Manieren waarop u een man kunt motiveren

Er zijn vijf zaken die u in acht moet nemen als u een Marsbewoner op de juiste wijze om hulp wilt vragen. Als u zich daar niet aan houdt, kan hij heel snel afhaken. Dat zijn: een juiste timing, een niet-eisende houding, beknoptheid, directheid en de juiste bewoordingen.
Laten we ze alle vijf eens onder de loep nemen:

1. Een juiste timing
Zorg ervoor dat u hem niet iets vraagt dat hij duidelijk net wil gaan doen. Als hij bijvoorbeeld de vuilnisbak wil gaan legen, zeg dan niet: 'Zou je de vuilnisbak willen legen?' Dan krijgt hij het gevoel dat u hem vertelt wat hij moet doen. Het juiste tijdstip is van vitaal belang. Als hij bijvoorbeeld helemaal in iets opgaat verwacht dan niet dat hij onmiddellijk op uw verzoek reageert.
2. Een niet-eisende houding
Onthoud dat een verzoek iets anders is dan een eis. Als u een beledigde of eisende houding aanneemt, hoe zorgvuldig u uw woorden ook kiest, zal hij zich niet gewaardeerd voelen om wat hij al gedaan heeft en waarschijnlijk nee zeggen.
3. Beknoptheid
Geef niet een hele waslijst van redenen waarom hij u zou moeten helpen. Ga ervan uit dat hij niet overgehaald hoeft te worden. Hoe meer uitleg u geeft, hoe groter zijn verzet zal zijn. Veel uitleg om uw verzoek kracht bij te zetten geeft hem het gevoel dat u eigenlijk geen steun van hem verwacht. Hij zal zich gemanipuleerd gaan voelen in plaats van vrij om u zijn hulp aan te bieden.

> *Als u een man om hulp vraagt, ga er dan van uit dat hij niet overgehaald hoeft te worden*

Zoals een vrouw als ze van streek is geen ellenlange uitleg wil ho-

ren waarom ze niet van streek moet zijn, zo wil een man niet een heleboel redenen en uitleg als begeleiding bij een verzoek.
Vrouwen doen er fout aan hun behoeften met een heleboel redenen te rechtvaardigen. Ze denken dat hij dan zal inzien dat het een geldig verzoek is en dat het motiverend werkt. Wat een man echter opvangt is: 'Dat zijn de redenen waarom je het moet doen.'
Hoe langer de opsomming, hoe meer hij zich zal verzetten. Als hij vraagt waarom, kunt u uw redenen geven, maar dan nog is het verstandig om het kort te houden. Leer erop vertrouwen dat hij het zal doen als hij dat kan. Wees zo kort mogelijk.

4. Directheid

Vrouwen denken vaak dat ze om hulp vragen terwijl dat niet het geval is. Als ze hulp nodig heeft kan een vrouw een probleem voorleggen zonder rechtstreeks om hulp te vragen. Ze verwacht dat hij hulp zal aanbieden en laat na hem er rechtstreeks om te vragen.
Een indirect verzoek houdt wel een verzoek in, maar stelt het niet duidelijk. Die indirecte verzoeken geven een man het gevoel dat hij niet zo belangrijk is en niet gewaardeerd wordt. Als u af en toe iets op een indirecte manier zegt is dat best, maar als u dat herhaaldelijk doet, wil een man geen hulp meer geven. Hij weet misschien niet eens waarom hij zich verzet. De volgende uitlatingen zijn allemaal voorbeelden van indirecte verzoeken en de eventuele reacties hierop van de man:

Hoe hij indirecte verzoeken kan opvatten

Wat een. vrouw moet zeggen	Wat ze niet moet zeggen	Wat hij opvangt als ze indirect is
'Zou jij de kinderen willen ophalen?'	'De kinderen moeten opgehaald worden en ik kan het niet doen.'	'Als je ze kan ophalen moet jij het eigenlijk doen, anders voel ik me in de steek gelaten en neem ik het je hoogst kwalijk.'(eis)
'Zou jij de boodschappen naar binnen willen brengen?'	'De boodschappen staan in de auto.'	'Het is jouw taak om ze te gaan halen, ík heb ze gekocht.' (verwachting)

'Zou jij de vuilnisbak willen legen?'	'De vuilnisbak is hartstikke vol.'	'Je hebt de vuilnisbak niet geleegd. Je moet ook niet zo lang wachten.' (kritiek)
'Zou jij de tuin willen aanharken?'	'De tuin is één grote rotzooi.'	'Je hebt de tuin weer niet gedaan. Je moet zelf eens wat meer doen, ik moet je altijd helpen onthouden.' (afwijzing)
'Zou jij de post willen halen?'	'Er is nog geen post.'	'Je bent vergeten de post te gaan halen. Daar moet je wel om denken.' (afkeuring)
'Zullen we uit eten gaan?'	'Ik heb nog geen tijd gehad om te koken.'	'Ik heb zó veel gedaan dat het minste wat je kunt doen is me mee uit nemen vanavond.' (ontevredenheid)
'Zullen we van de week ergens heen gaan?'	'We zijn van de week nog niet weg geweest.'	'Je verwaarloost me. Ik krijg niet wat ik nodig heb. Je moet me vaker mee uit nemen.' (wrok)
'Wil je wat tijd uittrekken zodat we kunnen praten?'	'We moeten eens praten.'	'Het is jouw schuld dat we niet genoeg praten. Je moet meer met me praten.' (verwijt)

5. De juiste bewoordingen

Een van de vaakst voorkomende fouten is dat een vrouw om hulp vraagt met gebruikmaking van de woorden 'kun' en 'kun je misschien (of: even)', in plaats van 'wil' en 'zou willen'. '*Kun* jij de

vuilnisbak *even* legen?' is gewoon een vraag naar informatie. '*Zou* jij de vuilnisbak even *willen* legen?' is een verzoek.
Vrouwen zeggen vaak: 'Je kunt zeker wel even...', terwijl ze bedoelen: 'Wil je...?' Zoals ik al eerder heb gezegd stoten indirecte vragen af. Als u ze af en toe gebruikt hoeft u er geen aandacht aan te schenken, maar als u consequent 'kun je' en 'kun jij even' gebruikt, irriteert dat een man.
Als ik vrouwen de raad geef om eens wat meer om hulp te vragen, raken ze soms in paniek, omdat hun partner al vaak opmerkingen in de volgende trant heeft gemaakt:

- 'Hè, zeur niet zo.'
- 'Vraag toch niet zo veel.'
- 'Je hoeft me niet te zeggen wat ik doen moet.'
- 'Ik weet wel wat ik moet doen.'
- 'Dat hoef je me heus niet te vertellen.'

Hoe het ook op een vrouw overkomt, als een man zulke dingen zegt bedoelt hij: 'Ik vind het vervelend dat je het zo vraagt.' Als een vrouw niet begrijpt dat een bepaald taalgebruik een bepaalde uitwerking op mannen heeft, krijgt ze nog meer snerende opmerkingen naar haar hoofd. Ze wordt bang om iets te vragen en gaat zeggen: 'Kun jij ... misschien', denkende dat dat beleefder is. Hoewel dat op Venus prima werkt, werkt het op Mars helemaal niet.
Op Mars vindt men het een belediging als je zegt: '*Kun* jij de vuilnisbak *misschien* legen?' Natuurlijk kan hij dat! De vraag is niet of hij het kán, maar of hij het wíl! Als hij beledigd is, kan hij nee zeggen alleen al vanwege het feit dat u hem ergert.

De vragen waar mannen wel goed op reageren

Als ik dit verschil tussen de 'kun'- en 'wil'-vragen uitleg tijdens cursussen, denken vrouwen dat ik me druk maak om een kleinigheid. Voor vrouwen is er niet veel verschil — 'kun jij misschien?' lijkt soms zelfs veel beleefder dan 'wil je?' Maar voor veel mannen maakt het veel verschil. Omdat dit onderscheid zo belangrijk is, heb ik hier het commentaar van zeventien verschillende mannen opgenomen die mijn cursus bezochten.

1. Als iemand mij vraagt: 'Kun jij misschien de tuin aanharken?' dan neem ik dat letterlijk. Dan zeg

ik: 'Dat kan ik wel, hoor.' Maar dan zeg ik niet: 'Ik zal het doen' en dan heb ik ook helemaal geen zin om dat te beloven. Maar als men mij vraagt: 'Zou jij even de tuin willen aanharken?' dan neem ik een beslissing, en dan wil ik wel helpen. Als ik ja zeg is er meer kans dat ik eraan zal denken, omdat ik het beloofd heb.

2. Als ze zegt: 'Ik heb je hulp nodig. Zou jij misschien kunnen helpen?' dan klinkt dat kritisch, alsof ik al te kort geschoten ben. Het voelt niet als een uitnodiging om iets goeds te doen en haar te helpen. Maar 'ik heb je hulp nodig, *zou* je dit alsjeblieft *willen* dragen?' klinkt als een verzoek en een gelegenheid om iets goeds te doen. Dan wil ik wel toestemmen.'
3. Als mijn vrouw zegt: '*Kun* jij Christopher een schone luier geven?' dan denk ik van binnen: natuurlijk kan ik dat. Ik kan heus wel wat, en een luier verwisselen is niet zo moeilijk. Maar als ik er dan geen zin in heb zoek ik misschien een uitvlucht. Maar als ze vraagt: '*Zou* jij Christopher een schone luier *willen* geven?' dan zeg ik: 'Ja hoor,' en dan doe ik het. Van binnen vind ik het dan leuk om dingen samen te doen en te helpen met de kinderen. Ik wil best graag helpen!'
4. Als mij gevraagd wordt: *'Zou* je alsjeblieft *willen* helpen?' geeft het me een kans om te helpen, en ben ik meer dan bereid iets voor haar te doen, maar als ik hoor: *'Kun* jij *misschien* even helpen?' dan heb ik het gevoel dat ik met mijn rug tegen de muur sta, alsof ik geen keus heb. Als ik kán helpen móet ik ook helpen! Dan heb ik het gevoel dat het niet genoeg gewaardeerd wordt.
5. Ik heb er een hekel aan als me gevraagd wordt: '*Kun* je *misschien*...' Het geeft me het gevoel dat ik geen andere keus heb dan ja zeggen. Als ik nee zeg wordt ze boos op me. Het is geen verzoek, maar een eis.
6. Ik blijf bezig of doe alsof ik druk bezig ben zodat de vrouw met wie ik werk me niet een vraag

stelt met ‘kun je’. ‘Met ‘wil je’ heb ik het gevoel dat ik kan kiezen, en dan wil ik wel helpen.

7. De afgelopen week vroeg mijn vrouw aan me: ‘Kun jij misschien de bloemen vandaag planten?’ en ik zei zonder enige aarzeling ja. En toen ze thuiskwam vroeg ze: ‘En, heb je de bloemen geplant?’ en ik zei nee. Toen zei ze: ‘Kun je het morgen misschien doen?’ en weer zei ik meteen ja. Zo ging het elke dag deze week en de bloemen zijn nog steeds niet geplant. Ik denk dat als ze me gevraagd had: ‘Zou je de bloemen morgen willen planten?’ ik erover had nagedacht en dat ik als ik ja had gezegd het ook gedaan had.
8. Als ik zeg: ‘Ja, ik *kan* dat *misschien* wel doen,’ leg ik me niet vast. Ik zeg gewoon dat ik het kán. Ik heb niets beloofd. Als ze dan boos op me wordt heb ik het gevoel dat ze daar het recht niet toe heeft. Als ik zeg dat ik het wel wíl, dan kan ik begrijpen dat ze boos is als ik het niet doe.
9. Ik ben met vijf zusters opgegroeid, en ik ben nu getrouwd en heb drie dochters. Als mijn vrouw zegt: ‘Kun jij de vuilnis buiten zetten?’ dan geef ik gewoon geen antwoord. Dan vraagt ze waarom en dan weet ik dat niet eens. Maar nu dringt het tot me door. Ik voel me niet vrij. Ik zou wel reageren op: ‘Wil je?’
10. Als ik ‘kun je’ hoor zeg ik meteen ja, maar even later bedenk ik pas dat ik het niet zal gaan doen en dan doe ik niets met de vraag. Maar als ik hoor: ‘Wil je?’, dan wordt er iets in mij wakker dat zegt: ‘Ja, ik wil behulpzaam zijn,’ en zelfs als ik dan later bezwaren ontdek, dan voldoe ik toch aan haar verzoek omdat ik het beloofd heb.
11. Ik zeg ja op een vraag met ‘kun je’ maar verzet me van binnen. Ik heb het gevoel dat als ik nee zeg ze het op haar heupen krijgt. Ik voel me dan gemanipuleerd. Als ze een vraag stelt met ‘zou je willen’, voel ik me vrij om ja of nee te zeggen. Dan is het mijn keus en dan wil ik wel ja zeggen.

12. Als een vrouw me vraagt: 'Zou je dit willen doen?' dan zal ik me er inwendig gerust op voelen dat het me een punt oplevert. Ik voel me dan gewaardeerd en geef graag.
13. Als ik 'zou je willen' hoor, dan heb ik het gevoel dat er op mijn hulpvaardigheid vertrouwd wordt. Maar als ik 'kun je' hoor of 'kun je misschien' dan hoor ik een vraag achter de vraag. Ze vraagt me of ik de vuilnisbak kan legen, terwijl het nogal wiedes is dat ik dat kan. Maar achter haar vraag ligt het verzoek, en ze heeft niet genoeg vertrouwen in me om me dat rechtstreeks te doen.
14. Als een vrouw vraagt: 'Zou je willen' of: 'Wil je?' dan voel ik hoe kwetsbaar ze is. Dan sta ik veel meer open voor haar en haar behoeften; ik wil haar dan zeker niet afwijzen. Als ze zegt: 'Kun je misschien?' dan ben ik veel gauwer geneigd nee te zeggen, omdat ik weet dat ik haar dan niet afwijs. Dan is het niet meer dan de simpele mededeling dat ik het niet kan. Ze zal het niet persoonlijk opvatten als ik nee zeg op een vraag met 'kun je'.
15. Voor mij maakt 'zou je willen' er een persoonlijke vraag van, en dan wil ik geven, maar 'kun je' maakt het onpersoonlijk, en dan geef ik alleen als het me goed uitkomt of als ik niets anders te doen heb.
16. Als een vrouw zegt: 'Kun je me misschien even helpen?' voel ik daar wrok in en dan zal ik verzet plegen, maar als ze zegt: 'Zou je me even willen helpen?' dan kan ik daar geen wrok in ontdekken, ook al zou die er zijn. Dan ben ik bereid ja te zeggen.
17. Als een vrouw zegt: 'Zou je dit misschien kunnen doen?' dan word ik min of meer eerlijk en zeg: 'Liever niet.' Dan komt mijn luie kant naar boven. Maar als ik hoor: 'Zou je alsjeblieft willen?' dan word ik creatief en begin te bedenken wat ik allemaal doen kan.

Vrouwen zullen zeker kunnen aanvoelen hoe belangrijk het verschil tussen 'kunnen' en 'willen' is, als ze even nadenken over de volgende romantische scène. Stel u voor dat een man een vrouw een huwelijksaanzoek doet. Zijn hart stroomt over van liefde, en het is volle maan. Hij knielt voor haar neer, strekt zijn handen uit en pakt de hare vast. Dan kijkt hij haar lang in de ogen en zegt zachtjes: 'Zou je misschien met me kunnen trouwen?'
Weg romantiek! Door het gebruik van het woord 'kunnen' komt hij zwak en onwaardig over. Hij straalt weinig zelfvertrouwen en eigendunk uit. Maar als hij zegt: 'Zou je met me willen trouwen?' dan lijkt hij sterk en kwetsbaar tegelijk. Zo moet je een aanzoek doen.
Een man wil dat een vrouw haar verzoeken ook zo inkleedt. Maak gebruik van het woord 'willen': 'kunnen' klinkt te weinig zelfverzekerd, te indirect, te zwak en manipulerend.
Als zij zegt: 'Zou jij misschien de vuilnisbak kunnen legen?' vertaalt hij dat als: 'Als je het kúnt moet je het ook doen. Ik zou het voor jou ook doen!' Als je het zo bekijkt is het voor hem duidelijk dat hij het kán. Doordat niet om zijn hulp gevraagd wordt, krijgt hij het gevoel dat hij gemanipuleerd wordt of dat zijn hulp vanzelfsprekend wordt gevonden. Hij heeft het gevoel dat zij vindt dat ze niet van hem op aan kan.
Ik herinner me dat een vrouw eens op een cursus uitlegde wat in Venustaal het verschil was. Ze zei: 'Eerst kon ik het verschil tussen die twee manieren van vragen niet aanvoelen. Maar toen keerde ik het om. Als hij tegen me zegt: "Nee, ik kán het niet," komt dat op mij heel anders over dan wanneer hij zegt: "Nee, ik wíl het niet." Het laatste is een persoonlijke afwijzing. Als hij zegt: "Ik kan het niet," dan zegt dat niets over mij, het zegt alleen maar dat hij het niet kan.'

Veel voorkomende fouten bij het stellen van vragen

Het moeilijkste aan goed vragen leren stellen is dat u niet mag vergeten dat het op een bepaalde manier moet. U moet zo vaak mogelijk vragen met het woord 'willen' gebruiken. Het vergt veel oefening. Als u een man om hulp vraagt moet u:

1. Direct zijn.
2. Beknopt zijn.
3. Vragen met 'zou je willen' of 'wil je' gebruiken.

Laten we een paar voorbeelden bekijken:

Wat u moet zeggen	**Wat u niet moet zeggen**
'Zou jij de vuilnisbak willen legen?'	'Het is een rotzooi in de keuken; het stinkt zelfs. De vuilnisbak is hartstikke vol. Hij moet geleegd worden. Zou jij het kunnen doen?' (te lang en *kunnen*)
'Zou je me willen helpen deze tafel te verzetten?'	'Ik krijg deze tafel niet van zijn plaats. Ik moet hem ergens anders zetten voor het feest van vanavond. Zou jij alsjeblieft kunnen helpen?' (te lang en *kunnen*)
'Zou je dit alsjeblieft voor me willen opbergen?'	'Ik weet niet waar ik dit allemaal moet laten.' (te indirect)
'Zou jij de boodschappen uit de auto willen halen?'	'Er staan nog vier tassen met boodschappen in de auto. En ik heb die spullen nodig als ik ga koken. Zou jij ze kunnen gaan halen?' (te lang, te indirect en *kunnen*)
'Zou jij onderweg een fles melk willen meenemen?'	'Jij komt langs de winkel. Ik moet een fles melk voor Lauren hebben. Ik kan niet wéér weg. Ik ben zo moe. Het was een rotdag vandaag. Zou jij het kunnen halen?' (te lang, te indirect en *kunnen*)
'Zou je Julie van school willen halen?'	'Julie moet van school worden gehaald en ik kan het zelf niet doen. Heb jij tijd? Denk je dat je haar kunt ophalen?' (te lang, te indirect en *kunnen*)
'Zou jij vandaag met de hond	'De hond moet weer prikken

naar de dierenarts willen gaan?'	hebben. Zou jij misschien met hem naar de dierenarts willen gaan?' (te indirect)
'Zullen we vanavond uit eten gaan?'	'Ik ben te moe om te koken vanavond. We zijn al lang niet uit eten geweest. Heb jíj zin om weg te gaan?' (te lang en te indirect)
'Zou jij mijn rits willen dichtdoen?'	'Ik heb je hulp nodig. Zou jij mijn rits kunnen dichtdoen?' (indirect en *kunnen)*
'Zou jij vanavond de open haard willen aanmaken?'	'Hè, wat is het koud. Ga je de haard nog aanmaken?' (te indirect)
'Zullen we van de week naar de film gaan?'	'Heb jij zin om van de week naar de film te gaan?' (te indirect)
'Zou jij Lauren even willen helpen haar schoenen aan te trekken?'	'Nou heeft Lauren nog haar schoenen niet aan! We zijn al laat. Ik kan het niet allemaal alleen, hoor. Zou jij misschien kunnen helpen?' (te lang, te indirect en *kunnen)*
'Zou je nu of vanavond even met me over ons rooster willen praten?'	'Ik heb er geen idee van wat ons deze week te wachten staat. We hebben niet gepraat en ik moet nodig eens weten wat jij allemaal doet.' (te lang en te indirect)

Zoals u inmiddels wel gemerkt zult hebben, is wat u tot nog toe onder vragen verstond voor een Marsbewoner iets heel anders; hij vat het anders op. U moet een bewuste poging doen om deze kleine, maar belangrijke veranderingen aan te brengen in de manier waarop u om hulp vraagt. Ik raad u aan ten minste drie maanden te

oefenen in het bijstellen van uw manier van vragen voor u naar de volgende fase overgaat.
Als u aan stap 1 begint, moet u er eerst eens op letten hoe vaak u níet om hulp vraagt. Let er vervolgens op hóe u erom vraagt. Als u dat goed weet, kunt u zich erin oefenen datgene te vragen wat hij u al geeft. Denk erom dat u beknopt en direct bent. En ten slotte laat u uw waardering en dank uitbundig blijken.

Algemene vragen over het vragen om hulp

De eerste stap kan moeilijk zijn. Hier zijn een paar algemene vragen waaruit blijkt wat voor soort bezwaren vrouwen kunnen hebben en de weerstand die ze kunnen voelen.

1. Vraag. Een vrouw kan het gevoel hebben: waarom moet ik erom vragen terwijl hij dat niet hoeft?
Antwoord. Onthoud dat mannen van Mars komen, dat ze anders zijn. Door de verschillen tussen u en hem te aanvaarden en ermee te werken, zult u krijgen wat u nodig hebt. Als u hem echter probeert te veranderen, zal hij zich koppig verzetten. Hoewel om iets vragen de Venusbewoner van nature niet goed afgaat, kunt u het doen zonder uw identiteit te verliezen. Als hij zich bemind en gewaardeerd voelt, zal hij geleidelijk bereidwilliger worden en zelf steeds meer hulp gaan aanbieden. Dat gebeurt in een later stadium.

2. Vraag. Een vrouw kan het gevoel hebben: waarom moet ik waardering opbrengen voor wat hij doet terwijl ik meer doe?
Antwoord. Een Marsbewoner geeft minder als hij zich niet gewaardeerd voelt. Als u wilt dat hij meer geeft, zult u hem meer waardering moeten geven, want dat werkt motiverend op mannen. Als u meer geeft dan hij, is het natuurlijk niet gemakkelijk om waardering voor hem op te brengen. Maar begin zachtjes aan minder te geven, zodat u in staat zult zijn hem meer te waarderen. Door die verandering door te voeren, geeft u hem niet alleen het gevoel dat u van hem houdt, maar zult u ook de steun krijgen die u nodig hebt en verdient.

3. Vraag. Een vrouw kan het gevoel hebben: als ik hem om hulp moet vragen, kan hij denken dat hij me een gunst verleent.
Antwoord: Zo moet hij zich ook voelen. Een liefdesgave ís een gunst. Als een man het gevoel heeft dat hij u een gunst verleent,

zal hij met zijn hart geven. Onthoud dat hij een Marsbewoner is en dat zijn manier van beoordelen anders is dan de uwe. Als hij het gevoel heeft dat u hem vertelt dat hij verplicht is te geven, sluit hij zijn hart en geeft minder.

4. Vraag. Een vrouw kan het gevoel hebben: als hij van me houdt, zou hij me zijn hulp moeten aanbieden, dan zou ik er niet om hoeven vragen.
Antwoord. Onthoud dat mannen van Mars komen en anders zijn. Een man wacht tot u erom vraagt. In plaats van te denken dat hij zijn hulp wel zal aanbieden als hij van u houdt, kunt u ook denken dat als hij een Venusbewoner was hij wel zou aanbieden u te helpen, maar dat hij nu eenmaal een Marsbewoner is. Als u dat verschil accepteert zal hij veel meer bereid zijn u te helpen, en zal hij geleidelijk meer hulp gaan aanbieden.

5. Vraag. Een vrouw kan vragen: als ik om dingen moet vragen, zal hij denken dat ik minder geef dan hij. Ik ben bang dat hij zal denken dat hij dus niet meer hoeft te geven dan hij nu doet!
Antwoord. Een man is edelmoediger als hij het gevoel heeft dat hij niet hóeft te geven. Bovendien zal een man als een vrouw hem (op respectvolle wijze) om iets vraagt, daar ook uit opmaken dat ze het gevoel heeft dat ze recht heeft op zijn hulp. Hij gaat er niet van uit dat ze minder heeft gegeven. Hij denkt juist dat ze wel meer of minstens even veel zal hebben gegeven, en dat ze daarom zo gemakkelijk vraagt.

6. Vraag. Een vrouw kan vragen: als ik om hulp vraag durf ik het niet goed kort te houden. Ik wil uitleggen waarom ik zijn hulp nodig heb. Ik wil niet veeleisend overkomen.
Antwoord. Als een man een verzoek van zijn partner hoort, vertrouwt hij erop dat ze daar een goede reden voor heeft. Als ze haar verzoek met een heleboel redenen omkleedt, krijgt hij het gevoel dat hij geen nee kan zeggen, en als hij geen nee kan zeggen voelt hij zich gemanipuleerd of genegeerd. Bied hem de gelegenheid u iets te geven in plaats van zijn hulp vanzelfsprekend te vinden.
Als hij het beter wil begrijpen zal hij wel om uitleg vragen. En dán mag u met uw redenen komen. En al stelt hij vragen, hou het toch kort. Geef een of ten hoogste twee redenen. Als hij dan nóg meer informatie wil, zal hij daar om vragen.

Stap 2: vragen om meer (ook al weet u dat hij nee kan zeggen)

Voor u een man meer probeert te gaan vragen, moet u er zeker van zijn dat hij zich gewaardeerd voelt om wat hij al geeft. Door om zijn hulp te blijven vragen zonder van hem te verwachten dat hij meer doet dan voorheen, zal hij zich niet alleen gewaardeerd, maar ook geaccepteerd gaan voelen.

Als hij eraan gewend is u om zijn hulp te horen vragen zonder dat u meer wilt, voelt hij zich gerust in uw bijzijn. Hij krijgt zo het gevoel dat hij niet hoeft te veranderen om uw liefde te verwerven. Als u eenmaal zo ver bent, zal hij bereid zijn te veranderen en alles te doen wat in zijn vermogen ligt om u te helpen. U kunt nu het risico nemen hem om meer te vragen, zonder uit te stralen dat hij niet goed genoeg is.

De tweede stap in dit proces is hem te laten beseffen dat hij nee kan zeggen zonder uw liefde te verspelen. Als hij het gevoel heeft dat hij nee kan zeggen als u hem meer vraagt, zal hij zich vrij voelen ja of nee te zeggen. Vergeet vooral niet dat mannen veel eerder bereid zijn ja te zeggen als ze zich vrij voelen om nee te zeggen.

Mannen zijn veel eerder bereid ja te zeggen als ze zich vrij voelen om ook nee te zeggen

Het is belangrijk dat vrouwen leren zowel hoe ze moeten vragen als hoe ze een afwijzend antwoord moeten accepteren. Vrouwen voelen meestal intuïtief aan wat hun partner zal antwoorden nog voor hij het zegt. Als ze voelen aankomen dat hij niet aan hun verzoek zal voldoen, nemen ze niet eens de moeite het te vragen, maar voelen zich wél afgewezen. Hij heeft er dan natuurlijk geen idee van wat er aan de hand is: het heeft zich allemaal in haar hoofd afgespeeld.

Bij stap 2 moet u proberen om hulp te vragen in die situaties waarin u het wel zou willen vragen, maar het niet doet omdat u weerstand bij hem voelt. Doe het toch en vraag om hulp, ook al voelt u zijn verzet, ook al weet u dat hij nee zal zeggen.

Een vrouw kan bijvoorbeeld tegen haar man, die helemaal opgaat in het tv-journaal, zeggen: ‘Zou jij misschien naar de kruidenier willen gaan om een blikje zalm te halen?’ Als ze die vraag stelt, bereidt ze zich er alvast op voor dat hij nee zal zeggen. Het zal hem waarschijnlijk overvallen, want hij is nog nooit met zo’n verzoek gestoord. Hij zal waarschijnlijk iets zeggen in de trant van:

'Ik zit net naar het journaal te kijken. Kun jij het niet doen?'
Ze zal dan waarschijnlijk wíllen zeggen: 'Jawel. Maar ik doe altijd alles al. Ik ben je bediende niet. Ik wil wel eens wat hulp!' Als u iets vraagt en u voelt een afwijzend antwoord aankomen, bereid u er dan op voor en zeg bijvoorbeeld: 'Oké.' Als u een echt Marsachtig antwoord wilt geven, zegt u: 'Niks aan de hand.' Dat klinkt hem als muziek in de oren. Maar 'oké' is ook goed.
Het is belangrijk dat u doet alsof er niets aan de hand is als hij nee zegt op een vraag. Bedenk dat u hem het veilige gevoel wilt geven dat hij nee mag zeggen. Doe dit echter in situaties waarin u het echt goed vindt dat hij nee zegt. Kies situaties waarin u zijn hulp op prijs zou stellen, maar waarin u er zelden om vraagt. Zorg ervoor dat hij zich er lekker bij kan voelen als hij nee zegt.
Ik kan u wel een paar voorbeelden geven:

Wanneer u om hulp kunt vragen	**Wat u kunt zeggen**
Hij is ergens mee bezig en u wilt dat hij de kinderen ophaalt. Normaal gesproken zou u niet de moeite nemen het hem te vragen en het zelf doen.	U zegt: 'Zou jij Julie willen ophalen, ze heeft net gebeld?' Als hij nee zegt, zeg dan simpelweg: 'Oké.'
Normaal gesproken verwacht hij dat u eten kookt als hij thuiskomt. U wilt dat hij kookt, maar u vraagt het nooit. U voelt dat hij dat niet wil.	U zegt: 'Zou je me willen helpen met aardappels schillen?', of: 'Zou jij willen koken vanavond?' Als hij nee zegt, zeg dan simpelweg: 'Oké.'
Hij kijkt altijd tv na het eten terwijl u de afwas doet. U wilt dat hij de afwas doet, of ten minste helpt, maar u vraagt het nooit. U voelt dat hij een hekel heeft aan afwassen. Misschien vindt u het niet zo erg als hij, dus doet u het gewoon zelf.	U zegt: 'Zou je me vanavond willen helpen met de afwas?' of: 'Zou jij de borden naar de keuken willen brengen?' Of wacht op een rustige avond en zeg: 'Zou jij vanavond willen afwassen?' Als hij nee zegt, zeg dan simpelweg: 'Oké.'
Hij wil naar een film en u wilt uit eten. Normaal gesproken voelt u hoe graag hij naar de	U zegt: 'Zullen we vanavond uit eten gaan? Ik vind het heerlijk om uit eten te gaan.' Als hij

film wil en neemt u niet de moeite voor te stellen ergens te gaan eten.	nee zegt, zegt u simpelweg: 'Oké.'
U bent beiden moe en staat op het punt naar bed te gaan. De volgende dag komt de vuilnisman. U voelt hoe moe hij is, dus vraagt u hem niet of hij de vuilnisbak buiten wil zetten.	U zegt: 'Zou jij de vuilnisbak buiten willen zetten?' Als hij nee zegt, zegt u simpelweg: 'Oké.'
Hij heeft het erg druk en is bezig met een of ander project. U wilt hem niet afleiden omdat u voelt hoe hij erin opgaat, maar u wilt ook met hem praten. Normaal gesproken voelt u zijn weerstand en pleegt geen inbreuk op zijn tijd.	U zegt: 'Zou je even wat tijd voor me willen vrijmaken?' Als hij nee zegt, zegt u simpelweg: 'Oké.'
Hij is druk bezig met iets, maar u moet uw auto ophalen, die bij de garage is. Normaal gesproken voorziet u hoe moeilijk het voor hem zal zijn om zijn planning om te gooien en vraagt u hem niet of hij u even wil brengen.	U zegt: 'Zou jij me vandaag even naar de garage willen brengen om mijn auto op te halen? Hij is klaar.' Als hij nee zegt, zegt u simpelweg: 'Oké.'

In alle bovenstaande voorbeelden moet u er op voorbereid zijn dat hij nee zegt en proberen acceptatie en vertrouwen uit te stralen. Accepteer zijn afwijzende antwoord en vertrouw erop dat hij iets voor u zou doen als hij dat kon. Iedere keer dat u een man om hulp vraagt en u het hem niet kwalijk neemt dat hij nee zegt, geeft hij u vijf tot tien punten. De volgende keer dat u hem iets vraagt zal hij al positiever op uw verzoek reageren. In zekere zin helpt u hem meer te geven door hem op liefdevolle wijze om zijn hulp te vragen.
Ik heb dit jaren geleden geleerd van een vrouwelijke collega. We werkten aan een benefietproject en hadden vrijwilligers nodig. Ze stond op het punt Tom te bellen, een vriend van me. Ik zei tegen haar dat ze zich de moeite kon besparen, omdat ik al wist dat hij

deze keer niet zou kunnen helpen. Ze zei dat ze toch maar even belde. Ik vroeg haar waarom en toen zei ze: 'Als ik bel vraag ik hem om hulp, en als hij dan nee zegt ben ik heel vriendelijk en begrijpend. De volgende keer dat ik hem bel zal hij veel sneller ja zeggen. Hij zal dan een positieve herinnering aan me hebben.' Ze had gelijk.
Als je een man om hulp vraagt en je wijst hem niet af wanneer hij nee zegt, zal hij dat onthouden en de volgende keer al veel sneller bereid zijn te geven. Als u daarentegen uw behoeften stilletjes opoffert en niets vraagt, heeft hij er geen idee van hoe vaak u hem nodig hebt gehad. Hoe had hij dat ook kunnen weten als u het niet vraagt?

> *Als u een man om hulp vraagt en hem niet afwijst als hij nee zegt, zal hij dat onthouden en de volgende keer veel sneller bereid zijn te geven*

Wanneer u voorzichtig om meer blijft vragen, zal uw partner af en toe bereid zijn zich in te zetten en ja zeggen. Als u zo ver bent gekomen, kunt u met een gerust hart om meer gaan vragen. Dit is een van de manieren om een gezonde relatie op te bouwen.

Gezonde relaties

Een relatie is gezond als beide partners mogen vragen om datgene wat ze hebben willen of waar ze behoefte aan hebben, en als ze allebei nee mogen zeggen als ze dat willen.
Zo kan ik me bijvoorbeeld nog herinneren dat ik met een vriend van ons in de keuken stond. Onze dochter Lauren was vijf jaar oud. Ze vroeg me of ik haar wilde optillen en kunstjes met haar doen, maar ik zei: 'Nee, vandaag niet. Ik ben erg moe.'
Ze hield aan en vroeg speels: 'Hè, pappie, toe nou, pappie, één kunstje maar!'
De vriend zei: 'Kom, Lauren, je vader is moe. Hij heeft vandaag hard gewerkt. Dan moet je dat niet vragen.'
Lauren reageerde meteen met: 'Maar ik vraag het toch alleen maar!'
'Maar je weet dat je vader van je houdt,' zei mijn vriend. 'Hij kan geen nee tegen je zeggen.'
(Het zit natuurlijk zo: als híj geen nee kan zeggen, is dat zíjn probleem, niet het hare.)

Meteen zeiden mijn vrouw en alle drie mijn dochters: 'Jawel hoor!' Ik was trots op mijn gezin. Het heeft wel wat energie gekost, maar geleidelijk hebben we geleerd gewoon om iets te vragen en een eventuele afwijzing te accepteren.

Stap 3: assertief vragen

Als u eenmaal stap 2 onder de knie hebt en een afwijzend antwoord kunt accepteren, bent u aan de derde stap toe. In deze fase leert u een verzoek alle kracht bijzetten. U vraagt om hulp, en als hij uitvluchten begint te zoeken en zich tegen uw verzoek verzet, zegt u niet 'oké' zoals bij stap 2, maar oefent u erin u neer te leggen bij zijn nee, maar toch nog op een ja te blijven wachten.
Laten we zeggen: hij wil net even gaan liggen en u vraagt hem: 'Zou jij even een fles melk willen gaan halen?' Als antwoord geeft hij: 'Oh, ik ben zo moe, ik wil even liggen.'
In plaats van hem onmiddellijk zijn zin te geven en 'oké' te zeggen, zegt u niets. U blijft staan en accepteert dat hij zich verzet. Door zich niet tegen zijn weerstand te verzetten maakt u veel meer kans dat hij ja zegt.
De kunst van assertief vragen is niets zeggen als u een verzoek hebt gedaan. Stel uw vraag en wacht tot hij begint te kreunen en te steunen, te grommen en te snauwen, te mompelen en mopperen. Ik vat de weerstand die mannen aan verzoeken bieden maar samen als 'mopperen'. Hoe meer hij ergens in opgaat, hoe meer hij moppert. Zijn gemopper heeft niets te maken met zijn bereidheid iets te doen: het zegt alleen maar iets over de mate van concentratie op het moment dat hem iets gevraagd wordt.
Een vrouw legt het gemopper van een man meestal verkeerd uit. Ze gaat van de verkeerde veronderstelling uit dat hij niet bereid is aan haar verzoek te voldoen. Dat is niet het geval. Zijn gemopper is een teken dat hij bezig is over haar verzoek na te denken. Als hij dat niet deed zou hij kalmpjes nee zeggen. Als een man moppert is dat een goed teken — hij is bezig uw verzoek tegen zijn eigen behoeften af te wegen.

Als een man moppert is dat een goed teken — hij weegt uw verzoek af tegen zijn behoeften

Hij zal door zijn innerlijke weerstand heen moeten wanneer hij

zijn aandacht verlegt van zijn bezigheden naar uw verzoek. Hij maakt ongewone geluiden, net als een deur met roestige scharnieren. Als u niet op zijn gemopper let, gaat het vanzelf over.
Een man zal vaak ja zeggen als hij moppert. Omdat de meeste vrouwen deze reactie niet begrijpen, vragen ze hem maar liever niet om hulp, of vatten het persoonlijk op en wijzen hem af.
In ons voorbeeld, waarin hij net even wil gaan liggen en u hem vraagt of hij even melk wil halen, zal hij waarschijnlijk wel mopperen.
'Ik ben moe,' zegt hij met een geërgerde blik. 'Ik wil naar bed.' Als u zijn reactie ten onrechte als afwijzing opvat, zult u misschien antwoorden: 'Ik heb gekookt, ik heb afgewassen, ik heb de kinderen naar bed gebracht en jij hebt je alleen maar op de bank geïnstalleerd! Ik vraag niet zo veel, maar dit zou je toch wel kunnen doen. Ik ben uitgevloerd. Ik heb het gevoel dat ik alles doe hier in huis.'
Dan komt er ruzie. Als u echter weet dat het niet meer dan gemopper is en dat het meestal een teken is dat hij ja zal zeggen, kunt u met stilzwijgen reageren. Uw zwijgen is een teken dat u erop vertrouwt dat hij zich ertoe aan het zetten is en ja zal zeggen.
Hij moet zich eerst instellen op uw verzoek en zijn innerlijke weerstand overwinnen. Als u om meer gaat vragen, zal hij dat steeds moeten doen. Als hij dat niet gedaan heeft, lukt het hem niet. Daarom moet u een man voorbereiden op deze fase door de stappen 1 en 2 eerst af te werken.
Het heeft iets weg van je uitrekken: 's morgens is dat veel moeilijker. Later op de dag kun je je verder en gemakkelijker uitrekken. Als een man moppert moet u maar net doen alsof hij zich 's morgens uitrekt. Nadat hij zich eenmaal uitgerekt heeft voelt hij zich prima. Zo moet hij ook eerst even mopperen.

Hoe programmeert u uw man zó dat hij ja zegt

Ik werd me voor de eerste keer van dit proces bewust toen mijn vrouw me vroeg of ik melk wilde gaan halen net toen ik even wilde gaan liggen. Ik weet nog dat ik hardop mopperde. In plaats van ruzie met me te maken, luisterde ze alleen maar, ervan uitgaand dat ik het uiteindelijk wel zou doen. Kwaad stommelend liep ik naar buiten, pakte de auto en ging naar de winkel.
Toen gebeurde er iets, iets dat met alle mannen gebeurt en iets dat vrouwen niet weten. Toen ik dichter bij mijn nieuwe doel, de melk, kwam, verdween het gemopper. Ik begon liefde voor mijn

vrouw te voelen, en behulpzaamheid. Ik begon me een goed mens te voelen. En verdomd, ik vond het een prettig gevoel.
Toen ik in de winkel kwam vond ik het leuk om melk te kopen. Toen ik de fles pakte, had ik mijn nieuwe doel bereikt. Het geeft een man altijd een goed gevoel als hij iets presteert. Ik nam luchtigjes de fles in mijn hand en keerde me om met een trotse blik van: 'Hé jongens! Ik haal melk voor mijn vrouw. Ik ben een van die fantastische echtgenoten. Ben ik even goed!'
Toen ik terugkwam met de melk was ze blij. Ze omhelsde me en zei: 'Dank je wel, hoor. Ik ben zo blij dat ik niet weer naar de winkel hoefde te gaan.'
Als ze geen aandacht aan me had geschonken, had ik haar dat waarschijnlijk kwalijk genomen en de volgende keer dat ze me had gevraagd melk te halen, zou ik waarschijnlijk nog meer hebben gemopperd. Maar ze gaf me wél aandacht, en heel veel liefde.
Ik lette op mijn reactie en hoorde mezelf denken: 'Wat heb ik toch een schat van een vrouw. Ondanks mijn weerstand en gemopper schenkt ze me toch nog waardering!
De volgende keer dat ze me vroeg melk te gaan halen, mopperde ik minder. Toen ik terugkwam was ze weer vol waardering. De derde keer zei ik direct ja.
Een week later merkte ik dat er weinig melk was. Ik bood aan melk te gaan halen. Ze zei dat ze toch nog naar de winkel moest. Tot mijn verbazing was ik een beetje teleurgesteld! Ik wilde melk halen. Haar liefde had me erop geprogrammeerd ja te zeggen. Tot op de dag van vandaag zeg ik maar al te graag ja wanneer ze me vraagt melk te gaan halen.
Ik heb deze innerlijke transformatie zelf meegemaakt. Doordat mijn vrouw mijn gemopper accepteerde en me waardering gaf toen ik terugkwam, verdween uiteindelijk mijn weerstand. Van die dag af, toen ze zich begon te oefenen in assertief vragen, vond ik het veel gemakkelijker om op haar verzoeken in te gaan.

De veelbetekenende stilte

Een van de belangrijkste onderdelen van het assertieve vragen is het stilzwijgen na het verzoek. Laat uw partner zich door zijn weerstand heen werken. Keur zijn gemopper vooral niet af. Zolang u niets doet en zwijgt, zit het er nog in dat hij het zal doen. Als u de stilte verbreekt, bent u uw macht kwijt.

Een van de belangrijkste onderdelen van het assertieve vragen is het stilzwijgen na een verzoek

Vrouwen verbreken onbewust de stilte en raken hun greep op de situatie kwijt door opmerkingen als:

- 'Ach, laat ook maar.'
- 'Hoe kún je nee zeggen! Ik doe zo veel voor jou...'
- 'Het is toch niet zo veel gevraagd.'
- 'Het kost maar een kwartiertje.'
- 'Je stelt me teleur. Ik voel me echt gekwetst.'
- 'Dus je wilt het niet?'
- 'Waarom dan niet?'

U kent dat wel. Als hij moppert voelt zij zich geroepen om haar verzoek te verdedigen en verbreekt haar stilzwijgen, wat verkeerd is. Ze maakt ruzie met haar partner in een poging hem ervan te overtuigen dat hij het moet doen. Of hij het nu doet of niet, hij zal de volgende keer dat ze hem iets vraagt, nog meer weerstand hebben.
Om hem de kans te geven aan uw verzoeken te voldoen, moet u uw vraag stellen en een stilte laten vallen. Laat hem maar mopperen en van alles zeggen. Luister alleen maar. Uiteindelijk zegt hij ja. En denk niet dat hij het tegen u zal gebruiken. Hij kan dat niet en zal het ook niet doen zolang u niet aandringt of ruzie maakt. Ook al loopt hij mopperend de deur uit, hij zal ermee ophouden, als u allebei maar het gevoel hebt dat het zíjn keus is geweest.
Soms zal hij echter géén ja zeggen. Of hij probeert zich er onderuit te werken door u een paar vragen te stellen. Pas dan op. Als u zwijgt kan hij vragen stellen in de trant van:

- 'Waarom kun jij het niet doen?'
- 'Ik heb echt geen tijd. Wil jij het doen?'
- 'Ik heb het druk, ik heb geen tijd. Wat ben jij aan het doen?'

Soms zijn dat maar retorische vragen. Dus hoeft u niets te zeggen. Zeg niets, tenzij het duidelijk is dat hij echt antwoord wil. Als hij antwoord wil hebben, geef hem dat dan, maar hou het heel kort en vraag het daarna weer. Assertief vragen komt neer op vragen vanuit de zekerheid en het vertrouwen dat hij u zal helpen als hij dat kan. Als hij u vragen stelt of nee zegt, reageer dan met een kort antwoord waarin opgesloten ligt dat uw behoefte net zo geldig is als die van hem. Vraag het dan weer. Hier zijn een paar voorbeelden:

Wat hij tegen haar verzoek inbrengt	**Hoe ze assertief kan reageren**
'Ik heb geen tijd. Kun jij het niet doen?'	'Ik heb ook haast. Zou je het alsjeblieft willen doen?' Daarna valt u weer stil.
'Nee. Dat wil ik niet.'	'Ik zou het erg op prijs stellen. Wil je het alsjeblieft voor me doen?' Daarna zwijgt u weer.
'Ik heb het druk. Wat ben jij aan het doen?'	'Ik heb het ook druk. Wil je het alsjeblieft doen?' Dan zwijgt u weer.
'Nee. Ik heb er geen zin in.'	'Ik heb er ook geen zin in. Zou je het alsjeblieft willen doen?' Dan zwijgt u weer.

U ziet dat ze niet probeert hem over te halen, maar gewoon evenveel tegenover zijn verzet stelt. Als hij moe is, moet u niet proberen te bewijzen dat u vermoeider bent en dat hij u dus moet helpen. Of als hij vindt dat hij het te druk heeft, moet u hem er niet van overtuigen dat u het nog drukker hebt. Geef hem geen redenen waarom hij het moet doen. Onthoud dat u alleen maar iets vraagt en geen eis stelt.
Als hij zich blijft verzetten kunt u doen wat u in stap 2 hebt geleerd en zijn afwijzing gewoon accepteren. Het is niet verstandig hem te vertellen hoe teleurgesteld u in hem bent. Ik verzeker u dat als u het kunt loslaten, hij de volgende keer zal bedenken hoe liefdevol u was en veel eerder bereid zal zijn u te helpen.
Naarmate u vorderingen maakt zult u merken dat u steeds beter wordt in hulp vragen en die ook zult krijgen. Zelfs als u al met het veelbetekenende zwijgen van stap 3 bezig bent, moet u nog steeds de stappen 1 en 2 blijven oefenen. Het blijft belangrijk dat u zowel op de juiste wijze om kleine dingen blijft vragen als goed reageert op een afwijzend antwoord.

Waarom mannen zo gevoelig zijn

U vraagt zich misschien af waarom vragen om hulp bij mannen zo gevoelig ligt. Dat komt niet doordat mannen zo lui zijn, maar doordat ze er zo'n behoefte aan hebben geaccepteerd te worden. Ieder verzoek om meer te zijn of te geven kan hem het gevoel geven dat hij niet wordt geaccepteerd zoals hij is.

Zoals het voor een vrouw belangrijk is gehoor en begrip te vinden wanneer ze vertelt wat ze voelt, zo is een man heel gevoelig op het punt van zich geaccepteerd voelen zoals hij is. Iedere poging om hem te verbeteren zal hem het gevoel geven dat u hem probeert te veranderen omdat hij niet goed genoeg is.

Op Mars is het motto: 'Niet maken als het niet stuk is.' Als een man voelt dat een vrouw meer wil en dat ze probeert hem te veranderen, vat hij dat op als: ik mankeer iets. Het geeft hem automatisch het gevoel dat men niet van hem houdt zoals hij is.

Als u leert vragen, zal dat uw relatie geleideïijk aan aanzienlijk verrijken. Naarmate u meer de liefde en steun krijgt die u nodig heeft, zal uw partner zich ook veel blijer voelen. Mannen zijn het gelukkigst als ze het gevoel hebben dat ze de mensen om wie ze geven voldoening schenken. Als u leert op juiste wijze om hulp te vragen, geeft u niet alleen uw man het gevoel dat er meer van hem gehouden wordt, maar verzekert u zich ook van de liefde die u nodig heeft en waar u recht op heeft.

In het volgende hoofdstuk zullen we het hebben over hoe u uw liefde levend kunt houden.

13. Hoe u uw liefde levend kunt houden

Een van de paradoxen van een liefdesrelatie is dat als alles goed gaat en we ons bemind voelen, we soms plotseling emotionele afstand scheppen of op niet-liefdevolle wijze op onze partners reageren. Misschien herkent u zich wel in de volgende voorbeelden:

1. U voelt misschien een heleboel liefde voor uw partner en op een ochtend wordt u wakker en ergert zich ineens aan uw partner en neemt hem of haar van alles kwalijk.
2. U bent liefdevol, geduldig en een en al acceptatie en van de ene dag op de andere wordt u veeleisend en ontevreden.
3. U kunt zich niet voorstellen dat u niet van uw partner zou houden en dan hebt u op een dag zomaar ruzie en begint plotseling aan een scheiding te denken.
4. Uw partner doet iets liefs voor u en ineens bent u boos vanwege al die keren dat hij of zij geen aandacht aan u besteedde.
5. U vindt uw partner aantrekkelijk, maar ineens voelt u niets in zijn of haar bijzijn.
6. U bent gelukkig met uw partner en plotseling voelt u zich onzeker over uw relatie of niet bij machte datgene te krijgen waar u behoefte aan hebt.
7. U weet heel zeker dat uw partner van u houdt en ineens voelt u zich wanhopig en zwak.
8. U bent altijd gul met uw liefde en ineens wordt u terughoudend, bevooroordeeld, kritisch, boos of overheersend.
9. U voelt zich aangetrokken tot uw partner, maar

als hij of zij zich aan u bindt, verdwijnt de aantrekkingskracht of vindt u anderen aantrekkelijker.

10. U heeft zin om te vrijen, maar als uw partner dan wil, wilt u het niet.
11. U heeft een goed gevoel over uzelf en uw leven en ineens vindt u uzelf niet de moeite waard, voelt u zich in de steek gelaten en niet goed genoeg.
12. U heeft een fantastische dag en verheugt u erop uw partner te zien, maar als u die dan ziet, zegt hij of zij iets waardoor u zich teleurgesteld, gedeprimeerd, afgestoten, moe of afstandelijk voelt.

Misschien heeft u bij uw partner ook wel eens iets dergelijks zien gebeuren. Bekijk de bovenstaande lijst eens rustig en denk eens aan de keren dat uw partner u ineens niet de liefde kon geven waar u recht op had. Waarschijnlijk heeft u zo'n plotselinge ommekeer bij hem of haar wel eens meegemaakt. Het komt heel vaak voor dat twee mensen die de ene dag smoorverliefd zijn, elkaar de volgende dag haten of ruzie maken.

Zo'n plotselinge omslag is verwarrend. Toch is het heel gewoon. Als we niet begrijpen waarom het gebeurt denken we misschien dat we gek aan het worden zijn, of concluderen ten onrechte dat onze liefde voorbij is. Maar gelukkig is er een verklaring voor.

Liefde maakt onverwerkte gevoelens los. We kunnen ons de ene dag bemind voelen, en de volgende ineens bang om onze liefde te verliezen. De pijnlijke herinneringen aan afwijzing beginnen boven te komen als onze partner ons vol vertrouwen en acceptatie zijn of haar liefde geeft.

Als we meer van onszelf gaan houden of anderen meer van ons, willen verdrongen gevoelens nogal eens bovenkomen en tijdelijk onze blik vertroebelen. Ze komen boven zodat we ervan kunnen genezen en ze kunnen loslaten. We worden ineens prikkelbaar, defensief, kritisch, boos, veeleisend, gevoelloos of kwaad.

Gevoelens die we in het verleden niet kwijt konden, overspoelen plotseling ons bewustzijn op een moment dat het veilig is om ze te voelen. De liefde ontdooit ons verdrongen gevoel en langzaam aan beginnen deze onverwerkte gevoelens hun kop op te steken in de relatie.

Het lijkt wel of onverwerkte gevoelens wachten totdat u weet dat er van u gehouden wordt, en ze dan bovenkomen om genezen te worden. We lopen allemaal rond met een pakketje onverwerkte gevoelens, de wonden uit ons verleden, die in ons sluimeren totdat we ons bemind weten. En als we dan veilig onszelf kunnen zijn, komen onze gevoelens van pijn boven.
Als we op de juiste wijze met deze gevoelens weten om te gaan, zullen we ons veel beter voelen en ons scheppend en liefhebbend vermogen neemt toe. Als we echter de strijd met onze partner aanbinden en die de schuld geven, in plaats van ons los te maken van ons verleden, raken we alleen maar overstuur en onderdrukken die gevoelens vervolgens weer.
Het probleem is dat verdrongen gevoelens niet bovenkomen en zeggen: 'Dag. Wij zijn de onverwerkte gevoelens uit je verleden.' Als er een gevoel van verlatenheid en afwijzing uit uw jeugd bovenkomt, zult u zich door uw partner in de steek gelaten of afgewezen voelen. De pijn uit het verleden wordt op het heden geprojecteerd. Dingen die normaal niet zo veel voorstellen doen ineens veel pijn.
Jarenlang hebben we onze gevoelens van pijn onderdrukt. Dan worden we op een goede dag verliefd en voelen ons door die liefde veilig genoeg om ons open te stellen en ons bewust te worden van ons gevoel. Door de liefde komen we uit onszelf en beginnen onze pijn te voelen.

Waarom paren ook ruzie maken als het goed gaat

De gevoelens uit ons verleden komen niet alleen naar boven als we verliefd worden, maar ook als we ons heel lekker voelen, en blij en liefhebbend. Op zulke positieve momenten kunnen twee mensen op onverklaarbare wijze ruzie krijgen, terwijl ze zo op het oog juist gelukkig zouden moeten zijn.
Een stel kan bijvoorbeeld ruzie krijgen als ze een nieuw huis betrekken, als ze hun huis opknappen, een afstudeerfeest, kerkdienst of trouwerij bijwonen, als ze cadeautjes krijgen, op vakantie gaan of een autoritje maken, als ze een project afhebben, Kerstmis vieren, besluiten met een negatieve gewoonte te breken, een nieuwe auto kopen, carrière maken, een prijs in de loterij winnen, veel geld verdienen, besluiten veel geld ergens aan uit te geven, of heerlijk vrijen.
Tijdens al deze bijzondere gelegenheden kan een van de twee of

allebei plotseling onverklaarbare stemmingen en reacties hebben; het gebeurt ervoor, tijdens of vlak erna. Het kan u veel inzicht geven als u de zojuist gegeven opsomming doorleest en eens nadenkt over hoe uw ouders hiermee omgingen, alsmede over uw eigen ervaringen op dat gebied in uw relaties.

De verhouding 90/10

Als we weten dat onverwerkte gevoelens uit het verleden plotseling kunnen opduiken, kunnen we begrijpen waarom we ons soms zo gauw gekwetst voelen door onze partner. Als we ergens door van slag zijn, heeft dat voor negentig procent te maken met ons verleden en niets met datgene waar we last van denken te hebben. Doorgaans heeft zo'n tien procent van onze onlustgevoelens te maken met onze huidige ervaring.

Laten we eens naar een voorbeeld kijken. Als onze partner een beetje kritiek op ons lijkt te hebben, kunnen we ons dat enigszins aantrekken. Maar omdat we volwassen zijn kunnen we begrijpen dat hij of zij het niet kritisch bedoelde of zien we bijvoorbeeld dat hij of zij een rotdag heeft. Dank zij ons begrip trekken we ons de kritiek niet al te veel aan. We vatten het niet persoonlijk op.

Maar op een andere dag kan die kritiek ineens pijn doen. Op zo'n dag komen onze gewonde gevoelens uit het verleden naar boven. Daardoor hebben we meer last van de kritiek van onze partner. Het doet veel pijn omdat we als kind zware kritiek te verduren hebben gehad. De kritiek van onze partner doet meer pijn omdat de pijn uit het verleden ook losgemaakt wordt.

Als kind konden we nog niet begrijpen dat we onschuldig waren en dat het probleem van hun negatieve gevoelens bij onze ouders zelf lag. In onze jeugd trekken we ons alle kritiek, afwijzing en verwijten persoonlijk aan.

Wanneer deze onverwerkte gevoelens uit de jeugd bovenkomen, kunnen we het commentaar van onze partner al gauw opvatten als kritiek, afwijzing en verwijten. Het is op zo'n moment moeilijk om als volwassene te praten. Alles wordt verkeerd opgevat. Als onze partner kritisch lijkt, heeft onze reactie voor tien procent te maken met wat zich op dat moment afspeelt en voor negentig procent met het verleden.

Stel u voor dat iemand u een kleine por met zijn arm geeft of zachtjes tegen u opbotst. Dat voelt u haast niet. Stel u nu voor dat

u een open wond of zere plek heeft en dat iemand daar een por in geeft of tegen u opbotst. Dat doet veel meer pijn. We zijn overgevoelig voor de gewone aanvaringen en botsingen in een relatie als onze onverwerkte gevoelens bovenkomen.
Aan het begin van een relatie zijn we misschien niet zo gevoelig. Het duurt even voor de gevoelens uit het verleden bovenkomen. Maar als ze dat dan doen, gaan we anders reageren op onze partner. In de meeste relaties zouden we negentig procent minder last van allerlei voorvallen hebben als onze onverwerkte gevoelens uit het verleden niet naar boven kwamen.

Hoe we elkaar kunnen steunen

Als bij een man het verleden naar boven komt, zal hij zich over het algemeen in zichzelf keren. Hij is op zo'n moment overgevoelig en heeft heel veel acceptatie nodig. Als het verleden bij een vrouw naar boven komt, stort haar gevoel van eigenwaarde in. Ze beleeft een dieptepunt en heeft tedere, liefdevolle zorg nodig.
Dit inzicht helpt u uw gevoelens in de hand te houden als ze omhoogkomen. Als uw partner iets doet waar u last van heeft, val hem of haar er dan niet op aan, maar zet uw gevoelens op papier. Door liefdesbrieven te schrijven kunt u uw negatieve gevoelens loslaten en zal de pijn uit het verleden overgaan. Liefdesbrieven helpen u u op het heden te concentreren, zodat u met meer vertrouwen, acceptatie, begrip en vergiffenis op uw partner kunt reageren.
Als u het 90/10-principe begrijpt, kan u dat helpen uw partner te begrijpen als die fel op u reageert. Als u weet dat hij of zij door het verleden beïnvloed wordt, kunt u misschien meer begrip en steun opbrengen.
Zeg nooit tegen uw partner dat hij of zij overdrijft als 'het' weer bovenkomt. Dat zal de pijn alleen maar verergeren. Als u iemand een stoot midden in een wond gaf zou u ook niet zeggen dat de reactie overdreven was.
Als u begrijpt dat gevoelens uit het verleden zomaar kunnen bovenkomen, zult u beter begrijpen waarom uw partner op een bepaalde manier reageert. Het hoort bij het genezingsproces. Laat uw partner rustig afkoelen en weer zichzelf worden. Als het te moeilijk is om aan te horen wat hij of zij voelt, kunt u hem of haar aanmoedigen een liefdesbrief te schrijven voor u erover gaat praten.

Een genezende brief

Wanneer u begrijpt hoe uw verleden uw huidige reacties beïnvloedt, kan dat helpen bij de genezing van uw gevoelens. Als uw partner u op de een of andere manier van streek heeft gemaakt, schrijft u een liefdesbrief, en terwijl u die schrijft moet u zich afvragen wat de hele zaak met het verleden te maken heeft. Onder het schrijven kunnen herinneringen bovenkomen en kunt u tot de ontdekking komen dat u eigenlijk boos bent op uw moeder of vader. Ga door met schrijven, maar richt uw brief nu aan uw ouder. Schrijf dan een liefdevolle antwoordbrief. Laat deze brief aan uw partner lezen.

Die zal het prettig vinden uw brief te lezen. Het is een heerlijk gevoel wanneer je partner de negentig procent van de pijn die uit het verleden stamt voor zijn rekening neemt. Als we niet wisten hoe dit in zijn werk ging, zouden we geneigd zijn onze partner de schuld te geven, of zou hij of zij in ieder geval het gevoel hebben de schuld te krijgen.

Als u wilt dat uw partner meer voor uw gevoelens openstaat, laat hem of haar dan delen in uw pijnlijke gevoelens uit het verleden. Dan kan hij of zij uw overgevoeligheid begrijpen. Liefdesbrieven zijn daar een uitstekend middel voor.

Uw onlustgevoelens zijn niet wat ze lijken

Wanneer u zich oefent in het schrijven van liefdesbrieven en uw gevoelens verkent, zult u erachter komen dat u meestal van heel andere dingen last hebt dan u in eerste instantie denkt. Door de dieper liggende redenen toe te laten en te voelen, raakt u de negatieve gevoelens meestal kwijt. Zoals negatieve gevoelens je plotseling kunnen overvallen, zo kun je ze even plotseling weer kwijtraken. Hier zijn een paar voorbeelden:

1. Op een ochtend werd Jim wakker en ergerde zich aan zijn partner. Alles wat ze deed stoorde hem. Toen hij haar een liefdesbrief schreef ontdekte hij dat hij eigenlijk boos was op zijn moeder omdat ze zo overheersend was. Die gevoelens kwamen spontaan omhoog, dus schreef hij een korte liefdesbrief aan zijn moeder. Hij stelde zich voor dat hij weer in de situatie was waarin

hij dat gevoel had. Toen hij die brief geschreven had ergerde hij zich niet meer aan zijn partner.

2. Na maanden van verliefdheid had Lisa ineens kritiek op haar partner. Toen ze een liefdesbrief schreef ontdekte ze dat ze eigenlijk bang was dat hij haar niet goed genoeg vond en dat hij niet meer in haar geïnteresseerd zou zijn. Doordat ze zich haar diepere angst bewust werd, kreeg ze haar gevoel van liefde weer terug.
3. De dag nadat ze een romantische avond hadden gehad kregen Bill en Jean heel erg ruzie. Het begon toen Jean een beetje boos op hem werd omdat hij iets was vergeten. In plaats van zijn gewone begrip te tonen, begon Bill ineens over scheiden te denken. Later, toen hij een liefdesbrief schreef, realiseerde hij zich dat hij in feite bang was in de steek gelaten te worden. Hij wist nog hoe hij zich voelde als zijn ouders vroeger ruzie maakten. Hij schreef een brief aan zijn ouders en voelde weer liefde voor zijn vrouw.
4. Susans man, Tom, was druk bezig met werk dat op tijd af moest. Toen hij thuiskwam voelde Susan zich een en al wrok en boosheid. Ze kon voor een deel wel begrijpen dat hij onder grote druk stond, maar gevoelsmatig was ze toch boos. Toen ze hem een liefdesbrief schreef kwam ze tot de ontdekking dat ze kwaad was op haar vader omdat hij haar alleen had gelaten met haar moeder, die veel op haar schold. Als kind had ze zich machteloos en in de steek gelaten gevoeld en die pijnlijke gevoelens kwamen nu naar boven en moesten genezen. Ze schreef een liefdesbrief aan haar vader en ze was niet boos meer op Tom.
5. Rachel voelde zich tot Phil aangetrokken tot hij zei dat hij van haar hield en zich wilde binden. De volgende dag sloeg haar stemming ineens om. Ze begon hevig te twijfelen en haar hartstocht verdween. Toen ze hem een liefdesbrief schreef ontdekte ze dat ze boos was op haar

vader omdat hij zo passief was en haar moeder kwetste. Na het schrijven van een liefdesbrief aan haar vader, voelde ze zich weer tot Phil aangetrokken.

Als u met liefdesbrieven begint, kunt u niet altijd herinneringen en gevoelens uit het verleden verwachten. Als u zichzelf wat meer openstelt en dieper gaat graven, zal het u gauwer duidelijk zijn dat als u ergens last van hebt, het meestal ook iets uit het verleden betreft.

De uitgestelde reactie

Zoals liefde oude onverwerkte gevoelens naar boven haalt, zo gebeurt dat ook als u krijgt wat u hebben wilt. Ik weet nog dat ik hier voor het eerst mee te maken kreeg. Heel lang geleden wilde ik vrijen met mijn partner, maar ze was niet in de stemming. In gedachten accepteerde ik dat. De volgende dag gooide ik nog een aasje uit, maar ze had nog geen zin. Dit patroon herhaalde zich iedere dag.
Na twee weken begon ik wrok te koesteren. Maar destijds wist ik nog niet hoe je over gevoelens moet praten. In plaats van over mijn gevoelens en mijn frustraties te praten, bleef ik maar doen alsof er niets aan de hand was. Ik kropte mijn negatieve gevoel op en probeerde liefdevol te zijn. Zo werd mijn wrok met de dag groter.
Ik deed wat ik maar kon om het haar naar de zin te maken, terwijl ik haar van binnen kwalijk nam dat ze me afwees. Na twee weken kocht ik een mooie nachtjapon voor haar. Ik nam hem mee naar huis en gaf hem 's avonds aan haar. Ze deed de doos open en was blij verrast. Ik vroeg of ze hem wilde passen. Ze zei dat ze daar niet voor in de stemming was.
Toen gaf ik het op. Ik liet de seks maar voor wat het was. Ik stortte me op mijn werk en gaf mijn verlangen naar seks op. Ik deed alsof ik het niet erg vond en onderdrukte gevoelens van wrok. Ongeveer twee weken later, toen ik uit mijn werk kwam, had ze echter een romantisch diner klaargemaakt en droeg de nachtjapon die ik twee weken eerder voor haar gekocht had. Er brandden kaarsen en er was zachte muziek op de achtergrond.
U kunt zich mijn reactie voorstellen. Plotseling voelde ik een golf van wrok over me heen komen. Ik kreeg een gevoel van: 'Nu kun jij een paar weken de pot op.' Alle wrok die ik de laatste vier we-

ken had onderdrukt kwam ineens naar boven. Toen we over die gevoelens gepraat hadden, besefte ik dat haar bereidheid me te geven wat ik hebben wilde, mijn oude gevoelens van wrok had losgemaakt.

Als u plotseling wrok voelt

Ik begon het patroon in veel andere situaties te herkennen. In mijn therapiepraktijk heb ik dit verschijnsel ook gezien. Als de ene partner eindelijk bereid is iets ten goede te veranderen, wordt de andere ineens onverschillig en kan geen waardering opbrengen.
Zodra Bill bereid was Mary te geven waar ze om vroeg, reageerde ze vol wrok: 'Nou, dat is dan te laat,' of: 'Nou én?'
Herhaaldelijk heb ik echtparen begeleid die al meer dan twintig jaar getrouwd waren. Hun kinderen zijn al groot en het huis uit. Plotseling wil de vrouw scheiden. De man wordt wakker geschud en realiseert zich dat hij wil veranderen en haalt er een deskundige bij. Als hij van alles begint te veranderen en haar de liefde begint te geven die ze al twintig jaar lang wil hebben, reageert ze met koele woede.
Het lijkt wel alsof ze wil dat hij twintig jaar net zo veel lijdt als zij. Gelukkig is dat niet zo. Naarmate ze meer over hun gevoel praten en hij hoort en begrijpt hoe verwaarloosd ze zich heeft gevoeld, zal zij steeds meer gaan openstaan voor zijn veranderend gedrag. Het kan ook andersom: de man wil weg en de vrouw is bereid te veranderen, maar hij verzet zich.

De crisis van de stijgende verwachting

Een ander voorbeeld van uitgestelde reacties speelt op sociaal niveau. In de sociologie heet dat de crisis van de stijgende verwachting. Het voorbeeld speelt in de jaren zestig tijdens de regering-Johnson. Voor het eerst kregen de minderheden meer rechten dan ooit tevoren. Er volgde een explosie van woede, rellen en geweld. Alle opgekropte woede over de rassenhaat kwam plotseling vrij.
Dit is weer een voorbeeld van het bovenkomen van verdrongen gevoelens. Toen de minderheden zich meer gesteund voelden, kwamen de wrok en woede ineens naar boven. De onverwerkte gevoelens uit het verleden komen te voorschijn. Hetzelfde is te zien in landen waar mensen na een dictatoriaal regime eindelijk hun vrijheid terugkrijgen.

Waarom gezonde mensen therapie nodig kunnen hebben

Naarmate u intiemer raakt in uw relatie, groeit de liefde. Ten gevolge daarvan komen er dieper liggende, pijnlijke gevoelens naar boven die genezen moeten — diep weggestopte gevoelens als schaamte en angst. We komen vaak vast te zitten omdat we niet weten hoe we daarmee moeten omgaan.

Om ervan te genezen moeten we erover praten, maar we zijn te bang of schamen ons te erg om te laten zien wat we voelen. We kunnen gedeprimeerd of angstig raken, verveling of wrok gaan voelen, of om onduidelijke redenen gewoon uitgeput raken. Het zijn allemaal symptomen van blokkade door het bovenkomen van ongewenste gevoelens.

Instinctief zult u óf willen weglopen voor liefde, óf meer aan uw verslaving willen toegeven. Als het zo met u gesteld is, moet u iets aan uw gevoelens gaan doen, en er niet voor weglopen. Als er diep weggestopte gevoelens bovenkomen, doet u er goed aan de hulp van een therapeut in te roepen.

Als diep weggestopte gevoelens bovenkomen projecteren we die op onze partner. Als we ons niet veilig genoeg hebben gevoeld bij onze ouders of een vroegere partner, kunnen we plotseling ook niet bij ons gevoel in het bijzijn van onze huidige partner. Als het er zo met u voor staat zult u zich, hoe uw partner u ook steunt, in zijn of haar bijzijn niet veilig voelen. Uw gevoelens zijn geblokkeerd.

Het is een paradox: omdat u zich veilig voelt bij uw partner, krijgen uw diepst gewortelde angsten de kans om boven te komen. En als dat gebeurt, wordt u bang en bent u niet in staat te vertellen wat u voelt. Uw angst kan u zelfs helemaal verdoven. In zo'n geval blijven de gevoelens halverwege steken.

> *Het is een paradox: omdat u zich veilig voelt bij uw partner kunnen uw diepste gevoelens naar boven komen. Als dat gebeurt, wordt u bang en kunt u niet zeggen wat u voelt*

Dan komt een therapeut heel goed van pas. Als u bij iemand bent op wie u niet uw angsten projecteert, kunt u de gevoelens verwerken die bovenkomen, maar als u alleen met uw partner bent, voelt u misschien niets.

Daarom kunnen zelfs mensen met een heel liefdevolle relatie een therapeut nodig hebben. Ook van praatgroepen gaat een zeer be-

vrijdende werking uit. Bij anderen zijn die we niet van nabij kennen, maar die ons wel steunen, kan een opening geven om over onze gewonde gevoelens te praten.
Als onze onverwerkte gevoelens op onze liefdespartner worden geprojecteerd, zal hij of zij niet bij machte zijn ons te helpen. Het enige dat onze partner kan doen, is ons aanmoedigen hulp in te roepen. Als we begrijpen hoe ons verleden onze relaties voortdurend beïnvloedt, kunnen we het tij der liefde accepteren. We beginnen in de liefde te geloven en in de genezende werking ervan. Als we onze liefde levend willen houden moeten we flexibel zijn en ons aanpassen aan de steeds veranderende seizoenen der liefde.

De seizoenen der liefde

Een relatie is als een tuin. Wilt u dat hij welig tiert, dan zult u regelmatig water moeten geven. U moet er speciale aandacht aan besteden en op de seizoenen letten en de weersomstandigheden in de gaten houden. U moet nieuw zaad zaaien en onkruid uittrekken. Zo ook moet u, als u de liefde in stand wilt houden, de seizoenen bijhouden en op de bijzondere behoeften van de liefde letten.

De lente

Verliefd worden is als de lente. We hebben het gevoel dat we altijd gelukkig zullen blijven. We kunnen ons niet voorstellen dat we niet van onze partner zouden houden. Het is een tijd van onschuld. De liefde lijkt eeuwigdurend. Het is een sprookjesachtige tijd waarin alles volmaakt lijkt en vanzelf lijkt te gaan. Onze partner lijkt geknipt voor ons. We dansen moeiteloos in harmonie en verheugen ons in ons geluk.

De zomer

De hele liefdeszomer lang beseffen we dat onze partner niet zo volmaakt is als we dachten, en moeten we aan onze relatie werken. Niet alleen komt onze partner van een andere planeet, maar hij of zij is ook nog gewoon maar een mens die fouten maakt en bepaalde gebreken heeft.
Frustratie en teleurstelling steken de kop op; er moet worden gewied en de planten hebben extra water nodig vanwege de hitte.

Het is niet meer zo gemakkelijk liefde te geven en de benodigde liefde te krijgen. We komen tot de ontdekking dat we niet steeds gelukkig zijn, en dat we niet altijd liefde voelen. Het is niet helemaal wat we ons van de liefde hadden voorgesteld.
Veel paren raken op dit punt gedesillusioneerd. Ze willen niet aan een relatie werken. Ze zijn zo onrealistisch te verwachten dat het eeuwig lente blijft. Ze maken hun partners verwijten en geven het op. Ze realiseren zich niet dat liefde niet altijd gemakkelijk is: soms is het zwoegen in de felle zon. In het zomerseizoen der liefde moeten we zorgen voor de behoeften van onze partner en zelf ook om liefde vragen en liefde krijgen. Het gaat niet vanzelf.

De herfst

Als we in de zomer goed voor de tuin gezorgd hebben kunnen we nu de vruchten van onze noeste arbeid plukken. Het is najaar. Het is een gouden tijd — een tijd van overvloed en vervulling. Onze liefde is gerijpt, en accepteert en begrijpt nu de onvolkomenheden van onze partner, evenals die van onszelf. Het is een tijd van dankbaarheid en samenzijn. Daar we 's zomers hard gewerkt hebben, kunnen we ons ontspannen en genieten van de liefde die we hebben gezaaid.

De winter

Er komt opnieuw een weersverandering en het wordt winter. Tijdens de koude, kale wintermaanden keert de natuur zich in zichzelf. Het is een tijd van rust, overpeinzing en vernieuwing. In onze relatie komen we onze eigen onverwerkte pijn tegen, ofte wel ons tweede ik. De deksel gaat van de ketel en onze gevoelens van pijn komen te voorschijn. Het is een tijd van individuele groei, waarin we de liefde en vervulling meer bij onszelf dan bij onze partner moeten zoeken. Het is een tijd van genezing. Het is de tijd dat mannen in hun hol overwinteren en vrouwen de bodem van de put zien.
Nadat we liefde en genezing hebben gevonden in het donkere wintertij der liefde, keert de lente weer. We worden wederom gezegend met een gevoel van hoop, liefde en een overvloed aan mogelijkheden. Na onze innerlijke genezing en het zelfonderzoek van onze winterse reis kunnen we ons hart openstellen en de lente der liefde beleven.

Geslaagde relaties

Als u dit boek, dat u helpt de communicatie te verbeteren en te krijgen wat u hebben wilt in uw relatie, heeft bestudeerd, bent u goed uitgerust voor het doen welslagen van uw relatie. U heeft alle reden tot hoop. U kunt zich nu beter door de seizoenen heen slaan.

Ik heb duizenden (echt)paren hun relatie ingrijpend zien veranderen — soms in één keer. Ze komen op zaterdag naar de weekendcursus en zijn op zondag tegen het avondeten weer verliefd. U kunt evenveel succes hebben als u de inzichten die het boek u verschaft in de praktijk brengt, en als u goed onthoudt dat mannen van Mars komen en vrouwen van Venus.

Ik moet u er echter wel op wijzen dat liefde aan seizoenen onderhevig is. In de lente valt het u gemakkelijk om lief te hebben, maar in de zomer is het hard werken geblazen. U kunt zich in de herfst edelmoedig en tevreden voelen, maar in de winter leeg. De informatie die u nodig hebt om u de zomer door te helpen en uw relatie te verbeteren is zo weer vergeten. De liefde die u in de herfst voelt gaat in de winter zo weer verloren.

In de zomer der liefde, als alles moeilijk wordt en u misschien niet de liefde krijgt die u nodig hebt, kunt u zomaar ineens alles dat u uit dit boek geleerd hebt, vergeten zijn. Van de ene seconde op de andere is het weg. U begint uw partner verwijten te maken en vergeet op zijn of haar behoeften te letten.

Als de winter met zijn leegte komt, lijkt alles uitzichtloos. U geeft uzelf de schuld en vergeet van uzelf te houden en voor uzelf te zorgen. U gaat twijfelen aan uzelf en uw partner. U wordt cynisch en hebt zin er de brui aan te geven. Dat hoort allemaal bij de cyclus. Het is altijd het donkerst voor het licht wordt.

Voor het welslagen van onze relatie moeten we de verschillende seizoenen der liefde accepteren en begrijpen. Soms komt de liefde gemakkelijk en vanzelf, soms vraagt zij veel inzet. Soms is ons hart vol en soms voelen we ons leeg. We moeten niet van onze partner verwachten dat die altijd liefdevol is, of er altijd om zal denken dat te zijn. We moeten onszelf ook wat begrip gunnen en niet verwachten dat we alles zullen onthouden wat we geleerd hebben over de liefde.

Bij een leerproces hoort niet alleen dat we iets nieuws opnemen en toepassen, maar ook dat we dingen vergeten en ons weer herinneren. U hebt uit dit boek dingen geleerd die uw ouders u niet konden leren. Ze wisten ze immers niet. Maar wees realistisch. Geef uzelf de ruimte om fouten te maken. Veel van de nieuwe inzichten die u verworven hebt, zult u misschien weer even vergeten.

De theorie van het leren zegt dat we als we iets nieuws willen leren, het tweehonderd keer moeten horen. We kunnen niet van onszelf (of onze partners) verwachten dat we alle nieuwe inzichten uit het boek zullen onthouden. We moeten geduld hebben en iedere kleine stap die onze partner zet, waarderen. Het duurt even voor u met de ideeën uit het boek kunt werken en ze in uw leven kunt integreren.

We moeten iets niet alleen tweehonderd keer horen, maar ook afleren wat we in het verleden hebben geleerd. We zijn geen onschuldige kinderen die leren hoe ze een goede relatie moeten opbouwen. We zijn geprogrammeerd door onze ouders, door de cultuur waarin we zijn opgegroeid, en door onze eigen pijnlijke ervaringen uit het verleden. Het is voor u een uitdaging om deze nieuwe kennis over liefdevolle relaties toe te passen. U bent pionier. U reist in nog niet verkend gebied. Wees niet verbaasd als u soms verdwaalt. Wees niet verbaasd als uw partner soms verdwaalt. Gebruik deze handleiding als kaart om u steeds weer door maagdelijk gebied te loodsen.

De volgende keer dat de andere sekse u frustraties bezorgt, moet u bedenken dat mannen van Mars komen en vrouwen van Venus. Al is dit het enige dat u uit dit boek bijblijft, dan zult u aan dat ene idee genoeg hebben om u te helpen liefdevoller te zijn. Als u geleidelijk minder veroordelend en verwijtend wordt, en consequent blijft vragen om datgene wat u hebben wilt, kunt u de liefdevolle relatie tot stand brengen die u hebben wilt, die u nodig hebt en verdient.

Er staat u nog veel goeds te wachten. Moge u aan licht en liefde blijven winnen. Ik dank u dat u mij in de gelegenheid hebt gesteld mijn steentje bij te dragen.

Workshops Mars-Venus

Nederland *Nederhorst & Verheij Communicatie-en Relatietraining*
Zwaluwlaan 109 - 1403 BH Bussum, Telefoon 035-69 36 883
of 070-36 37 813, Telefax 035-69 38 926,
e-mail nederhorst-producties@planet.nl

België *Alfa Omega Communicatie en Therapiecentrum vzw*
Grote Steenweg 287 B4 - 2600 Antwerpen - Berchem
Telefoon 03-230 99 76 Telefax: 03-239 95 65

14. *Woord van aanbeveling*

Zangeres Willeke Alberti

In navolging van Wayne Dyer is dit eindelijk weer eens een boek dat ik iedereen wil aanraden. John Gray weet heel treffend allerlei situaties en gevoelens die binnen relaties voorkomen, onder woorden te brengen. Dat bezorgt je soms een glimlach, maar soms ook een licht gevoel van gêne. Want Gray houdt zowel mannen als vrouwen een spiegel voor. Je begrijpt daardoor niet alleen beter wat die ander af en toe bezielt, maar ook waar je zelf soms de fout in gaat. Bepaalde patronen die telkens weer terugkeren en die nauwelijks te doorbreken lijken, worden opeens inzichtelijk.
Ik denk echt dat veel relaties aan kwaliteit kunnen winnen als beide partners de moeite nemen om Gray te lezen. Het is gewoon goed om te weten dat sommige dingen waarvan jij denkt dat ze uniek zijn voor je partner, helemaal zo uniek niet zijn. Maar dat ze voortkomen uit opvoeding, verwachtingspatronen, noem maar op. Niet dat je daarmee je problemen direct hebt opgelost, maar het is zeker een begin. Woorden komen vaak verkeerd over, of ze worden verkeerd geïnterpreteerd. Gray openbaart de diepere gevoelens achter de woorden. En dat werkt heel verhelderend.

Seksuologe Goedele Liekens

In *Mannen komen van Mars, Vrouwen van Venus* kom ik heel veel 'o ja,-belevenissen' tegen. Ik herken voortdurend situaties, zowel uit mijn persoonlijke relatie als uit mijn werk als seksuologe.
Net als John Gray ben ik van mening dat mannen en vrouwen door een eigen brilletje naar het leven en naar elkaar kijken en dat die manier van kijken niet altijd even goed op elkaar is afgestemd.
Het positieve aan dit boek is dat het als doel heeft door middel van begrip met die verschillen te leren leven, in plaats van je eraan te blijven ergeren of te proberen ze te verdringen.
Ik vrees alleen dat dit boek weer voornamelijk door vrouwen gelezen gaat worden. Oorzaak hiervan is de typische verzorgende en inschikkelijke natuur van de 'Venusbewoners'. Zij voelen zich verantwoordelijk voor het verloop van hun relatie en zijn daardoor de verzoenende partij. Als niet ook mannen zich door dit boek aangesproken voelen, blijft het eenrichtingsverkeer. Vrouwen houden door hun empatisch vermogen al eeuwen lang rekening met 'de ander'. Voor mannen zal de inhoud van dit boek en het in praktijk brengen ervan dan ook schokkender zijn.
Dat een boek als dit van een man komt, geeft in elk geval aan dat onze evolutie de goede kant opgaat. Ik hoop dat dit ook op gebied van seksualiteit zijn uitwerking zal hebben. 'Marsbewoners' spreken ook daar nogal eens een andere taal dan 'bewoners van Venus'. Voor mannen telt de 'aankomst' bijvoorbeeld meer dan de 'reis'. Wat overeenkomt met John Gray's stelling dat mannen verstandelijker, doelgerichter bezig zijn en vrouwen veel intuïtiever.
Ik ga ervan uit dat dit boek niet is bedoeld om te berusten in de verschillen. Ik hoop dat wederzijds begrip een hulpmiddel zal zijn om ze wat af te zwakken.
Natuurlijk zijn er verschillen die moeten blijven. Die zorgen voor de aantrekkingskracht.
Ik bedoel dat de rolpatronen, de stereotypen zouden mogen vervagen. Ouders zouden hun kinderen moeten opvoeden met dit boek als de hand. Beter voorkomen dan genezen, toch?

Headhunter Johan de Vroedt

Een goed boek over relaties is altijd nuttig. Bij relaties denk ik in eerste instantie aan het huwelijk, dat algemeen wordt aanvaard als de hoeksteen van de maatschappij. Was dat inderdaad maar de kwaliteit van deze relatievorm! Voor velen is het huwelijk eerder een vloeksteen; vaak doordat mensen trouwen uit behoefte aan geautoriseerde geiligheid en veiligheid. Op zich geen bezwaar, maar zonder verdere bezieling, diepgang en inzicht zit je op een doodlopende weg. En het verkrijgen van inzicht, in jezelf en in die ander, is waar het in dit boek vooral om draait.

Het huwelijk, een vaste relatie, heeft ook met moed te maken. Er is moed voor nodig om je voor een ander open te stellen en de openheid van een ander aan te kunnen. John Gray behandelt dit onderwerp bijvoorbeeld treffend in het hoofdstuk 'Praten over moeilijke gevoelens'. Hij geeft ook hier aan hoe belangrijk het is dat de ander in zijn of haar waarde wordt gelaten, en biedt hiervoor uitermate nuttige handleidingen.

In mijn boek *God, geld en genieten* huldig ik de stelling dat het succes van elke relatie wordt bepaald door één enkel dogma: flexibiliteit. Wat betekent dat je kunt meegaan met de ander. Dat je al het mogelijke doet om de ander gelukkig te maken. En je moet daarin, volgens de kano-theorie, een evenwicht zien te vinden. Je moet zelf bepalen in hoeverre je met die ander mee kunt gaan.

Anders kapseist de kano en daarmee waarschijnlijk de relatie of het huwelijk. Het boek van John Gray kan helpen bij het bewaren van het evenwicht.

Auteur Maarten 't Hart

Ik heb het boek van John Gray gelezen, maar ben er helaas niet erg enthousiast over. Sterke punten zijn dat Gray uitgaat van groot verschil tussen man & vrouw en erop hamert dat mannen beter moeten luisteren en vrouwen hun neiging tot opvoeden en kritiseren wat moeten intomen. Maar dat herhaalt hij tot gek wordens toe en daarnaast is er toch niet veel nieuws in het boek te vinden.
Het is allemaal te simplistisch, te primitief, een beetje kinderachtig zelfs. En ik ben volledig afgeknapt op het verhaal over melk halen op pagina 258 en 259. Ach, ach, die boy Gray, achter de melk aan, in de auto!
Voor dit boek kan ik dus niet echt een aanbeveling schrijven. Behalve misschien deze zin: Mannen komen van Mars, Vrouwen van Venus en honden van Pluto.

Cabaretière Natascha Emanuels

Weer een boek over relaties? Ik herinner me veel boeken en artikelen in de afgelopen jaren over dit onuitputtelijke onderwerp.
Maar, en dit is het verschil, deze boeken waren geschreven door vrouwen. Boeken waarin grote verwijten, pijn en verdriet, gericht aan de 'Marsbewoners', aan de orde waren.
Ook wij, het 'Vrouwen Kabaret', pakten de verschillen tussen de seksen stevig aan. Vaak kritisch, ludiek, signalerend en waarschuwend. Veel mensen (vooral degenen die ons niet eerder gezien hadden) dachten dat wij anti-man waren, maar wij spraken ons uit tegen het systeem dat de verschillen tussen mannen en vrouwen in stand hield.
Het aardige van dit boek is, denk ik, dat het door een man is geschreven, die zich verdiept heeft in relaties tussen mannen en vrouwen. De uitleg die hij geeft over zijn eigen soort, de 'Marsman', is duidelijk, maar opvallend is dat hij goed naar vrouwen, die van Venus komen, heeft gekeken en geluisterd. En ze heeft begrepen.
Ik vind het prettig dat hij de verschillen duidelijk maakt en niet wegpoetst.
Met dit boek in de hand belanden we natuurlijk niet in sprookjesland, maar hopelijk wel een eind op de goede weg naar de essentie van de problemen tussen mannen en vrouwen. We zullen de verschillen moeten erkennen, accepteren en respecteren. Een leuk hulpmiddel daarbij is dit 'vertaalboek'. Houd het bij de hand om de dialoog tussen Mars- en Venusbewoners, en dan vooral de onderliggende betekenis, (beter) te verstaan.
Het feest van de herkenning is vaak groot, maar gelukkig blijven we allemaal uniek en individueel en zullen vrouwen en mannen ieder hun eigen licht over dit boek moeten laten schijnen.

Psychiater Jan Swinkels

Voor het eerst een boek waar een grote groep mensen iets aan heeft. Het is toegankelijk door zijn eenvoud en duidelijkheid. De meeste boeken op dit gebied zijn gortdroog en zonder enige psychologische voorkennis vaak niet door te komen. Gray's stellingen daarentegen zijn herkenbaar. En daar hoef je geen vaste relatie voor te hebben. 'Alleenstaanden' ontmoeten toch ook 'de andere sekse'? Ook op het werk, op straat of in een winkel kunnen de verschillen tussen man en vrouw voor conflicten zorgen.
Wat in het hele boek zo prachtig naar voren komt, is dat relaties complementair zijn; wat de een aan eigenschappen mist, kan de ander wel hebben. En dat mensen elkaar door deze verschillen zo mooi kunnen aanvullen. Maar, en daar is dit boek eigenlijk voor, dat moet je wel kunnen onderkennen. Dan heb je meteen een basis voor wederzijds begrip en acceptatie.
Dit boek kan mannen leren op een andere manier naar het gedrag van vrouwen te kijken en andersom. Eindelijk dringt het tot de psychologen door dat er voor vrouwen een andere psychologie gehanteerd moet worden dan voor mannen. Doodgewoon omdat die van mannen niet zonder meer voor vrouwen opgaat.
Het belangrijkste hoofdstuk, dat naar mijn mening over de basis van alle ellende binnen wat voor relatie dan ook gaat, is hoofdstuk 2, 'De probleemoplossers versus de opvoeders'. Niets kan dodelijker zijn voor een relatie dan dat 'betweterige vingertje', dat, hoe goed bedoeld ook, wordt opgestoken zodra de ander iets fout doet. Maar eigenlijk is het hele boek gevuld met aan de werkelijkheid ontleende voorbeelden. Ik heb daar dan ook niets aan toe te voegen.

Gynaecoloog Professor Dr. Arie Haspels

Wij zijn geprogrammeerd door onze ouders, door de cultuur waarin we zijn opgegroeid en door onze pijnlijke en goede ervaringen uit het verleden. Om de verstandhouding tussen mannen en vrouwen te verbeteren, moet men tot een dusdanig begrip van de onderlinge verschillen komen, dat het gevoel van eigenwaarde wordt vergroot en tegelijkertijd het wederzijds vertrouwen, het individuele verantwoordelijkheidsbesef, de samenwerking en de liefde toenemen.

Mannen komen van Mars, Vrouwen van Venus kan een handleiding zijn voor een goede relatie wanneer de onderlinge verschillen niet ontkend worden maar aanvaard, zodat creatieve oplossingen boven komen.

Mannen kunnen leren met medeleven en belangstelling te luisteren, zonder direct met een oplossing aan te komen. Vrouwen kunnen leren hun man niet te 'helpen' met ongevraagd advies en kwetsende raadgevingen. In mijn praktijk maakte ik mee dat een echtpaar met spoed uit een ontwikkelingsland naar Nederland terugkwam, omdat de vrouw was aangerand en verkracht. De vrouw was thuisgekomen en haar, te zakelijke, echtvriend had gezegd: 'Ga nu eens rustig zitten, zodat ik alles kan opschrijven voor de politie.' De vrouw had echter allereerst behoefte aan een beschermende arm om haar schouder!

Een man is tevreden als hij een probleem tot in de kleinste details kan oplossen en een vrouw als zij uitvoerig over een probleem kan praten.

Het geheim van een geslaagde relatie is als beide partners aan hun trekken komen. Uitvoerig gaat John Gray in op communicatie als het belangrijkste element in een relatie, en ruzie als het meest destructieve element. Hij besteedt veel aandacht aan de macht van onverwerkte gevoelens uit onze jeugd, doordat ze het volwassen bewustzijn in hun greep hebben en een goede communicatie in de weg staan.

Een interessant boek over hoe relaties te verbeteren.

TV-presentatrice Tineke de Nooy

Als je dit boek van John Gray hebt gelezen, lijkt er niets meer mis te kunnen gaan in je relatie. Dan is het allemaal zo logisch. Zo zit het dus met die mannen! Ze zijn gewoon zo, ze komen van Mars! Accepteer nou maar hoe ze reageren, want ze komen van een andere planeet.
'Waarom begrijpen mijn vriendinnen mij eerder dan mijn bloedeigen man?' Omdat ze ook van Venus komen. Zo simpel is het. Om het verschil tussen bewoners van Venus en Mars te overbruggen, begrijpelijk te maken, schreef John Gray deze handleiding. Niet eerder heb ik de verschillen tussen de seksen en de daaruit voortvloeiende problemen zo duidelijk en herkenbaar omschreven gezien.
Aardig is dat hij ook vermeldt wat je er aan kunt doen. Nu staat het zwart op wit. Dat werkt beter. Zo kun je eruithalen wat van nut is.
Voor mensen die eeuwig dezelfde fouten in hun relatie(s) maken, zal dit boek een openbaring zijn. Houd je eraan en er kan niet veel meer misgaan. Karakters kun je meestal niet veranderen. Slechte gewoontes, rolpatronen en stereotypen wel. Niet van de ene op andere dag, maar dat verwacht toch ook niemand?
Dat ik John Gray's boek serieus neem, komt door een fragment in zijn inleiding. Zijn vrouw Bonnie heeft pijn en is boos. Hij wordt boos op haar omdat zij boos is, hem niet heeft opgebeld enzovoort, enzovoort. Zeer herkenbaar. Eerst zij boos, dan hij en dan is het eind zoek. Toen zei zij: 'Ik heb alleen maar iets aan jou als alles meezit, als ik lief en aardig ben. Als ik boos ben, loop je weg. Ik heb pijn, ik ben boos, ik kan je nu niets geven. Maar meer dan ooit heb ik je nu nodig. Dus sla alsjeblieft je armen om me heen en houd van me.' Op dat moment drong het tot hem door wat onvoorwaardelijke liefde inhield. Wanneer zijn vrouw vrolijk was, gaf hij haar liefde. Was zij van streek, dan voelde hij zich aangesproken en trok hij zich terug. Dit betekende een keerpunt in hun relatie. Toen ik dit las, dacht ik : 'Ja, hij heeft het door.'
Onbegrip los je op met liefde en luisteren. John Gray geeft de richtlijnen.